ふ人は、変えてゆく人だ。

目の前にある問題はもちろん、

人生の問いや、

社会の課題を自ら見つけ、

挑み続けるために、人は学ぶ。

「学び」で、

少しずつ世界は変えてゆける。

いつでも、どこでも、誰でも、

学ぶことができる世の中へ。

旺文社

**▶壁越えトレーニング
シリーズ❶**

TOEIC® L&Rテスト
壁越えトレーニング
Part 1-4

濵﨑潤之輔 **大里秀介** 著
Hamasaki Junnosuke   Osato Shusuke

旺文社

掲載写真クレジット一覧

はじめに

「なかなか思うようなスコアが取れない」
「もうこれが自分の限界なのか」
「あと5点が欲しい」
TOEIC L&Rテスト(以下TOEIC)のスコアが会社での昇進・昇格の基準や大学の進級・卒業要件として求められるようになって久しいですが，TOEICによって人生の岐路に立たされることとなった方々の数は少なくありません。
今まで延べ数万人にTOEIC対策の指導を行ってきましたが，彼らと共に過ごした日々，そして厳しい状況を打破するために試行錯誤する中で手に入れた知恵や方法論のエッセンスを，本書では余すところなく披露させていただいています。
「壁にぶち当たっている」方たちのために，知恵と方法論，大幅なスコアアップにつながる知識を最短で会得していただくために書き下ろしました。
TOEICは「努力が100％そのまま結果に結びつく」テストです。短期間で結果を出したいのなら，努力を凝縮して一気に学習をする。時間がかかってもいいのなら，1ページ1ページかみしめるようにトライしてみてください。
あなたの望む結果が必ず出ますよう，頑張るあなたを僕は心から応援させていただきます。

濱﨑潤之輔

「いつしか勉強してもリスニングが思うように上がらないようになりました！ 特にいつまでたってもPart 3, 4が苦手です！」
そんな声をいただくことがここ2，3年多くなってきました。
TOEIC L&Rテストは，学習し始めには比較的簡単な内容や攻略法を覚えていくことである程度のスコアを出すことができますが，リスニングスコア400点くらいで，スコアが上がらなくなる『壁』が存在します。かくいう私もそのような経験があります。
本書は，「こう学習すればその壁を越えられるんだよ」というヒントや，特に頻出の設問［場面］タイプをまとめています。診断結果をもとに，得意，苦手な所を集中トレーニングすれば，手応えがつかめること間違いなし！ です。私が学習者時代に苦労した点も盛り込んでいますので，「あ！ なるほど！」と思えるポイントを見つけていただけると思っています。
Part 3, 4を克服すると，将来英語を使ってコミュニケーションをとる際に即効性がある部分が多く，「分かる」が「できる・使える」に進化することで満足度も高まるはずです。
本書が皆さんのスコアアップにお役に立てることを心より願っています。

大里秀介

もくじ

Part 1　写真描写問題

Part 2　応答問題

編集・問題作成協力：株式会社 メディアビーコン　　編集協力：鹿島由紀子，Michael Joyce

装丁デザイン：ごぼうデザイン事務所　　装丁写真：荒川潤，平賀正明

本文デザイン：伊藤幸恵，尾引美代　　本文イラスト：矢戸優人

録音：ユニバ合同会社　　ナレーション：Howard Colefield，Ann Slater（以上，米），Christiane Brew（英），Iain Gibb（加），Kelvin Barnes（豪）

本書の構成は以下の通りです。効果的な学習法はp.8の「濱﨑潤之輔＆大里秀介のパワーアップ学習法」をご覧ください。

診断テスト

自分の得意・苦手な設問［場面］タイプを把握するために，診断テストを最初に解きます。その後，各Part・タイプの正答数・誤答数を確認し，「濱﨑潤之輔＆大里秀介のトレーニング・カウンセリング」を参考にして学習計画を立てましょう。

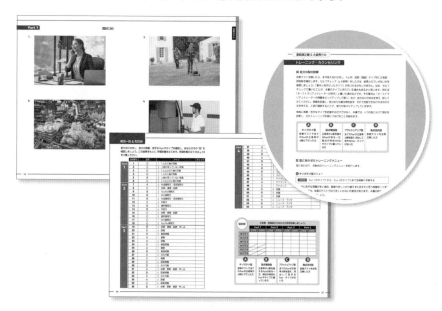

濱﨑潤之輔＆大里秀介のパワーアップ対談

本書の巻頭・中間・後半に，濱﨑潤之輔先生と大里秀介先生の対談があります。読んで，モチベーションを上げましょう。

設問［場面］タイプ別攻略法

各Partの設問［場面］タイプ別の攻略法です。各自の学習計画に従って進めましょう。もちろん、最初から順番に始めてもかまいません。

Final Test

学習計画を終えたら、Final Testで仕上げをしましょう。本番の試験のつもりで取り組んでください。解説のページには設問［場面］タイプが振られていますので、診断テストのように自分の得意・苦手を分析し、もう一度攻略法に戻って学習を深めましょう。

██ 自動採点サービスについて

診断テストとFinal Testは自動採点サービスに対応しています。パソコンやスマートフォン、タブレット等からオンラインマークシートで解答すると、結果が自動採点され、また、苦手・得意の分析も行うことができます。以下のサイトにアクセスしてご利用ください。

https://toeic.obunsha.co.jp

（右のQRコードからもアクセスできます）

※本サービスは無料でご利用いただけますが、通信料金はお客さまのご負担となります。
※本サービスは予告なく終了することがあります。

7

本書は，まず「診断テスト」で現状を把握し，「設問［場面］タイプ別攻略法」でトレーニングをし，「Final Test」で総仕上げをする，という3段階で構成されています。それぞれの目的をしっかり認識して学習計画を立て，問題を解くことで，より効果的に力をつけることができます。

1 現状を把握する

（1）セルフチェック

診断テストを解く前に，セルフチェックをしましょう。ノートなどに各Partの得意・苦手と思う点を書き出してみます。

【記入例】

> Part 1
> 得意：人物が主語の問題 　　　苦手：人物が出てこない問題
>
> Part 2
> 得意：WH疑問文の問いかけ 　　苦手：平叙文の問いかけ
>
> Part 3
> 得意：目的を問う問題 　　　　苦手：3人の会話，意図問題
>
> Part 4
> 得意：会議 　苦手：意図問題

なお，一度も受験したことがない方，得意・苦手を把握していない方，すでにリスニングセクションのスコアを450点以上取得している方は，このステップは飛ばしてください。

（2）診断テストを解く

できる限り本番と同じように，邪魔をされない環境で診断テストに挑戦してください。どうしてもまとまった時間が確保できない場合は，Partで区切って解いてもかまいません。

TOEIC L&Rテストはマークシート形式なので，分からない問題でも勘で正解できてしまう可能性もあります。診断テストは実力を測ることが目的なので，勘で解くことがないようにしてください。また，自信がない問題は「？」や「△」などの記号をつけておくとよいでしょう。

（3）答え合わせをし，自分の現状の型を診断する

セルフチェック・診断テストの結果を受けて，自分の現状を診断します。単純に「得意／苦手な問題タイプ」を把握するだけではなく，4つの型に分けて現状を診断し，それを次のトレーニング計画につなげていくことをお勧めします。詳しくは，p.58からの「トレーニング・カウンセリング」をご覧ください。

なお，間違えた問題がほとんどなくてうまく診断できなかった人は，旺文社リスニングアプリ「英語の友」を使って音声を1.5倍速や2倍速にするなど，負荷をかけながら，もう一度解いてみましょう。それで解けなかったり，正解したけれど根拠があいまいになったりしたものは，「得意だと思っていたけれど，実は苦手になる可能性のあるタイプ」の問題だと言えます。

2 トレーニング計画を立て，実行する

自分の型が分かったら，本番の試験までにかけられる時間と，試験までにすべきことを考え，トレーニング計画を立てます。それぞれの型にあわせたトレーニングメニューや，かかる時間の詳細は，「トレーニング・カウンセリング」をご覧ください。

計画を立てたら，とにかく実行します。予想より時間がかかることもあると思います。適宜，メニューを組み直してみてください。

3 Final Testで仕上げる

計画した学習を一通りやり終えたら，仕上げとしてFinal Testにチャレンジします。本番と同じような邪魔されない環境で行ってください。解いて答え合わせをするだけではなく，解説をしっかり読み，間違えた箇所は「なぜ間違えたか」もしっかり分析しましょう。また，「診断テスト」での分析をここでも行い，苦手なPartやタイプが分かったら，設問［場面］タイプ別攻略法に戻って学習をし直してください。Final Testを全問正解できるように，何度も復習しましょう。

Final Testを全問正解できるレベルの実力がついたら，ほかの模試や問題集に挑戦しましょう。ナレーターや問題が変わることで，実はまだ苦手だったタイプが発見できたり，新たな克服すべきポイントを見つけたりできます。

そして，ほかの問題集を解きながら，「まだ今回苦手だったものが克服できていない」と感じたら，本書に戻って再度学習をしましょう。しばらく時間が経過することで忘れかけていた内容を，「こんな問題があったな」と思い出すことができます。「しばらく放置してからもう一度挑戦」することで，より頭に内容が定着します。本番で似たような問題が出た場合，「これに似たストーリーを聞いたことがあるな」とデジャブを感じることができ，英語を今まで以上にしっかり聞き取れるようになります。

✂ TOEIC® L&Rテストとは？

TOEIC（Test of English for International Communication）とは，英語によるコミュニケーション能力を測定する世界共通のテスト。このテストは，アメリカにある非営利のテスト開発機関であるETS（Educational Testing Service）によって開発・制作されています。TOEIC L&R（TOEIC Listening and Reading Test）では「聞く」「読む」という2つの英語力を測定します。受験者の能力は合格・不合格ではなく，10〜990点の5点刻みのスコアで評価されるのが特徴です。解答方法は，正解だと思う選択肢番号を塗りつぶすマークシート方式。解答を記述させる問題はありません。

申し込み方法・受験に関する詳細は公式サイトをご覧ください。

https://www.iibc-global.org

✂ TOEIC® L&Rテストの構成

以下のように，ListeningとReadingの2つのセクションで構成されています。2時間で200問を解答し，途中休憩はありません。

Listening （約45分・100問）	Part 1	写真描写問題		6問
	Part 2	応答問題		25問
	Part 3	会話問題		39問
	Part 4	説明文問題		30問
Reading （75分・100問）	Part 5	短文穴埋め問題		30問
	Part 6	長文穴埋め問題		16問
	Part 7	読解問題	1つの文書	29問
			複数の文書	25問

●問い合わせ先　一般財団法人 国際ビジネスコミュニケーション協会

IIBC 試験運営センター	〒100-0014 東京都千代田区永田町2-14-2　山王グランドビル 電話：03-5521-6033／FAX：03-3581-4783 （土・日・祝日・年末年始を除く10:00〜17:00）
名古屋事業所	電話：052-220-0286 （土・日・祝日・年末年始を除く10:00〜17:00）
大阪事業所	電話：06-6258-0224 （土・日・祝日・年末年始を除く10:00〜17:00）

※このページの情報は2020年6月現在のものです。詳細や変更は実施団体のホームページなどでご確認ください。

本書の音声について

本書の音声の利用方法は以下の通りです。

✂ 旺文社リスニングアプリ「英語の友」(iOS/Android)

❶ 「英語の友」公式サイトより, アプリをインストール
（右のQRコードから読み込めます）

> **https://eigonotomo.com**

❷ ライブラリより「TOEIC L&Rテスト 壁越えトレーニング
Part 1-4」を選び,「追加」ボタンをタップ

※ 本アプリの機能の一部は有料ですが, 本書の音声は無料でお聞きいただけます。詳しいご利用
方法は「英語の友」公式サイトまたはアプリ内のヘルプをご参照ください。なお, 本サービス
は予告なく終了することがあります。

✂ パソコンで音声ファイル（MP3）をダウンロード

❶ パソコンから以下のサイトにアクセスし, 書籍を選択する

> **https://www.obunsha.co.jp/service/kabegoe**

❷ パスワードを入力

> **a4snf**

❸ ファイルを選択してダウンロードする
音声ファイル（MP3）はZIP形式にまとめられた形でダウンロードされます。
展開後, デジタルオーディオプレーヤーなどでご活用ください。

※本サービスは予告なく終了することがあります。

本書をさらに活用するために以下のものを上記サイトよりダウンロードできます。

- 診断テスト・Final Testの解答用紙

濱﨑潤之輔＆大里秀介のパワーアップ対談①

切磋琢磨しあった
2人の力が詰まったシリーズ誕生

切磋琢磨しながら990点を目指す

編集部（以下，編）： お2人のこれまでの
TOEIC学習歴，交流歴を教えてください。

大里秀介（以下，大）： 出会いのきっかけは
ナンパですね。

濱﨑潤之輔（以下，濱）： どういうことです
か，それ。

大： あの池袋のオフ会ですよ（笑）。僕たち
は2人とも2006年にTOEICを受け始めた
ので，学習歴は近いですね。でも，その当
時は全く会ったことがありませんでした。
僕がTOEICの学習を始めたのは，会社で留
学するためにTOEICの点数が必要だった
からです。念願かなって留学し，帰国後，
2008年1月の受験でTOEICは最後にしよ
うと思っていたのですが，この頃，神崎正
哉先生のTOEICのインターネットラジオ
をたまたま聞いたんです。このラジオが面
白くて，この後もTOEICを続けて受けるこ
とになりました。そして，いろんな先生の
ブログを見ているうちに，濱﨑さんのブロ
グを見つけて意識するようになりました。
2008年7月以降，僕もそのラジオに出演す
るようになったのですが，出演前のオフ会
で初めて濱﨑さんとお会いしました。僕は
800点前半で伸び悩んでいる頃で，一方，濱
﨑さんは970点くらいを取っていた。講師
じゃない一般の学習者が900点後半を取っ
ているのを見て，この差は何なんだと思っ
たんです。筋肉が違うのかなとか（笑）。

濱： 思い出した！ 池袋のオフ会が始まる前
にカフェに行ったら，たまたま大里さんに
会ったんですよ。いきなり声をかけられて，
すごく書き込まれたノートを見せられまし
た。「何だこの人？」ってドン引きしてその
ときは終わったんですけど（笑）。

大： 2009年ごろからは週1回，新宿で会う
ようになりました。900点を超えると
TOEICをやめる人が多いんですが，僕らは
ずっと満点の先生たちと一緒にラジオに出
てたんです。2009年はまだ僕は900点前
半，濱﨑さんは980点から985点を取れて
るけど，満点ではないので，答え合わせす
ると何個か間違っている。

濱： 僕らだけ間違ってるんですよね。

大： 「何で990点を取れないんだろう」って
いうその悔しさを毎週木曜日に新宿で集ま
って，話をする。100％英語学習の話で，そ
のうち99％はTOEICの学習の話をしてい
ました。

濱： 今って，情報がたくさんありますが，当
時はほとんどなかったので，どういう学習
をしていけば上に行けるのかなっていつも
考えていました。とにかく何でもやる感じ
ですね。大里さんは外を歩いているときも
勉強してるんですよ。危ないですよね。交
差点で信号を待つ1分ももったいないの
で，ポケットからレシートを出して，英文
を書いてぶつぶつしゃべる。そんな感じで
したね。

著者紹介：写真左から
濱﨑潤之輔 …「壁越え Part 1–4」（うち Part 1 と 2），「壁越え Part 5–6」著者
大里秀介 ……「壁越え Part 1–4」（うち Part 3 と 4），「壁越え Part 7」著者

大：とにかく上に行くためにやれることはやりました。

濱：で，2010年に僕が，翌年に大里さんが990点を取りました。

編：お2人が切磋琢磨して990点を目指されたんですね。共通点もある一方，お互いの学習スタイルに違いがあったからこそ毎週会うようになったのかなと思います。それぞれ「よい」と思った点，お聞かせください。

大：濱﨑さんは謙虚で，ストイックなところです。僕は満点を取ったその先があまり見えていなかったんですが，濱﨑さんは満点を取った後，人に教えたいというビジョンがあったんですよ。1つの物事に対してしっかり取り組むっていうところがすごいなと。

濱：大里さんは，集中力や，短期・長期の目標を設定してそれをなるべく速くこなしていける点です。僕は，目の前のことを一生懸命やるっていうのはまあまあ長けていると思うんですが，あんまり目標設定をしてそれを達成していく方ではないので，それができている大里さんはすごいなと思います。例えば，朝3時に起きて勉強しているところとか，真似しようとしたんですが，僕は挫折しました。

学習者の「壁」

編：学習者の感じる「壁」とはどのような

ものでしょうか。ご自身の経験も踏まえて，お聞かせください。

大：文法の理屈を理解する，語彙の知識を吸収する，音を聞き取れるようになる，そして，ある程度量をこなして TOEIC の問題パターンを押さえれば，実はある程度のスコアは取れるんです。このポイントは，本書の「タイプ別攻略法」に入っています。濱﨑さんは TOEIC をメインで勉強して順調に800点まで取ったんですが，その後はたくさん問題を解いたりセミナーに行ったりしたのに900点に届かず，伸び悩んだんですよね。

濱：そうですね。

大：僕も，最初の壁は感じずに860点くらいまでトントントンと進みましたが，伸び悩んだのは「自分は分かってる，できてる」っていう風に思いこみ始めてから（笑）。そこからトリッキーな問題に対応できる力をつける必要が出てくるんです。単語をただ知っているだけでなく，使い方まで知らないといけないというか。その状態で多くの問題を解こうとすると，自分がひっかかるポイントを1つ1つきちんと覚えていないから，結局同じような問題で間違うんです。間違えた理由を「語法上こうだから」と考えながら英文を分析するなど，苦手なタイプを見つけたら1つ1つ克服する必要があります。次にそれが出題されるか分からないけど，間違えた問題をちゃんと磨いておけば，出たときに解けるようになる。地道

にやって行く必要があります。

僕はリスニングが伸び悩んでいたんですけど，分析してみるとオーストラリア人の発音が苦手でした。例えば，theyをアメリカ人やオーストラリア人はたまに「ネイ」って発音するんです。これに気づかずに「次，次」と解いてしまうと，実は同じところで間違ってしまうんですが，聞こえ方を理解すれば克服できるんです。

おそらく濱﨑さんもそうなんですが，1セットの模試で84%正解した場合，「16%を間違えないためにどうするか」だけでなく，「正解した84%は，自分が本当に理解して正解したのか，エイ！と選んでたまたま正解したのか」まで一問一問丁寧に復習しました。で，それをやって860点でストップしていたのが，970点までパコーンっていった。

濱：うん，うん。

大：最後の壁は990点でした。ここを突破できたときはたぶん，スピードと，正確さと緻密さが全部繋がったときだったと思いますね。

編：自分でも気付かない，間違ってしまう問題のタイプに気付くという目的で，本書は診断テストがありますね。本書をご執筆している中で注意した点はありますか。

濱：そうですね，上級者でも引っかかる知識を極力入れるようにしています。上級になってくると，先ほど大里さんが言ったよ

うに足りない知識を1つ1つ入れていかなきゃいけないので。経験上，上級者でもここが足りていない人が多いと思う知識を入れました。

大：Part 3, 4は「聞き方」，Part 7は「読み方」のポイントを意識して入れています。今まではただ聞いて，読んで解いていた人に，もっとこうやった方がいいよって教えてあげるサポート機能，上にあがるための背中を押す要素を詰め込みました。

編：最後に，これから学習を始める読者へのメッセージをお願いします。

大：このシリーズを手に取っていただいた，ということはリスニングやリーディングに何かしら苦手意識を感じているのでは，と思っています。私も濱﨑さんも一学習者だった時代を思い出し，試行錯誤してきた経験を活かして「こうすれば克服できる」という攻略法をまとめることができました。是非取り組んでいただき，皆さんの一助になれば幸いです。頑張りましょう！

濱：本書を手に取っていただきまして本当にありがとうございます。心より感謝申し上げます。細部まで一切無駄なく仕上げた自信作です。僕たちがTOEICに対し，一途な思いを持って研究し続けてきたエッセンスを集約したこの本。本書があなたの今後の人生のさらなる飛躍の一助になることを願っています。頑張っていきましょう，応援しています。

診断テスト

まずは今の実力を確認しましょう。
本番と同じように邪魔をされない環境で
一気に解いてください。

●

目安時間：約25分

※解答用紙はWebサイトよりダウンロードしてください。詳細
はp.11をご覧ください。

※自動採点サービスに対応しています。詳細はp.7をご覧くだ
さい。

※各Partの指示文はありません。

1.

2.

3.

4.

GO ON TO THE NEXT PAGE

5.

6.

Part 2

♪ 007~018

7. Mark your answer.

⋮

(8.〜17.は省略)

⋮

18. Mark your answer.

Part 3

♪ 019~024

19. What does the woman propose?

    (A) Lowering service prices

    (B) Consulting a cleaning company

    (C) Hiring more employees

    (D) Renovating the building

20. What does the man say about Harper and Dawe?

    (A) It is one of the company's competitors.

    (B) It was founded recently.

    (C) It has an office very nearby.

    (D) It has a good reputation.

21. What does the man mean when he says, "leave it to me"?

    (A) He will take care of the woman's plant.

    (B) He will write some interview questions.

    (C) He will depart at the same time as the woman.

    (D) He will make some arrangements.

22. What are the speakers mainly discussing?

    (A) Upgrading some equipment

    (B) Expanding a business

    (C) Processing some data

    (D) Increasing wages

23. What does the woman say about LG Computer Appliance?

    (A) It offers a discount for mass orders.

    (B) It is known for its speedy delivery.

    (C) Its office is located in the center of the city.

    (D) Its products often receive positive reviews.

24. What does the woman mean when she says, "He knows what he's doing"?

    (A) An employee has been given a job description.

    (B) A training course was completed.

    (C) A memo has been received.

    (D) An employee is dependable.

GO ON TO THE NEXT PAGE

25. What are the speakers discussing?

(A) A work schedule
(B) An advertising strategy
(C) A product design
(D) A shipping procedure

26. Why does the man say, "But let's not be hasty"?

(A) He would like to avoid scheduling errors.
(B) He wants to give a presentation.
(C) He does not want to adopt a new plan.
(D) He thinks they can save money on shipping.

27. What will the woman do next?

(A) Buy some supplies
(B) Greet some guests
(C) Book a room
(D) Call a supplier

Approximate Travel Time to Branch Offices

Wheaton	30 minutes
Vale	90 minutes
Collinsville	2 hours
Durant	3 hours

28. What problem does the woman mention?

(A) A staff member was late for a conference.
(B) A customer is dissatisfied.
(C) A job position is open.
(D) A department is using up its budget.

29. Look at the graphic. Where most likely is Bill Meyers' office?

(A) In Wheaton
(B) In Vale
(C) In Collinsville
(D) In Durant

30. What will the man probably do next?

(A) Place an advertisement
(B) Rent a vehicle
(C) Prepare a presentation
(D) Arrange some accommodation

Banquet Plans for 10 to 50 people

Italian	$30.00 per person
French	$35.00 per person
Mexican	$40.00 per person
Japanese	$50.00 per person

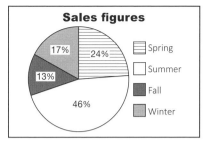

Sales figures

17% — 24% — ▤ Spring
13% — ☐ Summer
46% — ■ Fall
▨ Winter

31. What does the woman offer to do?

(A) Change an order
(B) Provide a free item
(C) Update a delivery time
(D) Send a menu

32. Look at the graphic. How much will the man be charged for each guest?

(A) $30.00
(B) $40.00
(C) $35.00
(D) $50.00

33. What will the woman do next?

(A) Provide additional staff
(B) Create a vegetarian menu
(C) Send an updated invoice
(D) Complete a survey form

34. What is the purpose of the woman's suggestion?

(A) To save on maintenance expenses
(B) To train employees better
(C) To reduce employee workload
(D) To improve sales figures

35. Look at the graphic. When most likely would the woman's plan be carried out?

(A) In spring
(B) In summer
(C) In fall
(D) In winter

36. What does the man ask the woman to do?

(A) Survey employees
(B) Submit a plan
(C) Talk to an analyst
(D) Attend a convention

GO ON TO THE NEXT PAGE

37. What type of business is the speaker talking about?

(A) A financial institution
(B) A real estate agency
(C) A Web design company
(D) A law firm

38. What plans does the company have for next year?

(A) To release a new line of products
(B) To begin an environmental initiative
(C) To open offices in new locations
(D) To expand its list of services

39. What does the speaker mean when she says, "This is an amazing opportunity for the right candidates"?

(A) The selection process is very long.
(B) Not everyone is suitable for the job.
(C) Unqualified people will not receive replies.
(D) Few people have applied for the job.

40. What does the speaker say about the accounting department?

(A) It still has some money available.
(B) It will employ new staff.
(C) It will receive some new furniture.
(D) It has been given an award.

41. What is the listener asked to do?

(A) Calculate a budget
(B) Order some supplies
(C) Clean a storeroom
(D) Print out a catalog

42. Why does the speaker say, "Let's go with them"?

(A) To decide on some items
(B) To take a trip with some colleagues
(C) To employ a candidate
(D) To think about a corporate policy

43. Where most likely does the talk take place?

(A) At a television studio
(B) At a bookstore
(C) At a cooking school
(D) At a restaurant

44. What does the speaker suggest the listeners do?

(A) Apply for a course
(B) Check out a program
(C) Visit a store
(D) Make a food order

45. According to the speaker, what will happen next?

(A) An author will sign a book.
(B) A chef will demonstrate a new recipe.
(C) A TV host will give a self-introduction.
(D) An artist will talk about some works.

46. Look at the graphic. Which trail will the listeners most likely take?

(A) Trail A
(B) Trail B
(C) Trail C
(D) Trail D

47. What does the speaker encourage the listeners to do?

(A) Visit the park again
(B) Reserve a guided tour
(C) Wear suitable clothing
(D) Bring camping gear

48. What will the listeners most likely do next?

(A) Learn about local plants
(B) Buy a map of the park
(C) Check their belongings
(D) Find a new destination

GO ON TO THE NEXT PAGE

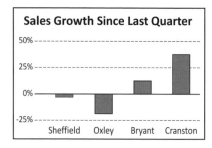

Sales Growth Since Last Quarter

Sheffield Oxley Bryant Cranston

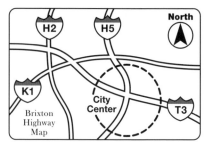

North

H2 H5

K1

City Center

T3

Brixton Highway Map

49. Who most likely is the speaker?

(A) A business analyst
(B) A product reviewer
(C) A human resources coordinator
(D) A department manager

50. Look at the graphic. Which branch tried online advertising?

(A) The Sheffield branch
(B) The Oxley branch
(C) The Bryant branch
(D) The Cranston branch

51. What does the speaker suggest?

(A) Hiring more sales staff
(B) Improving product quality
(C) Attending a conference on marketing
(D) Sharing information between branches

52. What kind of sports match is taking place this evening?

(A) Football
(B) Baseball
(C) Tennis
(D) Basketball

53. Look at the graphic. Which highway does the speaker say will be crowded?

(A) The K1
(B) The H2
(C) The H5
(D) The T3

54. What does the speaker say will happen tonight?

(A) Some inclement weather will occur.
(B) New tolls will be charged.
(C) Tickets for an event will sell out.
(D) Part of the highway will be closed.

Part 1

1. 　　　　　　　　　　　　　　　1人の人物の写真　　♪ 001

(A) A woman is using a computer.
(B) A woman is drinking from a cup.
(C) A woman is wearing glasses.
(D) A woman is filing some documents.

(A) 女性はコンピューターを使用している。
(B) 女性はカップから飲んでいる。
(C) 女性は眼鏡を掛けている。
(D) 女性は書類をとじ込んでいる。

正解 (C)

解説 写真には携帯電話で話をしている女性が写っています。女性は眼鏡を掛けているため，wear を使って着用している「状態」を表している(C)が正解です。put on ～「～を着用する」であれば着用するという「動作」を表します。(A)は using a computer が写真の様子とは合いません。(B)も動作である drinking が写真とは合わず，(D)も動作の filing を女性はしていません。

語句 □ file ～をとじ込む　□ document 書類

2. 　　　　　　　　　　　　　　人物の写っていない写真　　♪ 002

(A) A cash register has been placed on a display case.
(B) A shopper is having a look at some groceries.
(C) Some produce is being displayed in baskets.
(D) Some items are being carried in a shopping bag.

(A) レジが陳列ケースの上に置かれている。
(B) 買い物客はいくつかの食料品を見ている。
(C) いくつかの農産物がカゴに陳列されている。
(D) いくつかの商品が買い物袋に入れられて運ばれているところである。

正解 (C)

解説 写真には野菜やフルーツが店内に陳列されている様子が写っていて，その中のいくつかはカゴに入っているため，正解は(C)です。is being displayed は受動態の現在進行形で，「陳列されている」という状態を表します。(A)は主語の A cash register が写真に写っていない時点で不正解。受動態の完了形で「置かれた状態だ」という意味を表す has been placed は覚えておきましょう。(B)は主語の shopper が写真には写っていません。(D)は are being carried「運ばれている最中だ」という意味を表す受動態の現在進行形を使っていますが，写真の様子とは合わないので不正解です。これが正解になる場合の写真には商品を運ぶ人が写っていなくてはなりません。

語句 □ cash register レジ　□ place ～を置く　□ display case 陳列ケース
□ shopper 買い物客　□ have a look at ～ ～を見る　□ groceries 食料品
□ produce 農産物　□ display ～を陳列する　□ item 商品

3. 🇨🇦

(A) A man is sweeping a wooden floor.
(B) A man is running on a paved road.
(C) A woman is opening a window.
(D) A woman is using a lawn mower.

(A) 男性は木の床を掃いている。
(B) 男性は舗装道路を走っている。
(C) 女性は窓を開けているところである。
(D) 女性は芝刈り機を使用している。

正解 (D)

解説 写真には芝刈り機を使っている女性と，ほうきのようなものを持っている男性が写っています。女性の様子を表している(D)が正解です。(A)は sweeping の目的語である a wooden floor が写真とは合わず，(B)は動詞以下の running on a paved road が写真の様子とは合いません。(C)も動作の opening が女性の様子と合わないので不正解です。受動態の完了形を使った，has been opened「開けられた状態だ」という表現も Part 1 で出題されます。

語句 □ sweep ～を掃く　□ wooden 木の　□ paved 舗装された　□ lawn mower 芝刈り機

---

4. 🇦🇺

(A) He's closing a box.
(B) He's parking a car.
(C) He's getting out of a garage.
(D) He's writing on a document.

(A) 彼は箱を閉めている。
(B) 彼は車を停めているところである。
(C) 彼は車庫から出て行くところである。
(D) 彼は書類に書いている。

正解 (D)

解説 写真には紙に何かを書いている男性が写っています。これを writing on a document と言い表している(D)が正解です。(A)は動作の closing が，(B)は動詞以下の parking a car が，(C)は動詞以下の getting out of a garage が，いずれも男性の動作とは合いません。

語句 □ park ～を駐車する　□ get out of ～ ～から出る　□ garage 車庫

5.

(A) Some trees are being trimmed.
(B) Some vehicles have been parked along the curb.
(C) There are some potted plants on the road.
(D) There are leaves piled on the street.

(A) 何本かの木が手入れされているところである。
(B) 何台かの車が縁石に沿って停められている。
(C) 鉢植えの植物が路上にいくつかある。
(D) 葉が通りに山積みになっている。

正解 (B)

解説 写真の道路の縁石に沿って数台の車が停まっている様子をhave been parked「駐車された状態だ」という受動態の完了形を使って表している(B)が正解です。(A)は are being trimmed「手入れをされている最中だ」の部分が写真の様子とは合いません。これが正解になるには，木の手入れをしている人が写真に写っている必要があります。(C)は some potted plants が写っていないので不正解，(D)は葉が山積みにはなっていないので正解にはなり得ません。

語句 □ trim ～の手入れをする　□ vehicle 車　□ curb 縁石　□ potted plant 鉢植えの植物
□ pile ～を山積みにする

6.

(A) One of the men is standing at the corner of the room.
(B) One of the women is entering through a door.
(C) Two men are resting their arms on the table.
(D) Two women are assembling a cabinet.

(A) 男性の1人は部屋の隅に立っている。
(B) 女性の1人はドアから入ってくるところである。
(C) 2人の男性は机の上に腕を置いている。
(D) 2人の女性は戸棚を組み立てている。

正解 (C)

解説 写真にはあいさつをしている2人の人物と，座っている3人の人物が写っています。座っているのは全員男性で，そのうち両端の2人は腕をテーブルの上に置いています。これを resting their arms on the table と表している(C)が正解です。(A)は corner of the room に立っている人物はいないため不正解です。(B)は動詞以下の entering through a door が，(D)は動詞以下の assembling a cabinet が写真の様子とは合いません。

語句 □ enter through ～ ～を通って入る　□ rest ～を置く，～を休める
□ assemble ～を組み立てる　□ cabinet 戸棚

Part 2

7. W 🇺🇸 M 🇦🇺

Didn't you arrange the catering service for our annual party tomorrow?
(A) I thought Jason was in charge.
(B) A table beside the window, please.
(C) Fourteen people are coming.

明日の年次パーティーのためのケータリングサービスを手配しなかったのですか。
(A) Jasonが担当していると思っていました。
(B) 窓際の席をお願いします。
(C) 14人来る予定です。

正解 (A)

解説 「ケータリングサービスを手配していなかったのか」という質問に対して「Jasonが担当していると思っていた（＝自分は手配していない）」と応答している(A)が正解です。(B)はレストランなどで席の希望を店員に伝える際の応答です。(C)はパーティーの出席人数などを尋ねられた際の応答です。

語句 □ annual 年1回の　□ in charge 担当して　□ beside ～のそばに

8. W 🇬🇧 M 🇨🇦

Shall we discuss our next advertising campaign now?
(A) It was a great discussion.
(B) The shop opened four years ago.
(C) Why don't we wait for John?

私たちの次回の宣伝キャンペーンについて今話し合いましょうか。
(A) それは素晴らしい議論でした。
(B) その店は4年前に開店しました。
(C) Johnを待ちませんか。

正解 (C)

解説 提案表現Shall we …?を使った、「次回の宣伝キャンペーンについて話し合いましょうか」という問いかけに、「Johnを待たないか」と相手に提案をしている(C)が正解です。(A)は議論の感想を述べている応答で，問いかけにあるdiscussの派生語であるdiscussionが含まれてはいますが，問いかけとは話の内容がかみ合いません。(B)は店の開店時期を尋ねる問いかけなどに対する応答です。

語句 □ Shall we …? ～しましょうか　□ Why don't we …? ～しませんか

9. M 🇨🇦 W 🇺🇸

Are you going to Mr. Evans' retirement party today?
(A) He's been busy recently.
(B) Unfortunately, I can't.
(C) They're visiting the clients tomorrow.

今日Evansさんの退職パーティーに行く予定ですか。
(A) 彼は最近忙しいです。
(B) 残念ながら，行けません。
(C) 彼らは明日顧客を訪ねる予定です。

正解 (B)

解説 「Evansさんの退職パーティーに行く予定か」という問いかけに対して，「残念ながら，行けない」と否定の応答をしている(B)が正解です。(A)は問いかけにあるMr. Evansの代名詞となるHeを含む応答ですが，問いかけの内容とは話がかみ合いません。(C)は問いかけにあるAre you going to …?「～に行きますか」から連想される「～を訪ねる予定だ」という意味の応答ですが，主語のThey「彼らは」が表すものが不明なので選べません。

語句 □ retirement 退職　□ recently 最近　□ unfortunately 残念ながら　□ client 顧客

10. M 🇦🇺 W 🇬🇧

Where will the hiring committee meeting take place?
(A) I've been to the supermarket twice.
(B) Conference room A.
(C) It's this afternoon.

雇用委員会はどこで開催されますか。
(A) 私はそのスーパーマーケットに2回行ったことがあります。
(B) 会議室Aです。
(C) それは今日の午後です。

正解 (B)

解説 「雇用委員会はどこで開催されるか」という問いかけに対して，「会議室A」と場所を答えている(B)が正解です。(A)は「スーパーマーケットに行ったことがあるかどうか」などを質問された場合の応答です。(C)は問いかけにあるWhereをWhen「いつ」と聞き間違えた人が選んでしまう応答となっています。

語句 □ take place 開催される　□ have been to ～ ～に行ったことがある　□ twice 2回

11. M 🇨🇦 W 🇺🇸

The launch date has been rescheduled for next month, hasn't it?
(A) Some software has been updated.
(B) That's right.
(C) During the lunch meeting.

発売日は来月に変更されたのですよね？
(A) あるソフトウェアが更新されました。
(B) その通りです。
(C) 昼食会議中にです。

正解 (B)

解説 「発売日は来月に変更されたのですよね」という質問に対して「その通り」と応答している(B)が正解です。(A)は問いかけにあるdateを単語内に含むupdatedが含まれていますが，話の内容がかみ合いません。(C)は問いかけにあるlaunchと発音が似ているlunchが含まれてはいますが，こちらも問いかけとは話の内容がかみ合いません。

語句 □ reschedule ～の予定を変更する　□ update ～を更新する　□ during ～の間に

12. W 🇬🇧 M 🇦🇺

That popular sales workshop is being held next Tuesday.
(A) It'll be on sale tomorrow.
(B) OK, I'm working on it.
(C) I have other plans that day.

来週の火曜日に，その人気のある販売研修会が開催されます。
(A) それは明日発売します。
(B) ええ，それに取り組んでいるところです。
(C) その日はほかの予定があるんです。

正解 (C)

解説 「来週の火曜日に，人気のある販売研修会が開催される」という問いかけに対して「その日はほかの予定がある」と応答している(C)が正解です。(A)は商品の発売日を話題とする問いかけに対する応答です。問いかけにあるsale(s)が含まれてはいますが，話の内容はかみ合いません。(B)は問いかけにあるworkshopと発音が被っているworkingを含むひっかけの応答です。

語句 □ workshop 研修会　□ on sale 売られている　□ other ほかの

13. W 🇺🇸 M 🇨🇦

Are you going to take the two o'clock, or five o'clock train?
(A) Yes, he works at the radio station.
(B) The earlier one.
(C) By the end of May.

2時の電車に乗る予定ですか，それとも5時ですか。
(A) はい，彼はラジオ局で働いています。
(B) 早い方です。
(C) 5月末までにです。

正解 (B)

解説 「2時の電車に乗る予定か，それとも5時か」という問いかけに対して「早い方（＝2時の電車）」と応答している(B)が正解です。このように，選択疑問文でも，選択肢として提示された語句がそのまま応答で使われるのではなく，言い換えられることがあります。(A)はYesと応答している時点で選択疑問文の応答としてはふさわしくありません。(C)はWhen「いつ」などを使った問いかけに対する応答で，問いかけとは全く関係のない内容です。問いかけにあるfive「5」から連想されるMay「5月」を含んでいますが，惑わされないようにしましょう。

語句 □ by the end of ～ ～の終わりまでに

14. M 🇦🇺 W 🇬🇧

I'd like to return this magazine.
(A) At the library.
(B) Do you have the receipt?
(C) I've already watched the movie.

この雑誌を返品したいのですが。
(A) 図書館でです。
(B) 領収書はお持ちですか。
(C) 私はもうその映画を見ました。

正解 (B)

解説 「この雑誌を返品したい」という問いかけに，「領収書はお持ちですか」と応答している(B)が正解。(A)は問いかけにあるmagazineから連想されるlibraryを含みますが，話の内容がかみ合いません。(C)は映画を話題とする問いかけに対する応答で，問いかけとは全く関係がありません。

語句 □ I'd like to *do* 私は～したい □ return ～を返品する □ receipt 領収書

15. W 🇬🇧 M 🇦🇺

Can you make extra copies of the accounting manual by two P.M.?
(A) About an hour.
(B) I don't have a camera at this moment.
(C) Sure, how many?

午後2時までに会計マニュアルの追加のコピーをしてもらえますか。
(A) およそ1時間です。
(B) 今はカメラを持っていません。
(C) もちろん，何部ですか。

正解 (C)

解説 Can you ...?を使った「会計マニュアルの追加のコピーをしてもらえるか」という依頼に対して，「もちろん，何部？」と肯定の応答をしている(C)が正解です。(A)はHow long「どのくらいの間」などの問いかけに対する応答です。問いかけにあるby two P.M.に関連する，時間についての応答ですが，問いかけとは話の内容がかみ合いません。(B)は問いかけに対してI don't ～.と断っているような応答になっていますが，内容は問いかけとは全く関係ありません。

語句 □ extra 追加の □ at this moment 今は，現在のところは

16. M 🇦🇺 M 🇨🇦

Is the expense report ready or do you need more time?
(A) It was more expensive than that.
(B) Twenty pages long.
(C) Actually, I've already e-mailed it to the boss.

経費報告書は準備できましたか，それとももっと時間が必要ですか。
(A) それよりも高価でした。
(B) 20ページの長さです。
(C) 実は，私はすでにそれを上司にEメールで送りました。

正解 (C)

解説 「経費報告書は準備できたか，それとももっと時間が必要か」という問いかけに，「私はすでにそれを上司にEメールで送った（＝準備を終えた）」と応答している(C)が正解です。(A)は問いかけにあるexpenseの派生語であるexpensiveが含まれている応答ですが，話の内容がかみ合いません。(B)は問いかけにあるexpense reportから連想されるTwenty pagesが含まれてはいますが，問いかけとは話の内容がかみ合いません。

語句 □ expense 経費　□ expensive 高価な　□ actually 実は
　　　 □ e-mail ～をEメールで送る

17. W 🇺🇸 M 🇦🇺

Why was the relocation of our new office delayed?
(A) To Los Angeles.
(B) I'm heading toward the office.
(C) We should ask our manager about that.

なぜ私たちの新しい事務所の移転は遅れたのですか。
(A) ロサンゼルスへです。
(B) 私は事務所に向かっています。
(C) 部長にそれについて聞いてみるべきです。

正解 (C)

解説 「なぜ新しい事務所の移転は遅れたのか」という問いかけに対して，「部長に聞いてみるべき」と応答している(C)が正解。(A)は問いかけにあるthe relocation of our new officeから連想されるLos Angelesという地名につられて選んでしまわないようにしましょう。(B)は問いかけにあるofficeを使ったひっかけの応答です。

語句 □ relocation 移転　□ delay ～を遅らせる　□ head toward ～ ～に向かう

18. M 🇨🇦 W 🇺🇸

Has Mr. Yamamoto arrived yet?
(A) I submitted the article yesterday.
(B) Directly to the destination.
(C) He told me he'd be late.

Yamamotoさんはもう到着しましたか。
(A) 私は昨日その記事を提出しました。
(B) 目的地へ直接です。
(C) 彼は遅れると私に言いました。

正解 (C)

解説 「Yamamotoさんはもう到着したか」という問いかけに，「彼は遅れると私に言った」と否定をしている(C)が正解。(A)は問いかけの内容とは全く話がかみ合いません。(B)は問いかけにあるarrivedから連想されるdestinationを含む応答ですが，問いかけの内容とはかみ合いません。

語句 □ yet もう　□ article 記事　□ directly 直行して，まっすぐに　□ destination 目的地

Part 3

W 🇺🇸　M 🇦🇺　♪ 019

Questions 19 through 21 refer to the following conversation.

W: We've been getting a bit busier lately and the staff hasn't had time to clean the office. ❶Perhaps we should consider hiring a professional cleaner to come a couple of times a week.

M: That's what I was thinking. In fact, I talked to Max Day from next door about it. ❷He said that everyone speaks highly of a firm called Harper and Dawe.

W: It sounds like you're on top of it. ❸Will you look after it, or would you like me to?

M: ❹I have their contact details on my desk, so leave it to me.

設問19-21は次の会話に関するものです。

W: 最近, 少し忙しくなってきていてスタッフは事務所を掃除する時間がなくなっているわね。おそらくプロの清掃業者を雇って1週間に何回か来てもらうことを検討した方がいいわね。

M: 僕もそう思っていたんだ。実際, 隣のMax Dayとそのことを話したんだけど, みんなHarper and Daweという会社のことをほめていると言っていたよ。

W: どうやら事情についてよく知っているようね。あなたに任せてもいいかしら, それとも私がやりましょうか。

M: 僕の机にその会社の連絡先の詳細があるから, 任せてよ。

語句 □a bit 少し　□lately 最近　□perhaps たぶん
　　　□consider *doing* ～することを考える　□cleaner 清掃業者
　　　□a couple of ～ 2, 3の～　□next door 隣の　□speak highly of ～ ～をほめる
　　　□firm 会社　□*be* on top of ～ ～を熟知している　□look after ～ ～の世話をする
　　　□contact details 連絡先の詳細

19.　　　　　　　　　　　　　　　　　　依頼・提案・勧誘・申し出

What does the woman propose?　　　　女性は何を提案していますか。
(A) Lowering service prices　　　　　　(A) サービスの価格を下げること
(B) Consulting a cleaning company　　(B) 清掃会社に相談すること
(C) Hiring more employees　　　　　　(C) さらに従業員を雇うこと
(D) Renovating the building　　　　　　(D) 建物を改修すること

正解 (B)

解説 女性が何を提案しているのか, が問われています。冒頭の発言❶で, 女性は「清掃業者を雇うことを検討すべき」と提案していますので, これを言い換えた(B)が正解です。設問で提案や助言について問われている場合, should「～すべき」のような助動詞が正解のキーワードになることがあります。

言い換え hiring→consulting, professional cleaner→cleaning company

語句 □propose ～を提案する　□lower ～を下げる　□consult ～に相談する
　　　□renovate ～を改修する

20.

What does the man say about Harper and Dawe? (A) It is one of the company's competitors. (B) It was founded recently. (C) It has an office very nearby. (D) It has a good reputation.	男性はHarper and Dawe社について何と言っていますか。 (A) 競合他社の1社である。 (B) 最近設立された。 (C) とても近くに事務所がある。 (D) 評判がよい。

正解 (D)

解説 男性がHarper and Dawe社について何と言っているか，が問われています。❷から，「多くの人がHarper and Dawe社をほめている」ことが分かります。これをgood reputationと言い表した(D)が正解となります。

言い換え everyone speaks highly of → has a good reputation

語句 □ competitor 競合他社 □ found 〜を設立する □ nearby 近くに
□ reputation 評判

21.

What does the man mean when he says, "leave it to me"? (A) He will take care of the woman's plant. (B) He will write some interview questions. (C) He will depart at the same time as the woman. (D) He will make some arrangements.	男性が"leave it to me"と言う際，何を意図していますか。 (A) 女性の植物を世話する。 (B) 面接の質問を書く。 (C) 女性と同じ時間に出発する。 (D) 手配をする。

正解 (D)

解説 意図問題です。女性が❸「任せてよいか，私がするか」と言った後，男性が❹「僕の机に連絡先がある」と答え，続けてleave it to meと言っています。このことから，男性が会社に連絡をして対応するという意図での発言であることが分かります。それをmake some arrangementsと表した(D)が正解です。

語句 □ take care of 〜 〜を世話する □ interview 面接 □ depart 出発する

Questions 22 through 24 refer to the following conversation with three speakers.

W: Peter, I heard you were looking for me.

M1: **❶Yes, the computers in the reception area are getting old, and I'd like to upgrade them.** I wanted to get your approval.

W: That's fine. Can you talk to the people in the other departments and ask if they need new computers? **❷LG Computer Appliance offers a discount for bulk orders.**

M1: I see. How do I make an order? I've never done that before.

W: Oh, that's right. Ken, could you help him with the order?

M2: I'm afraid I can't. I'll be taking two weeks off from tomorrow. **❸Ted Moses might be able to help him, though.**

W: **❹That sounds like a good idea.** He knows what he's doing.

M1: **❺OK, I'll go talk to him.**

設問22-24は次の3人の会話に関するものです。

W: Peter，私を探しているって聞いたんですが。

M1: そうです。受付のパソコンが古くなってきているのでアップグレードしたいんです。あなたの許可をいただきたいと思っていました。

W: いいですよ。他部署の人に話して新しいパソコンが必要かどうか聞いてくれませんか。LG Computer Appliance社は大量注文で割引をしてくれますので。

M1: 分かりました。どのように注文をすればいいでしょうか。以前やったことがありませんので。

W: ああ，そうでしたよね。Ken，発注を手伝ってあげてくれませんか。

M2: すみませんが，できません。明日から2週間お休みをいただくことになっています。Ted Mosesなら手伝うことができると思いますが。

W: それはいい考えですね。彼ならやることが分かっていますし。

M1: 了解しました。彼と話をしてきます。

語句 □ reception area 受付　□ upgrade ～をアップグレードする　□ approval 許可　□ bulk order 大量発注，一括注文　□ I'm afraid すみませんが　□ take ～ off ～の期間休暇を取る

22.

What are the speakers mainly discussing?
(A) Upgrading some equipment
(B) Expanding a business
(C) Processing some data
(D) Increasing wages

話し手たちは主に何を話していますか。
(A) 設備をアップグレードすること
(B) 事業を拡大すること
(C) データを処理すること
(D) 賃金を上げること

正解 (A)

解説 3人が話している内容が問われています。❶で男性1（Peter）が，「パソコンが古いのでアップグレードしたい」と申し出ており，その後も話し手たちは割引や注文方法など，新しいパソコンを購入することについて話し合っているので，(A)が正解です。equipmentは，computerのほかにコピー機，プリンターなど，機械設備一般を指す語です。

言い換え computers → equipment

語句 □ equipment 設備，備品 □ process ～を処理する □ wage 賃金

23.

詳細

What does the woman say about LG Computer Appliance? (A) It offers a discount for mass orders. (B) It is known for its speedy delivery. (C) Its office is located in the center of the city. (D) Its products often receive positive reviews.	女性はLG Computer Appliance社について何と言っていますか。 (A) 大量の注文に対して割引を提供している。 (B) 配送が早いことで知られている。 (C) 事務所は市の中心部に位置している。 (D) 製品はしばしば肯定的なレビューを受けている。

正解 (A)

解説 女性がLG Computer Appliance社について言っていること，が問われています。女性が❷で「大量注文で割引をしてくれる」と言っていますので，それを言い換えた(A)が正解となります。

言い換え bulk → mass

語句 □ mass 大量の，多数の □ speedy 迅速な
□ positive review 肯定的な評価，レビュー

24.

意図問題

What does the woman mean when she says, "He knows what he's doing"? (A) An employee has been given a job description. (B) A training course was completed. (C) A memo has been received. (D) An employee is dependable.	女性が"He knows what he's doing"と言う際，何を意図していますか。 (A) 従業員が職務明細書を渡された。 (B) 研修が終了した。 (C) メモが受け取られた。 (D) ある従業員が信頼できる。

正解 (D)

解説 意図問題です。問われている文の前後は，❸「Tedなら手伝うことができる」→ ❹「それはいい考えだ」→ He knows what he's doing「彼はやることが分かっている」→ ❺「では話しに行く」という流れになっています。ここから，Tedはパソコン発注を手伝うことができ，仕事を理解していることが分かります。これを「信頼できる」と表現した(D)が正解となります。

語句 □ job description 職務明細書 □ dependable 信頼できる，頼りになる

Questions 25 through 27 refer to the following conversation.

M: ❶I'm thinking of trying a four-day workweek. Staff would be able to take three days off every week, but we'd have to stay at work until seven o'clock in the evening on the days that we do work.

W: I'm not so sure that everyone would want to do that. Some people might object. ❷Would you like me to conduct a survey of the employees to find out?

M: Yes. But let's not be hasty. ❸I'd like to explain the advantages and disadvantages of the idea to everyone. ❹Before we do that, can you send out an e-mail asking everyone to come to a presentation in the meeting room at four P.M. tomorrow?

W: Will do. ❺I'll reserve the conference room on the second floor now.

設問25-27は次の会話に関するものです。

M: 週4日労働を試してみようと考えているんです。スタッフは毎週3日休暇を取ることができるはずですが，就業日は夜の7時まで働かなくてはいけなくなります。

W: 全員がそうしたいかどうかは分かりません。反対者が出てくるかもしれません。把握するための従業員調査を私がやりましょうか。

M: そうですね。でも性急にやるのはやめましょう。僕がその考えのメリット，デメリットをみんなに説明したいと思っているんです。その前に，みんなに明日の午後4時にミーティングルームでのプレゼンテーションに来るよう，依頼メールを出しておいてもらえますか。

W: 承知しました。今から2階の会議室の予約をします。

> 語句 　□ workweek 週の労働日数，時間　□ conduct a survey 調査を実施する
> 　　　□ hasty 急いで，慌てて
> 　　　□ advantages and disadvantages メリットとデメリット，有利な点と不利な点

25.　　　　　　　　　　　　　　　　　　　　　　　　　　　　　概要

What are the speakers discussing?	話し手たちは何を話していますか。
(A) A work schedule	(A) 仕事のスケジュール
(B) An advertising strategy	(B) 広告戦略
(C) A product design	(C) 製品デザイン
(D) A shipping procedure	(D) 送付手順

> 正解 (A)

> 解説 2人が話している内容について問われています。男性が❶で「週の労働日数を4日にすることを検討しており，それによりスタッフは毎週3日休暇が取得できる」と述べていますので，ここから仕事のスケジュールを変更することについて話していると分かります。正解は(A)となります。

> 語句 □ strategy 戦略　□ shipping 送付，発送

26.

Why does the man say, "But let's not be hasty"?
(A) He would like to avoid scheduling errors.
(B) He wants to give a presentation.
(C) He does not want to adopt a new plan.
(D) He thinks they can save money on shipping.

男性はどうして"But let's not be hasty"と言っているのですか。
(A) スケジュールのミスを避けたいから。
(B) プレゼンテーションをしたいから。
(C) 新計画を採用したくないから。
(D) 送付にかかるお金を節約できると考えているから。

正解 (B)

解説 意図問題です。女性が❷で「仕事のスケジュールに関して従業員調査をやろうか」と言った後に，男性が「性急にやるのはやめよう」と言っています。そしてその後❸で「その考えに対するメリット，デメリットをみんなに説明したい」と言っていますので，すぐに従業員調査をするのではなく説明が先だ，と主張したいことが分かります。この説明を言い換えた(B)が正解となります。ここでピンとこなくても❹でpresentationと言っていることから正解を導くこともできます。

言い換え explain→give a presentation

語句 □ avoid 〜を避ける　□ adopt 〜を採用する

27.

What will the woman do next?
(A) Buy some supplies
(B) Greet some guests
(C) Book a room
(D) Call a supplier

女性は次に何をしますか。
(A) 備品を購入する
(B) 客を迎える
(C) 部屋を予約する
(D) 供給業者に電話をする

正解 (C)

解説 女性が次に何をするか，が問われています。女性が❺で「今から2階の会議室を予約する」と言っていますので，それを言い換えた(C)が正解です。

言い換え reserve→book

語句 □ supplies 備品（事務用品など）　□ greet 〜を迎える　□ book 〜を予約する

W 🇬🇧 M 🇨🇦

Questions 28 through 30 refer to the following conversation and table.

W: ❶Joe, I need you to manage one of the regional offices for two weeks — it's just until we find a replacement for Bill Meyers. I'd do it, but I've got too many new staff members here to look after right now.

M: I see. ❷Bill Meyers' office is about two hours from here. Can you arrange some accommodation for me so that I don't have to drive for four hours every day?

W: ❸I'll give you an accommodation allowance, but you'll have to book your own hotel. I need you to start there tomorrow, so you'd better do that now.

M: ❹OK. I'll find somewhere suitable online.

設問28-30は次の会話と表に関するものです。

W: Joe, 2週間の間, 地域の事務所の1つを管理してほしいんです。Bill Meyersの後任が見つかるまでの間なんです。私がやろうかと思ったのですが, 今現在ここで面倒を見なくてはいけない新入社員が多すぎますので。

M: 分かりました。Bill Meyersの事務所はここから2時間くらいですね。毎日4時間運転する必要がないように, 私のために宿泊施設を手配してもらえますか。

W: 宿泊手当は支給しますが, ホテルはご自身で予約をお願いします。明日からあちらでの仕事を始めてほしいので, 今すぐにでもした方がいいですね。

M: 了解しました。インターネットで適切なところを探すことにします。

語句 □ regional 地域の, 地方の □ replacement 後任 □ look after ~ ~の面倒を見る
□ accommodation 宿泊施設 □ allowance 手当 □ suitable 適切な
□ online インターネットで

28.

概要

What problem does the woman mention?
(A) A staff member was late for a conference.
(B) A customer is dissatisfied.
(C) A job position is open.
(D) A department is using up its budget.

女性はどんな問題について話していますか。
(A) スタッフメンバーが会議に遅れた。
(B) 客が不満を持っている。
(C) 職位が空いている。
(D) 部署が予算を使い切りそうである。

正解 (C)

解説 女性が話している問題は何か, が問われています。女性は会話の冒頭❶で「Bill Meyersの後任が見つかるまで事務所を管理してほしい」と男性に頼んでいます。つまり, 「現時点で後任が見つかっていない」＝「ある仕事のポジションが空いている」ということが分かりますので, (C)が正解です。❶内のuntil we find a replacement「後任を見つけるまで」という表現が, 正解のヒントになります。

語句 □ conference 会議 □ dissatisfied 不満足である □ job position 職位, 職業
□ open (職, 地位などに) 欠員のある

29.

Look at the graphic. Where most likely is Bill Meyers' office?
(A) In Wheaton
(B) In Vale
(C) In Collinsville
(D) In Durant

図を見てください。Bill Meyersの事務所はおそらくどこにありますか。
(A) Wheaton
(B) Vale
(C) Collinsville
(D) Durant

Approximate Travel Time to Branch Offices

Wheaton	30 minutes
Vale	90 minutes
Collinsville	2 hours
Durant	3 hours

支店へのおおよその移動時間

Wheaton	30分
Vale	90分
Collinsville	2時間
Durant	3時間

正解 (C)

解説 図表問題で、Bill Meyersさんの事務所はどこか、が問われています。男性の発言❷から、「Billさんの事務所はここから2時間くらい」であることが分かります。次にこの情報をもとに表を見ていくと、移動に2時間かかる支店はCollinsvilleであることが分かりますので、正解は(C)です。

語句 □ approximate おおよその　□ travel time 移動時間

30.

What will the man probably do next?
(A) Place an advertisement
(B) Rent a vehicle
(C) Prepare a presentation
(D) Arrange some accommodation

男性はおそらく次に何をしますか。
(A) 広告を掲載する
(B) 乗り物を借りる
(C) プレゼンテーションを準備する
(D) 宿泊施設を手配する

正解 (D)

解説 男性が次に何をするか、が問われています。女性が❸で「今すぐ自分でホテルを予約してほしい」と述べ、それに対して男性が❹で「インターネットで探す」と言っていますので、男性は宿泊施設を手配することが分かります。よって(D)が正解となります。

言い換え book → arrange, hotel → accommodation

語句 □ place an advertisement 広告を掲載する

Questions 31 through 33 refer to the following conversation and price list.

M: Hi. My name's Hal Yates. I've arranged catering for an employee appreciation banquet. It's next weekend.

W: Yes, Mr. Yates. ❶You've ordered the Japanese plan for a group of nineteen people. Would you like me to change your order?

M: I'm sorry, but yes. ❷Can you change it to the Mexican plan? I'm afraid some of my guests don't like seaweed.

W: ❸Sure thing.

M: Thanks. Will there be any extra charges?

W: No. ❹Actually, it's a little cheaper, so I'll work out the price and send you an updated invoice right away.

設問31-33は次の会話と価格リストに関するものです。

M: こんにちは。Hal Yatesと申します。従業員感謝会用のケータリングを手配しておりました。来週末です。

W: ええ，Yatesさん，団体19名の日本料理のプランでご注文されております。注文を変更なさいますか。

M: 申し訳ないのですが，そうさせてください。メキシコ料理プランに変更できますか。残念ながら何人かが海藻が苦手でして。

W: もちろんです。

M: ありがとうございます。何か追加料金は発生しますか。

W: いいえ。実際は少しお安くなりますので，価格を計算して最新のご請求書をすぐに送付いたします。

語句 □ catering ケータリング　□ appreciation 感謝　□ seaweed 海藻
□ sure thing もちろん　□ extra charge 追加料金　□ work out ～ ～を計算する
□ updated 最新の

31.

依頼・提案・勧誘・申し出

What does the woman offer to do?	女性は何をすることを申し出ていますか。
(A) Change an order	(A) 注文を変更する
(B) Provide a free item	(B) 無料の商品を提供する
(C) Update a delivery time	(C) 配送時間を更新する
(D) Send a menu	(D) メニューを送付する

正解 (A)

解説 女性が何を申し出ているかが問われています。❶で，「日本料理のプランを19名で注文しているが，注文を変更したいか」と男性に話していますので，(A)が正解となります。Would you like me to do? は「私に～してほしいですか」，つまり「～しましょうか」という申し出の定型表現です。設問で「何を申し出ているか」を聞かれている際は，こうした定型表現の後に正解のヒントが出てくる可能性が高いので，注意して聞くようにしましょう。

語句 □ provide ～を供給する

32.

Look at the graphic. How much will the man be charged for each guest?
(A) $30.00
(B) $40.00
(C) $35.00
(D) $50.00

図を見てください。男性は客1人あたりいくら請求されますか。
(A) 30 ドル
(B) 40 ドル
(C) 35 ドル
(D) 50 ドル

Banquet Plans for 10 to 50 people

Italian	$30.00 per person
French	$35.00 per person
Mexican	$40.00 per person
Japanese	$50.00 per person

10-50名様用ご夕食プラン

イタリア料理	1人あたり30ドル
フランス料理	1人あたり35ドル
メキシコ料理	1人あたり40ドル
日本料理	1人あたり50ドル

正解 (B)

解説 図表問題で，男性が1人あたりいくら請求されるか，が問われています。❷で男性が「メキシコ料理に変更できるか」と尋ねると，女性が❸で「もちろん」と言っているので，今回のケータリングはメキシコ料理になることが分かります。次に，価格表を見ると，メキシコ料理は1人あたり40ドルということが分かりますので(B)が正解となります。冒頭の「日本食」だけを聞くと(D)が正解かも，と思うかもしれませんが，すでに変更を承っているので(D)は不正解です。今回の選択肢のように，価格の問題は数字が小さい順，大きい順に並んでいないこともありますので，選択肢は慎重に選びましょう。

語句 □ charge 〜に請求する

33.

What will the woman do next?
(A) Provide additional staff
(B) Create a vegetarian menu
(C) Send an updated invoice
(D) Complete a survey form

女性は次に何をしますか。
(A) 追加スタッフを用意する
(B) ベジタリアン向けのメニューを作成する
(C) 最新の請求書を送付する
(D) 調査用紙に記入する

正解 (C)

解説 女性が次にすることが問われています。女性は❹で「価格を計算して最新の請求書を送る」と言っているので，(C)が正解となります。今回は会話内の表現がそのまま選択肢にありますので，正解を見つけやすい設問です。

語句 □ vegetarian ベジタリアン，菜食主義者 □ complete 〜に記入する

Questions 34 through 36 refer to the following conversation and graph.

W: Thanks for coming to the monthly department heads meeting. **❶**I'd like to discuss a way to reduce running costs. **❷**I think we should close the store when sales are at their lowest.

M: Well, what should the employees there do while the store is closed for three months of the year?

W: They could come to the shipping center and help out there. Most of our sales are online at that time of year anyway. We'd save a lot on electricity bills and rent on the parking spaces.

M: It's an interesting plan. I'm not against it, but I need more information. **❸**Can you send me a proposal showing exactly how much we would save?

設問34-36は次の会話とグラフに関するものです。

W: 月次部門長会議にお越しくださりありがとうございます。ランニングコストを削減させる方法について話し合いをしたいと思います。私は売り上げが一番低い時期には店舗を閉めておくべきと考えております。

M: では、1年間に3カ月も店舗を閉鎖している間に、そこで働く従業員はどうするべきですか。

W: 運送センターに行き、そこで手伝うことが可能です。いずれにせよ、その時期は我々の売り上げはインターネットによるものがほとんどを占めていますし。これにより電気代と駐車場賃料が相当節約できます。

M: 興味深い計画ですね。私は反対しませんが、もう少し情報が必要ですね。どれくらいの節約になるかを正確に示した提案書を送付してくれませんか。

語句 □ department head 部門長 □ running cost ランニングコスト, 維持費
□ at *one*'s lowest 一番低い □ shipping center 運送センター

34.

詳細

What is the purpose of the woman's suggestion?
(A) To save on maintenance expenses
(B) To train employees better
(C) To reduce employee workload
(D) To improve sales figures

女性の提案の目的は何ですか。
(A) 維持費を節約すること
(B) 従業員をよりよく教育すること
(C) 従業員の仕事量を軽減すること
(D) 売上高を改善すること

正解 (A)

解説 女性の提案の目的は何か, が問われています。**❶**で女性が「ランニングコストを減少させる方法を話したい」と言った後, **❷**で「売り上げが一番低い時期に店舗を閉めておくべき」と話していますので, (A)が正解です。

言い換え reduce→save on, running costs→maintenance expenses

語句 □ save on 〜 〜を節約する □ maintenance expenses 維持費 □ workload 仕事量
□ sales figure 売上高

35.

Look at the graphic. When most likely would the woman's plan be carried out?
(A) In spring
(B) In summer
(C) In fall
(D) In winter

図を見てください。女性の計画はおそらくいつ実行されますか。
(A) 春
(B) 夏
(C) 秋
(D) 冬

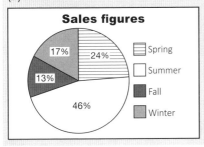

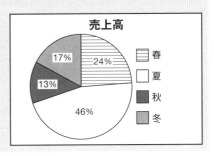

正解 (C)

解説 図表問題で，女性の計画がいつ実行されるのか，が問われています。女性は❷で「売り上げが一番低い時期に店舗を閉めておくべき」と述べています。円グラフを見ると，一番売り上げの低い時期は13%の秋であることが分かりますので，正解は(C)です。

語句 □ carry out ～ ～を実行する

36.

What does the man ask the woman to do?
(A) Survey employees
(B) Submit a plan
(C) Talk to an analyst
(D) Attend a convention

男性は女性に何をするようお願いしていますか。
(A) 従業員を調査する
(B) 計画を提出する
(C) 分析者と話す
(D) 会議に参加する

正解 (B)

解説 男性が女性に何をするようお願いしているか，が問われています。男性が❸で「いくら節約できるかを正確に示した提案書を送付してほしい」とお願いしていますので，(B)が正解となります。

言い換え send→submit，proposal→plan

語句 □ analyst 分析者 □ convention 会議

Part 4

Questions 37 through 39 refer to the following advertisement.

❶The New York Regent Banking Corporation is looking for graduates from top universities with degrees in finance. ❷Next year, we're opening offices in various cities around the world and need eager, career-minded people to fill a number of important positions. This is an amazing opportunity for the right candidates. ❸Keep in mind, expectations are high and the training program is one of the toughest in the industry. We're looking for the best of the best, and it's not unusual for people to leave before the training is complete. If you think you have what it takes, fill out an application form on our Web site.

設問37-39は次の広告に関するものです。

New York Regent Banking 社は金融学の学位を持った一流大学の卒業生を探しています。来年, 私どもは世界中のさまざまな都市に事務所を開設します。そのため, 熱心かつキャリア志向を持つ方を必要とし, たくさんの重要な職を担っていただきたいと考えております。これは適任者にとっては素晴らしい機会になります。心に留めておいてほしいのですが, 期待は高く, 教育プログラムは業界で一番厳しいものの1つです。私どもは最高レベルの人たちを探しており, 教育が終了するまでに人が去ってしまうことは珍しくありません。もし素質があると思われる方は, ウェブサイトにある申込フォームにご記入ください。

語句　□ top university 一流大学　□ degree in ～ ～の学位　□ various さまざまな
　　　□ eager 熱心な　□ career-minded キャリア志向のある
　　　□ a number of ～ たくさんの～　□ amazing 素晴らしい
　　　□ right candidate 適任者　□ keep in mind 覚えておく　□ tough 厳しい
　　　□ the best of the best 最高水準のもの　□ unusual 珍しい
　　　□ what it takes（ある目的に）必要なもの

37.

What type of business is the speaker talking about?
(A) A financial institution
(B) A real estate agency
(C) A Web design company
(D) A law firm

話し手はどの種類の事業について話していますか。
(A) 金融機関
(B) 不動産仲介業
(C) ウェブデザイン会社
(D) 法律事務所

正解　(A)

解説　話し手がどのビジネスについて話しているか, が問われています。❶で「New York Regent Banking 社は金融学の学位を持った方を探している」と述べています。ここから金融に関する業種について話していることが分かります。以上より正解は(A)となります。

語句　□ financial institution 金融機関　□ real estate agency 不動産仲介業　□ firm 事務所

38.

What plans does the company have for next year?
(A) To release a new line of products
(B) To begin an environmental initiative
(C) To open offices in new locations
(D) To expand its list of services

その会社は来年に向けてどんな計画がありますか。
(A) 新しい製品ラインをリリースする
(B) 環境への取り組みを始める
(C) 新しい場所に事務所を開設する
(D) サービスのリストを拡大する

正解 (C)

解説 トークに出てきている会社が来年に向けて計画していること，が問われています。❷の前半で「来年世界中のさまざまな都市に事務所を開設する」と述べていますので，これを言い換えた(C)が正解となります。質問にあるnext yearをカギにして，トーク内でこのワードが聞こえたらその後をしっかり聞いて解くことを心がけましょう。

語句 □ release 〜を発売する　□ line of products 製品ライン　□ environmental 環境の
□ initiative 取り組み　□ expand 〜を拡大する，拡張する
□ list of services サービスのリスト

39.

What does the speaker mean when she says, "This is an amazing opportunity for the right candidates"?
(A) The selection process is very long.
(B) Not everyone is suitable for the job.
(C) Unqualified people will not receive replies.
(D) Few people have applied for the job.

話し手が"This is an amazing opportunity for the right candidates"と言う際，何を意図していますか。
(A) 選抜過程がとても長い。
(B) 全ての人がその職に適しているわけではない。
(C) 資格がない人は返答を受け取ることはない。
(D) ほとんどの人がその職には申し込まなかった。

正解 (B)

解説 意図問題です。❷の後半で「熱心かつキャリア志向を持つ人材に担ってほしい」と言った後This is an amazing opportunity for the right candidates「適任者にとっては素晴らしい機会」と発言しています。そして❸「教育プログラムは業界で一番厳しく，教育が終了するまでに人が去ってしまうこともある」と続けています。ここから問われている箇所は「適任者以外は仕事を担うことが難しい」という意図での発言であることが分かりますので，(B)が正解となります。選抜過程や返答をする対象，申込状況に関してはトークでは触れられていないので，ほかの選択肢は不正解となります。

語句 □ selection process 選抜をする過程　□ suitable 適した　□ unqualified 資格がない
□ few ほとんどない

Questions 40 through 42 refer to the following telephone message.

Hi John. It's Helen White from the accounting department. ❶I've been thinking about our earlier discussion about stocking up on supplies while Colbert Stationery is having a discount sale. I know I said we shouldn't, but I've changed my mind. ❷We have some money left in the budget this quarter. ❸Would you mind calling them up and placing an order? Just buy enough for the next six months. ❹You showed me some new whiteboard markers that last longer than the ones we're using now. Let's go with them. ❺Even though they're more expensive, we'll be better off in the long run.

設問40-42は次の電話メッセージに関するものです。

もしもし，John。経理部のHelen Whiteです。Colbert文房具店が割引セールを行っている間に備品を大量に買い込むと以前話していたことについて考えていました。当初はすべきではないと言っていたと思いますが，考えが変わりました。今四半期は予算がいくらか残っています。Colbert文房具店に電話をして発注していただけないでしょうか。向こう6カ月は十分なくらいの量を購入してください。あなたは以前私に今我々が使っているものより長く使える新しいホワイトボードマーカーを教えてくれましたよね。それも一緒に発注しましょう。それらの方が高いとはいえ，長い目で見ればそうする方がいいでしょう。

語句 □ accounting department 経理部 □ earlier 以前の
□ stock up on ～ ～を大量に買い込む
□ change one's mind 考えが変わる，気が変わる □ left 残った
□ marker マーカー，サインペン □ be better off よりよい
□ in the long run 長い目で見れば，最終的に

40.
　　　　　　　　　　　　　　　　　　　　　　詳細

What does the speaker say about the accounting department?
(A) It still has some money available.
(B) It will employ new staff.
(C) It will receive some new furniture.
(D) It has been given an award.

話し手は経理部について何と言っていますか。
(A) まだ使用できるお金がある。
(B) 新入社員を雇う。
(C) 新しい家具を受け取る。
(D) 賞を贈られた。

正解 (A)

解説 話し手が経理部について何を話しているか，が問われています。❷で「今四半期は予算が残っている」と話していますので，(A)が正解だと分かります。

言い換え some money left → some money available

語句 □ available 使用できる，入手可能な □ employ ～を雇用する
□ give ～ an award ～に賞を贈る

46

41.

What is the listener asked to do?	聞き手は何をするように頼まれていますか。
(A) Calculate a budget	(A) 予算を計算する
(B) Order some supplies	(B) 備品を発注する
(C) Clean a storeroom	(C) 保管部屋を清掃する
(D) Print out a catalog	(D) カタログを印刷する

正解 (B)

解説 聞き手が頼まれていること，が問われています。話し手は❶で「Colbert文房具店の割引セール中に備品を大量に買い込むことを検討した」と述べ，❸で「Colbert文房具店に電話をして発注してほしい」とお願いしていますので，それを言い換えた(B)が正解です。

言い換え place an order → order

語句 □ storeroom 保管部屋，保管庫

42.

Why does the speaker say, "Let's go with them"?	話し手はどうして"Let's go with them"と言っているのですか。
(A) To decide on some items	(A) 品物を決めるため。
(B) To take a trip with some colleagues	(B) 同僚と旅行に行くため。
(C) To employ a candidate	(C) 候補者を雇用するため。
(D) To think about a corporate policy	(D) 会社の方針について考えるため。

正解 (A)

解説 意図問題です。話し手は，❹で以前聞き手が見せた，長持ちするマーカーについて触れた後，Let's go with themと言い，続けて❺「多少高くても，長い目で見ればOKだ」と話しています。つまり，問われている箇所は，「発注するものの中に以前見せてくれたマーカーを含めたい」という意図で話していると分かりますので，(A)が正解です。

言い換え new whiteboard markers → some items

語句 □ decide on ～ ～を決める，～についての決断をする　□ corporate policy 会社の方針

Questions 43 through 45 refer to the following talk.

❶Welcome to Green's Book Store. Our guest speaker today is Sarah Wilcox. I'm sure you all know her from *Sarah's Kitchen*, the popular Channel 4 cooking program. Now, I don't usually enjoy programs about cooking. It's not really my thing. However, I never miss an episode of *Sarah's Kitchen*. ❷Sarah's show is very funny and interesting to watch and from time to time I even try some of her recipes. You might also want to do so. ❸Welcome, Sarah. Could you tell me about yourself?

設問43-45は次のトークに関するものです。

Green書店へようこそ。今日のゲストスピーカーはSarah Wilcoxです。皆さんきっと彼女のことは4チャンネルの人気料理番組であるSarah's Kitchenでご存じかと思います。さて，私は料理番組をいつも見ているわけではありません。料理はそんなに得意ではないんです。でも，Sarah's Kitchenは1回たりとも見逃しません。Sarahの番組はとても愉快で，楽しく視聴することができ，私は時折彼女のレシピを試してみることさえあります。皆さんもそうしたくなるかもしれません。ようこそ，Sarah。自己紹介してくださいますか。

- -

語句　□ my thing 自分の得意なこと　□ episode 1回分の放送
　　　□ show（テレビ・ラジオなどの）番組　□ funny 愉快な，おかしな　□ recipe レシピ
　　　□ tell me about yourself あなたのことを教えてください（自己紹介などを依頼する表現）

43.　　　　　　　　　　　　　　　　　　　　　　　　　　　　　　　　　　詳細

Where most likely does the talk take place?	このトークはおそらくどこで行われていますか。
(A) At a television studio	(A) テレビスタジオ
(B) At a bookstore	(B) 書店
(C) At a cooking school	(C) 料理学校
(D) At a restaurant	(D) レストラン

正解　(B)

解説　トークが行われている場所が問われています。❶で「Green書店へようこそ」と述べており，書店を訪れている人に向けて話していることが分かります。したがって，選択肢の中で該当する(B)が正解です。

語句　□ television studio テレビスタジオ

44.

What does the speaker suggest the listeners do? (A) Apply for a course (B) Check out a program (C) Visit a store (D) Make a food order	話し手は聞き手たちに何をするように提案していますか。 (A) 研修に申し込む (B) 番組を確認する (C) 店を訪問する (D) 食べ物の注文をする

正解 (B)

解説 話し手が聞き手に勧めていること，が問われています。❷で話し手は「Sarahさんの番組はとても愉快で楽しく，番組を見ることでレシピを試すこともある」と聞き手に番組を見ることを想起させていますので，(B)が正解となります。

語句 □ apply for ～ ～に申し込む　□ program 番組，プログラム

45.

According to the speaker, what will happen next? (A) An author will sign a book. (B) A chef will demonstrate a new recipe. (C) A TV host will give a self-introduction. (D) An artist will talk about some works.	話し手によると，次に何が起きますか。 (A) 著者が本にサインをする。 (B) シェフが新しいレシピを実演する。 (C) テレビ番組のホストが自己紹介をする。 (D) 芸術家が作品について話す。

正解 (C)

解説 次に何が起きるか，が問われています。❸で話し手はSarahさんに「ようこそ。自己紹介してください」と言っていますので，それを言い換えた(C)が正解となります。

言い換え　tell me about yourself → give a self-introduction

語句 □ self-introduction 自己紹介

Questions 46 through 48 refer to the following announcement and map.

Good morning, everyone. Welcome to Douglas National Park. ❶Today, we'll be hiking to the Jameson Mountains to look at some of the beautiful waterfalls. If you look at the map behind me, you'll see that the park has a lot of other things to offer. ❷I strongly suggest that you return one day to see some of our other wonderful natural attractions. Now, we'll get started in just a minute. ❸It's a four-hour walk, so please just make sure you have enough water and some food in your backpack.

設問46-48は次のアナウンスと地図に関するものです。

おはようございます，皆さん。Douglas国立公園へようこそ。本日はJameson山へハイキングをして美しい滝のいくつかをご覧いただきます。私の後ろにある地図をご覧いただければ，この公園にはほかにもたくさん提供するものがあることがお分かりになるかと思います。いつか再訪くださり，私どものほかの素晴らしい自然名所をご覧いただくことを強くお勧めいたします。さて，間もなく出発します。4時間のウォーキングとなりますので，どうか，十分な水分と食べ物がリュックに入っているかご確認をお願いします。

語句 □ hike to ～ ～へハイキングをする □ waterfall 滝
□ strongly suggest ～を強く推奨する □ natural attraction 自然名所
□ backpack リュック

46.

図表問題

Look at the graphic. Which trail will the listeners most likely take?
(A) Trail A
(B) Trail B
(C) Trail C
(D) Trail D

図を見てください。聞き手たちはおそらくどの道を通りますか。
(A) Aの道
(B) Bの道
(C) Cの道
(D) Dの道

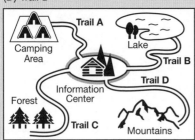

正解 (D)

解説 図表問題です。聞き手がどの道をこれから通るか，が問われています。❶からこれから山へハイキングすることが分かります。地図で山につながっている道を探すとTrail Dと分かります。以上から正解は(D)となります。

語句 □ trail（踏みならされてできて，あまり舗装されていない）道，小道

47.

---

47. 依頼・提案・勧誘・申し出

What does the speaker encourage the listeners to do? / 話し手は聞き手たちに何をするよう勧めていますか。

(A) Visit the park again / (A) 公園を再度訪問する
(B) Reserve a guided tour / (B) ガイド付きのツアーを予約する
(C) Wear suitable clothing / (C) 適切な衣服を身に着ける
(D) Bring camping gear / (D) キャンプ用品を持参する

正解 (A)

解説 話し手が聞き手に勧めていることが問われています。❷で，この公園を再訪してほかの自然名所を見るように強く勧めていますので，それを言い換えた(A)が正解です。質問のencourageがトーク内ではstrongly suggestという言い回しで出てきますので，それに気づいてstrongly suggestの後ろに注意して聞くと答えを聞き取ることができます。

言い換え return → visit the park again

語句 □ encourage A to do Aに〜するように勧める　□ guided tour ガイド付きのツアー
□ suitable 適切な　□ camping gear キャンプ用品

48. 次の行動

What will the listeners most likely do next? / 聞き手たちはおそらく次に何をしますか。

(A) Learn about local plants / (A) その土地の植物について学ぶ
(B) Buy a map of the park / (B) 公園の地図を買う
(C) Check their belongings / (C) 所持品を確認する
(D) Find a new destination / (D) 新しい目的地を探す

正解 (C)

解説 聞き手が次にするであろうことが問われています。話し手が聞き手に❸で「4時間のウォーキングになるので，水と食料がリュックに入っているか確認するように」と言っていますので，この後聞き手である参加者は，自分たちの持ち物を確認することが予測されます。よって，(C)が正解です。

言い換え make sure → check，water and some food → belongings

語句 □ belongings 所持品，所有物　□ destination 目的地

Questions 49 through 51 refer to the following excerpt from a meeting and graph.

Thank you, everybody, for coming. Let's talk about the first item on the agenda. ❶Since I took charge of this department, we've been testing a few new ideas. Some have gone better than others. If you take a look at this graph, you'll see that sales at the Cranston branch have improved the most. ❷On the other hand, sales at this other branch have dropped significantly. I think this shows that online advertising is not very effective in our case. I'm interested in what the Cranston branch has been doing. ❸I think we should ask some of their salespeople to visit the other branches to offer some advice.

設問49-51は次の会議からの抜粋とグラフに関するものです。

皆さん，お越しいただきありがとうございます。最初の議題について話していきましょう。私がこの部署の責任を担うようになってから，当社ではいくつかの新しいアイディアを試してまいりました。ほかのものと比較してうまくいったものもいくつかあります。このグラフをご覧になれば Cranston 支社の売り上げが一番改善されたことが分かります。一方で，別のこの支社の売り上げは著しく低下しています。私が思うに，これはインターネット広告が我々の場合はそんなに効果的でないことを示しています。Cranston 支社が何をしてきたのかについて興味があります。同支社の営業担当者の何人かにほかの支社を訪問し，アドバイスをするようお願いするのがよいと思っております。

語句 □ the first item on the agenda 最初の議題
□ take charge of ～ ～を担当する，引き受ける　□ on the other hand 一方で
□ significantly 著しく　□ online advertising インターネット広告（業）
□ effective 効果的な

49.

詳細

Who most likely is the speaker? / 話し手はおそらく誰ですか。
(A) A business analyst / (A) 経済分析家
(B) A product reviewer / (B) 製品批評家
(C) A human resources coordinator / (C) 人材コーディネーター
(D) A department manager / (D) 部長

正解 (D)

解説 トークの話し手が誰か，が問われており，選択肢には職業名が並んでいます。❶で話し手が「私がこの部署の責任を担うようになってから…」と述べていますので，ある部署の責任者だと分かります。それを department manager と言い表した (D) が正解です。

語句 □ business analyst 経済分析家，経済アナリスト　□ reviewer 批評家
□ human resources coordinator 人材コーディネーター

50.

図表問題

Look at the graphic. Which branch tried online advertising?
(A) The Sheffield branch
(B) The Oxley branch
(C) The Bryant branch
(D) The Cranston branch

図を見てください。インターネット広告を試みていたのはどの支社ですか。
(A) Sheffield支社
(B) Oxley支社
(C) Bryant支社
(D) Cranston支社

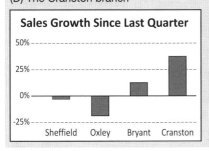

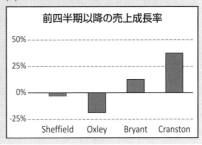

正解 (B)

解説 図表問題です。どの支社がインターネット広告を試みていたか，が問われています。❷で「この支社の売り上げが著しく低下しており，インターネット広告がそんなに効果がないことが分かる」と述べています。次に，グラフを見ると，著しく数値がダウンしている支社はOxley支社であることが分かります。(B)が正解です。(A) Sheffield支社も売り上げ成長率は落ちていますが，話し手がsignificantly「著しく」と言っていることが(B) Oxley支社を選ぶ決め手となります。

語句 □ online advertising インターネット広告

51.

依頼・提案・勧誘・申し出

What does the speaker suggest?
(A) Hiring more sales staff
(B) Improving product quality
(C) Attending a conference on marketing
(D) Sharing information between branches

話し手は何を提案していますか。
(A) より多くの営業スタッフを雇うこと
(B) 製品品質を改善すること
(C) マーケティング会議に出席すること
(D) 支社間で情報共有すること

正解 (D)

解説 話し手が提案していることは何か，が問われています。話し手は❸で「Cranston支社の担当者にほかの支社を訪問し，アドバイスをしてもらいたい」と述べていますので，それを「支社間の情報共有」と言い換えた(D)が正解となります。

言い換え offer some advice → sharing information

語句 □ product quality 製品品質

Questions 52 through 54 refer to the following news report and map.

This is Rhonda Forbes with the morning traffic report for Radio TB6. Right now, all of the major highways are running smoothly. ❶Thinking ahead to tonight, you should keep in mind that the football final is being held at Maier Stadium this evening. You can expect a lot of traffic in that area. If you live nearby, you might be better off taking the train today so that you can avoid any delays on your way home. ❷If you're headed north this evening, you should probably take the H5. The other one's going to be crowded with football fans. ❸Regardless of where you're headed, please take care on the roads this evening. I'm afraid some heavy rain is forecast.

設問52-54は次のニュースレポートと地図に関するものです。

こちらはRhonda Forbes，TB6ラジオの朝の交通情報をお伝えします。現在，主要な高速道路は全てスムーズに流れております。今夜を見据えた場合，フットボールの決勝戦が今晩Maierスタジアムで行われることを忘れてはいけません。その地域では多くの交通量が予想されます。近隣にお住まいであれば，本日は帰宅時の遅れを避けられるよう，電車を使用した方がよいかもしれません。もし今晩北の方へ向かうのであれば，H5を通った方がよいでしょう。もう片方の道路はフットボールファンで混み合うことになります。どちらに行くにせよ，今晩は路面に気を付けてください。あいにく大雨が予報されています。

語句 □ smoothly 順調に □ think ahead to ～ ～を前もって考える □ final 決勝戦 □ better off doing ～した方がよい □ be headed ～ ～に向かう □ regardless of ～ ～に関わらず □ take care 気を付ける □ I'm afraid あいにく □ forecast ～を予測する

52.

詳細

What kind of sports match is taking place this evening?
(A) Football
(B) Baseball
(C) Tennis
(D) Basketball

どんな種類のスポーツの試合が今晩行われますか。
(A) フットボール
(B) 野球
(C) テニス
(D) バスケットボール

正解 (A)

解説 どんなスポーツの試合が行われるか，が問われています。❶で「フットボールの決勝戦が今晩行われる」と言っていますので，(A)が正解だと分かります。

語句 □ match 試合 □ take place 行われる

53.

Look at the graphic. Which highway does the speaker say will be crowded?
(A) The K1
(B) The H2
(C) The H5
(D) The T3

図を見てください。話し手はどの高速道路が混雑するだろうと言っていますか。
(A) K1
(B) H2
(C) H5
(D) T3

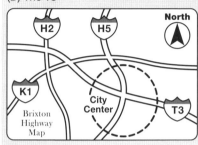 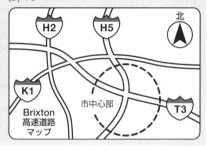

正解 (B)

解説 図表問題です。話し手がどの高速道路が混雑すると言っているか, が問われています。話し手は❷で「もし今晩北部に行くのであれば, H5を通った方がよい。もう片方の道路は混む」と言っています。地図を見ると, H2とH5が北部へ向かう高速道路であると分かります。これらの情報から, 混雑するのはH2であるということが分かりますので, (B)が正解です。

54.

What does the speaker say will happen tonight?
(A) Some inclement weather will occur.
(B) New tolls will be charged.
(C) Tickets for an event will sell out.
(D) Part of the highway will be closed.

話し手は今晩何が起こると言っていますか。
(A) 悪天候が起こる。
(B) 新しい通行料が徴収される。
(C) イベントのチケットが売り切れる。
(D) 高速道路の一部が閉鎖される。

正解 (A)

解説 話し手が今晩起きると言っていることは何か, が問われています。話し手は❸で「今晩はどこに行くにせよ, 注意が必要。大雨が予報されている」と述べていますので, (A)が正解となります。この問題は「次の行動」に分類していますが, please take care on the road "this evening"をピンポイントで聞き取る, 「詳細」タイプの問題ととらえて解くこともできます。

言い換え heavy rain → inclement weather

語句 □ inclement weather 悪天候 □ toll 通行料 □ sell out 売り切れる

答え合わせをし，自分の得意・苦手な Part やタイプを確認し，あなたの今の "型" を確認しましょう。この結果をもとに，学習計画を立てます。学習計画の立て方は p.58 をご覧ください。

	設問番号	正解	タイプ		チェック
Part 1	1	C	1	1人の人物の写真	
	2	C	3	人物の写っていない写真	
	3	D	2	2人以上の人物の写真	
	4	D	1	1人の人物の写真	
	5	B	3	人物の写っていない写真	
	6	C	2	2人以上の人物の写真	
Part 2	7	A	4	付加疑問文・否定疑問文	
	8	C	3	依頼・提案・勧誘	
	9	B	2	Yes/No疑問文	
	10	B	1	WH疑問文	
	11	B	4	付加疑問文・否定疑問文	
	12	C	6	平叙文	
	13	B	5	選択疑問文	
	14	B	6	平叙文	
	15	C	3	依頼・提案・勧誘	
	16	C	5	選択疑問文	
	17	C	1	WH疑問文	
	18	C	2	Yes/No疑問文	
Part 3	19	B	2	依頼・提案・勧誘・申し出	
	20	D	4	詳細	
	21	D	5	意図問題	
	22	A	1	概要	
	23	A	4	詳細	
	24	D	5	意図問題	
	25	A	1	概要	
	26	B	5	意図問題	
	27	C	3	次の行動	
	28	C	1	概要	
	29	C	6	図表問題	
	30	D	3	次の行動	
	31	A	2	依頼・提案・勧誘・申し出	
	32	B	6	図表問題	
	33	C	3	次の行動	
	34	A	4	詳細	
	35	C	6	図表問題	
	36	B	2	依頼・提案・勧誘・申し出	

Part 4	37	A	3　広告・宣伝	
	38	C	3　広告・宣伝	
	39	B	3　広告・宣伝	
	40	A	6　電話メッセージ	
	41	B	6　電話メッセージ	
	42	A	6　電話メッセージ	
	43	B	2　スピーチ	
	44	B	2　スピーチ	
	45	C	2　スピーチ	
	46	D	1　アナウンス	
	47	A	1　アナウンス	
	48	C	1　アナウンス	
	49	D	5　会議	
	50	B	5　会議	
	51	D	5　会議	
	52	A	4　ニュース・ラジオ	
	53	B	4　ニュース・ラジオ	
	54	A	4　ニュース・ラジオ	

型診断　正答数・誤答数からあなたの型を診断しましょう。

	Part 1		Part 2		Part 3		Part 4	
	正答数	誤答数	正答数	誤答数	正答数	誤答数	正答数	誤答数
タイプ1								
タイプ2								
タイプ3								
タイプ4								
タイプ5								
タイプ6								

A
キソガタメ型
診断テストで全てのPartの正答率が4割以下だった方

B
弱点補強型
正答率が4割を超えるPartがある一方，弱点が特定のPartやタイプに偏っている方

C
ブラッシュアップ型
全てのPartが正答率4割を超え，突出して苦手なPart・タイプがない方

D
満点志向型
診断テストを全問正解した方

トレーニング・カウンセリング

▓▓ 自分の型の診断

診断テストを解いたら，まず答え合わせをし，Part別・設問［場面］タイプ別に正答数・誤答数を集計します。セルフチェック（p.8参照）をした方は，結果とのズレがないかを確認しましょう。「意外と苦手だったタイプ」が見つかるかもしれません。なお，セルフチェックで書いたことが，本書のタイプとずれている場合もあるかと思います。例えば「オーストラリア人ナレーターが苦手」と書いた場合などです。その場合は，「オーストラリア人ナレーターの問題をピックアップして解く」など，自分なりの対応を考え，試してみてください。問題を把握し，自分なりの解決策を試す，それで克服できなければ次の方法を考える，と試行錯誤することで，実力が徐々にアップしていきます。

単純に得意／苦手なタイプを把握するだけではなく，本書では，4つの型に分けて現状を診断し，次のトレーニング計画につなげることを勧めます。

Ⓐ	**Ⓑ**	**Ⓒ**	**Ⓓ**
キソガタメ型	**弱点補強型**	**ブラッシュアップ型**	**満点志向型**
診断テストで全てのPartの正答率が4割以下だった方	正答率が4割を超えるPartがある一方，弱点が特定のPartやタイプに偏っている方	全てのPartが正答率4割を超え，突出して苦手なPart・タイプがない方	診断テストを全問正解した方

▓▓ 型にあわせたトレーニングメニュー

型にあわせて，お勧めのトレーニングメニューを紹介します。

Ⓐ キソガタメ型メニュー

> **学習順** Part 1のタイプ1から，Part 4のタイプ6までを順番に学習する

全体的に苦手な問題が多い場合，基礎力をしっかり鍛えずに苦手だと思う問題を1つずつ解いていっても，本番のテストではうまくいかない可能性があります。本書の前から順に学習を進めていきましょう。

このレベルでは，1つの文をしっかり聞いて理解することも大事です。Practiceで間違えた問題は，まずスクリプトを読んで，語彙や文法を理解してから音を聞くことをお勧めします。読めない英文を聞き取って理解するのは相当負荷がかかるためです。

B 弱点補強型メニュー

> **学習順**　① Part 2のタイプ1からタイプ6を一通り学習する
> ② 自分の苦手なPart・タイプを学習する
> ③ 残りのPart・タイプを取り組む

Part 2が得意で，Part 3, 4が苦手な場合でも，必ずPart 2から学習を始めてください。Part 3, 4が苦手な背景には，聞き取れない音や表現があると，それを含む文全体が聞き取れず，それが続いて結果的に会話・トーク全体の意味が分からなくなるという問題が潜んでいることが多いからです。まずしっかり1つの文・短い会話を聞くことで，自分が苦手な音や表現，国別のナレーターの発音を克服し，その後，Part 3, 4の学習に移ると効果的に学習を進めていくことができます。なお，Part 1は，この本の読者には比較的解きやすいと考え，Part 2からの学習を勧めましたが，Part 1が苦手だったり，全Partをしっかりと学習したい方はPart 1から始めてもかまいません。

自分の苦手なPart・タイプをひととおり学習したら，得意なタイプをさらに伸ばしましょう。

C ブラッシュアップ型メニュー

> **学習順**　① 正解が比較的多かった得意なPart・タイプの攻略法を読み，Practiceの問題を音声スピードを上げて解く
> ② 残りのPart・タイプをPart 1のタイプ1から順に学習する

強みを徹底的に磨いてから，苦手克服に移るというメニューです。強みは自分の得意な分野であり，楽しく取り組めますし，モチベーションが上がりますよね。得意分野をしっかり磨いてから苦手な分野を克服しましょう。

攻略法と自分の解き方が違う場合，自分が自信を持って解けるタイプであれば，ご自身の解き方を優先してかまいません。「なるほど，自分の解き方にこのやり方をアレンジしよう」「このやり方には賛同できないので，この部分は自己流で解こう」と，自分の解き方の再確認をしてみるとよいでしょう。

D 満点志向型メニュー

> **学習順**　① Part 1, 2のPracticeの問題を1.5倍速で聞いて，全ての音が聞き取れるかをチェックする。
> ② Part 3, 4は設問だけでなく選択肢まで先読みできるレベルにする
> ③ Part 3, 4を1.5倍速で解く

リスニングセクションで450点以上を取れる方は，いわゆる「苦手なタイプ」はほとんどありません。ただし「自分の苦手ポイント」を見つけられず，ある程度のところで点数が伸びなやんでしまう可能性があります。ですので，本番のテストでいつでも満点を取れる解き方を目指しましょう。

Part 1, 2では，少しでも分からない音，自信がない音があったら，どこの音が聞き取れなかったのか確認して，何度も音を聞き，音読を繰り返しましょう。

Part 3, 4では，選択肢まで8秒以内に全て先読みできるようになりましょう。全て読まなくても正解を選べる問題もありますが，どの程度まで読めると完璧に正答できるかを知り，自分のスタイルを作りましょう。

最後に，Part 3, 4も1.5倍速でチャレンジして，負荷をかけたときに苦手となるポイントをあぶりだしてみましょう。苦手と感じるところは，繰り返し聞いたり，音声に合わせてスクリプトの筆写や暗唱をしたりしましょう。

学習計画を立てる上での時間配分

学習計画を立てる上で，何にどのくらい時間をかけるのか，迷う方もいるでしょう。ここでは，各Partの1つのタイプのお勧めの学習の流れと，それぞれにかかる時間を紹介します。自分が1日に使える時間をもとに，自分の計画を立ててみてください。

Part 1・2	🕐 設問タイプ別攻略法を一通り読み，例題を解く…15分 →Practiceを解く…10分→Practiceの復習…45分
	Practiceの 復習のタスク…	① 問題の解説を全て読む（10分） ② 音声を聞いてつまずいたところを確認する（10分） ③ 文法・語彙を確認する（5分） ④ 音読を行う（20分）

Part 3・4	🕐 設問［場面］タイプ別攻略法を一通り読み，例題を解く…15分 →Practiceを解く…10分→Practiceの復習…90分
	Practiceの 復習のタスク…	① 問題の解説を全て読む（15分） ② 音声を聞いてつまずいたところを確認する（20分） ③ 文法・語彙を確認する（5分） ④ 先読みのポイントをチェックする（10分） ⑤ 音読を行う（40分）

キソガタメ型で，毎日約2時間学習できる方はタイプ別攻略法をひととおり終えるのに21日間かかります。どうしても学習をできない日や時間が短くなる日があることを考えると，1カ月弱かかると考えられます。もしも学習時間を半分しか確保できない場合は，毎日学習したら42日間，間に学習できない日があるとすると2カ月かかると考えられます。

ただし，「どうしても1カ月後に受験をしなければならないが，1日の学習時間を増やすことは難しい」ということもあるかもしれません。その場合は，「全ての問題を音読するのではなく，間違えた問題だけにする」など，1つのタイプにかける学習量を減らす工夫が必要です。

Part 1
写真描写問題

後悔をしたくなければ
今、目の前のことに
ベストを尽くそう！

Part 1 (写真描写問題) の攻略法

問題数	6問（No. 1〜6）
出題内容	問題用紙にある写真を見ながら，放送される4つの英文を聞き，写真の描写として最も適切なものを選ぶ。
解答時間	1問5秒

■ 解く際の流れ

どのタイプでも共通の，解く際の流れを確認しましょう。

①音声が流れる前は

写真を見て，流れてくる選択肢を予想します。写真は以下の部分に注目しましょう。

(1) 一番目立っている人や物の動作と状態

一番目立っている人や物の動作や状態，身に着けているものなどを表す英文が正解になることが多いです。まずはこれを確認し，正解となりそうな表現を日本語でも英語でもいいので考えます。

(2) そのほかの目立っている部分

背景に写っているものが正解になることもあります。そのほかに目立つ部分を確認し，正解となりそうな表現を日本語でも英語でもいいので考えます。

②音声が流れ始めたら

1つ目の選択肢の音声を聞き終えた時点で「正解」「不正解」の「2択」で判断します。ここで役立つのが，「ペン先を使った消去法」です。最初はペン先を(A)のマークの上に置き，「これが正解だ」と思える選択肢が聞こえるまでは，1つの選択肢を聞き終えるたびに(A)の上から(B)の上へ，(B)の上から(C)の上へとペン先を進めていきます。正解か不正解かを判断しかねるが，「正解の可能性もある」と思えるものは，ひとまず「正解」と考え，ペン先を置いておきます。続く選択肢の中に「より確実に正解だ」と思えるものが登場したら，そちらを正解として選ぶようにしてください。続く選択肢の英文の中に正解だと思えるものが登場しなかった場合には，「正解かもしれない」と判断した選択肢の記号を正解としてマークします。

■ 設問のタイプ

本書では，「1人の人物の写真」「2人以上の人物の写真」「人物の写っていない写真」の3つに分けています。この3つはそれぞれ解き方が異なり，1人の人物が最も簡単で，順番に難易度が上がっていきます。

✂ Part 1 で覚えておきたい表現

Part 1特有の覚えておきたい表現をまとめました。

名詞

表現	意味	表現	意味
appliance	電気機器	lid	ふた
awning	日よけ	partition	間仕切り
broom	ほうき	patio	テラス
canopy	天蓋	pedestrian	歩行者
cashier	レジ係	pier	桟橋
cookware	調理器具	scaffold	足場
courtyard	中庭	stool	（背もたれのない）いす
cubicle	仕切られた作業スペース	stove	こんろ
curb	縁石	utensil	台所用品
doorway	出入口	vehicle	乗り物
garbage bin	ゴミ箱	wheelbarrow	手押し車
garbage can	ゴミ箱	windowpane	窓ガラス
hallway	廊下	windowsill	窓台
instrument	楽器	workstation	仕事場

動詞

表現	意味	表現	意味
applaud	～に拍手する	load	（荷物）を積む
board	～に乗り込む	mount	～に取り付ける
browse	（商品）を見て回る	mow	～を刈る
crouch	しゃがむ	pave	（道路）を舗装する
face	（～の方を）向く	scatter	～をばらまく
hand	～を手渡す	stack	～を積み重ねる
kneel	ひざまずく	sweep	～を掃く
lean	寄りかかる		

形容詞・その他

表現	意味	表現	意味
crowded	混雑した	plastic	ビニール製の
electric	電動の	scattered	散らばっている
electrical	電気の	slanted	傾いた
medical	医療の	unoccupied	占有されていない
open-air	屋外の	in a row	並んで
opposite	反対側の		

1 1人の人物の写真

1人の人物の写真は比較的解きやすい場合が多いのですが，正解の選択肢をより速く判断できるようになることで次の写真をチェックする時間が長くなったり，より確実に解けるようになることでスコアアップにつながったりします。「1人の写真は簡単だから特に対策はいらない」などと甘く考えず，素早く100％正解できる実力をしっかりと身に付けていきましょう。

POINT 人物の動作や状態に注目する

では，例題を見ながら基本の解き方を確認しましょう。

例 題 ♪ 031

写真を見て，まずはどのような英文が流れてくるのかを予想します。1人の人物の写真の問題は**人物の動作が正解の選択肢になることが多いため，写っている人物に注目**しつつ選択肢の英文を聞くようにします。例題の写真の場合，一番目立っているのは写真の右側に写っている男性です。この男性の動作や状態を表す英文が正解になるのではと予想します。例えば，以下のようなものです。

- 男性は機械で作業をしている
- 男性はレバーをつかんでいる
- 男性はゴーグルを着用している

ほとんどの場合は目立つ人物の動作や状態が正解になりますが，背景にあるものが正解となることもあります。例えばこの写真では，男性が操作している機械にも目を配っておけるとよいでしょう。

音声を聞く前に、ここまで考えられるとベストです。では、音声を聞きましょう。

(A) The man is adjusting his goggles. 「男性はゴーグルを調節している」

adjusting his goggles という動作が写真と一致しないことが分かります。よって、(A) の英文は不正解です。**不正解の英文は、動詞や目的語の部分が写真と一致しないものがほとんど**で、まれに主語が写真に写っていない場合もあります。

(B) The man is operating a machine. 「男性は機械を操作している」

主語 (The man)、動詞 (is operating)、目的語 (a machine) の全てが写真の内容と完全に一致するため、これが正解となります。

(C) The man is plugging in a cord. 「男性はコードをコンセントに差し込んでいる」

コンセントが写っておらず、動詞以下の内容 (plugging in a cord) が写真とは一致しません。**写真に写っていないものが含まれる英文は当然不正解**です。動詞の plug「(プラグを) 差し込む」の対義語は unplug「(プラグを) 抜く」で、いずれも Part 1 においてしばしば登場する単語です。

(D) The man is cleaning a handle. 「男性はハンドルを掃除している」

こちらも (C) と同様、動詞が写真とは不一致です。なお、ここでは名詞として使われている handle は「(手で) ～を操作する」という意味の動詞としても使われることが多いです。

これで (A)～(D) の4つの英文を聞き終えました。正解の (B) のマークを塗りつぶし、この問題のタスクは終了となります。

以下にこの写真の正解となり得る例文をいくつか挙げておきます。

◎ The man is wearing goggles. 「男性はゴーグルを着用している」

(A) の動詞をこの写真に合わせて変えたものです。goggles の代わりに eyewear「眼鏡類」と言うなど、上位概念の表現に言い換えられることもあるので注意が必要です。

◎ A machine is being operated in a workshop.
「機械が作業場で使われているところだ」

受動態の現在進行形を使った表現です。「～されている最中だ」という意味になると覚えておいてください。受動態の現在進行形は「(人によって何かが) されている最中だ」ということを表すことが多いので、人が写っている写真の正解になるこ

とがしばしばあります。ただし，例外的に人が写っていなくても正解になる場合もあります。これについては，設問タイプ別攻略法3「人物の写っていない写真」で学習しましょう。

正解の表現をストックすることがPart 1では重要です。Practiceでも，正解となり得る表現を紹介します。

スクリプトと訳 🇬🇧 ♪ 031

(A) The man is adjusting his goggles.
(B) The man is operating a machine.
(C) The man is plugging in a cord.
(D) The man is cleaning a handle.

(A) 男性はゴーグルを調節している。
(B) 男性は機械を操作している。
(C) 男性はコードをコンセントに差し込んでいる。
(D) 男性はハンドルを掃除している。

正解 (B)

語句 □ adjust ～を調節する　□ goggles ゴーグル　□ operate ～を操作する
□ plug in ～ ～を電源に差し込む　□ handle ハンドル

攻略法まとめ 1人の人物の写真

• 写っている人物に注目しつつ選択肢の英文を聞く

• 不正解の英文は動詞や目的語が写真の内容と矛盾することが多い

• 写真に写っていないものが含まれる英文は不正解である

Practice

4つの英文を聞き，最も適切に写真を描写しているものを(A)(B)(C)(D)の中から1つ選びなさい。

🎵 032~037

1.

2.

3.

4.

5.

6.

1.  🇺🇸 ♪ 032

(A) A man is wiping a whiteboard.
(B) A man is reading through some documents.
(C) A man is hanging a clock on a wall.
(D) A man is leaving his work area.

(A) 男性はホワイトボードを拭いている。
(B) 男性は文書に目を通している。
(C) 男性は時計を壁に掛けているところである。
(D) 男性は作業場から出て行くところである。

正解 (A)

解説 男性がイレーザーでホワイトボードにある図を消しているところを端的に表している(A)が正解です。(B)はreading throughが男性の動作とは合いません。(C)は「男性が時計を壁に掛けているところだ」という意味なので不正解です。hangは「〜を掛ける」という他動詞にも,「掛かる」という自動詞にもなり得るので,時計を主語にしてA clock has been hung on a wall.「時計が壁に掛けられている」やA clock is hanging on a wall.「時計が壁に掛かっている」などであれば正解となります。(D)は男性が部屋を立ち去る瞬間を描写しています。

語句 □ wipe 〜を拭く　□ read through 〜 〜を通読する　□ document 書類
□ hang 〜を掛ける　□ leave 〜を立ち去る

2.  🇨🇦 ♪ 033

(A) A woman is lying on a sofa.
(B) A filing cabinet is being removed.
(C) A woman is operating a computer.
(D) There are some plants outside the window.

(A) 女性はソファに横になっている。
(B) ファイル棚が撤去されているところである。
(C) 女性はコンピューターを操作している。
(D) 植物が窓の外にある。

正解 (D)

解説 写真には書類を手にしている女性が写っていますが,本問は目立っている人が正解とならないタイプの問題です。(A)はsofaが写っているものの,lying (lie「横たわる」の現在分詞) が女性の様子とは合いません。(B)は主語のfiling cabinetが写っていません。(C)はoperatingが女性の動作とは合いません。残った(D)が,窓の外にある植物の様子を端的に表現しています。

語句 □ lie 横たわる　□ filing cabinet ファイル棚　□ operate 〜を操作する　□ plant 植物
□ outside 〜の外に

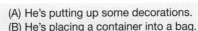

3. 🇦🇺 ♪ 034

(A) He's putting up some decorations.
(B) He's placing a container into a bag.
(C) He's opening a bottle.
(D) He's painting the wall.

(A) 彼はいくつかの装飾品を飾っているところである。
(B) 彼は容器をかばんに入れている。
(C) 彼は瓶を開けている。
(D) 彼は壁を塗っている。

正解 (B)

解説 ドリンクボトルのようなものを手にし, それをかばんに入れようとしている男性が写っています。この様子を表した(B)が正解です。ドリンクボトルをcontainer「容器」と表していることに注意です。(A)にあるput up ～には「～を飾る」という意味があることを覚えておきましょう。(C)はopeningという動作の部分が写真の様子とは合いません。(D)は動詞が男性の動作とは合わないので不正解となります。男性の後ろにある棚を主語にしたA shelf is decorated with trophies.「棚がトロフィーで飾られている」やA shelf is placed against the wall.「棚が壁際に置かれている」などが正解となることもあります。

語句 □ put up ～ ～を飾る □ decoration 装飾品 □ place A into B AをBに入れる □ container 容器 □ paint ～を塗る

4. 🇺🇸 ♪ 035

(A) She's kneeling on the floor.
(B) She's gazing at a poster.
(C) She's browsing in a store.
(D) She's reaching for a bag.

(A) 彼女は床にひざをついている。
(B) 彼女はポスターをじっと見ている。
(C) 彼女は店内を見て回っている。
(D) 彼女はかばんに手を伸ばしている。

正解 (C)

解説 書店内で本を手に取ろうとしている女性を, browsing in a storeと描写している(C)が正解です。(A)はkneelingが写真の様子とは合いません。(B)はgazingの目的語がa posterではなくthe books on the shelf「棚にある本」だったら正解でした。(D)はreaching forの目的語となるa bagが写真の状況とは合いません。目的語がa bookなら正解でした。動作は合っているが目的語が違う, というのはよく出題される誤答のパターンですので注意しましょう。

語句 □ kneel on ～ ～にひざをつく □ gaze じっと見る □ browse in ～ ～の中を見て回る □ reach for ～ ～に手を伸ばす

5. 🇨🇦

(A) A man is getting on a ship.
(B) A man is swimming in a river.
(C) A man is holding a box.
(D) A man is packing some items.

(A) 男性は船に乗り込むところである。
(B) 男性は川で泳いでいる。
(C) 男性は箱を持っている。
(D) 男性はいくつかの品物を梱包している。

正解 (C)

解説 写真には船上で荷物を抱えている男性が写っています。この様子をholding a boxと表している(C)が正解となります。(A)は動詞が男性の動作とは合わず，(B)も男性は川で泳いでいるわけではないので不正解。(D)はpackingという動作が男性の様子とは合いません。本問の別解としては，A ship is positioned next to a dock.「船が波止場の横に泊められている」，A box has been sealed with tape.「箱がテープで封をされている」などが挙げられます。

語句 □ get on ~ ~に乗り込む □ pack ~を梱包する

6. 🇬🇧

037

(A) She's pouring out a drink.
(B) She's putting away some books.
(C) She's checking her watch.
(D) She's standing next to a copy machine.

(A) 彼女は飲み物を注いでいる。
(B) 彼女は何冊かの本を片付けている。
(C) 彼女は腕時計を確認している。
(D) 彼女はコピー機のすぐ近くに立っている。

正解 (D)

解説 コピー機を使っている女性の様子をstanding next to a copy machineと表している(D)が正解です。(A)は飲み物が写っていないので不正解。(B)はsome booksらしきものは写っていますが，putting awayが女性の動作と合っていません。(C)も，動詞以下の内容が写真の状況とは合わないので不正解です。本問の別解としては，She's using a photocopier.「彼女はコピー機を使っている」，Some books have been put on a shelf.「何冊かの本が棚に置かれている」などが考えられます。

語句 □ pour out ~ ~を注ぐ □ put away ~ ~を片付ける □ check ~を確認する
□ next to ~ ~のすぐ近くに，~の隣に

2 2人以上の人物の写真

2人以上の人物が写真に写っている問題は,「1人の人物の写真」の問題と同様に,一番目立つ人やものが正解になる可能性が高いのですが,写っている**複数の人物たちに共通する動作や状態**が正解になることもあります。これが「2人以上の人物の写真」で最も注意したいポイントです。また,**人物の周囲にあるものが正解になる場合もある**ということも頭の片隅に入れつつ解答するようにしてください。

POINT 複数の人物に共通する動作や状態に注目する

では,まずは例題を解いてみましょう。

例題の場合,一番目立つ人・ものは見当たりませんが,「パソコンを使って作業をしている」ことが複数の人物に共通します。ほかに注意を払うべき状況をチェックしましょう。

- 男性の横に女性が立っている
- 机の上に数台のパソコンがある
- 書類が机の横に置かれている
- 人々の頭上にモニターがある

では,音声を聞きましょう。

(A) One of the men is answering the phone.

　「男性の1人は電話に出ている」

電話のようなものは写っていますが,2人の男性のいずれも電話に出ている最中ではなく,動作が写真の状況と合いません。ここでは不正解ですが,このように**「全**

員のうちの何人か」の動作や状態を表す選択肢もあるので，注意しましょう。

(B) One of the women is opening a file cabinet.

「女性の1人はファイル棚を開けている」

女性は2人写っていますが，1人は男性の横に立ちコンピューターの画面を見ており，もう1人は奥の方に座っています。file cabinet も写っていないので，動詞以下の内容が写真とは合いません。

(C) Two women are seated across from each other.

「2人の女性が向かい合わせに座っている」

2人の女性は向かい合わせの位置にいて，奥にいる1人は着席した状態ですが，手前にいるもう1人は立った状態です。よって，Two women are seated が写真とは一致しません。ちなみに，「～の真向かいに」という表現は directly across from ～や directly opposite to ～と表すことができます。

(D) The men are facing their computer screens.

「男性たちはコンピューターの画面に顔を向けている」

face「～の方向を向いている」という他動詞を使い，男性2人がパソコンを見ている状態を表しています。これが本問の正解です。Part 1 では，hand「～を手渡す」や water「～に水をやる」のように，私たちが名詞としてよく知っている単語が動詞としてしばしば登場します。

以下にこの写真の正解となり得る例文をいくつか挙げておきます。

◎ Some people are around the desk.

「何人かの人々が机の周りにいる」

複数の人たちを指す場合には，people や they なども使われます。

◎ They are working at the desk.

「彼らは机で作業をしている」

at は「点」を表す前置詞です。この場合は彼らが作業をしている「地点」を表しています。

◎ There are monitors above the workers.

「従業員たちの上にモニターがある」

オフィスで作業をしている人たちの頭上には，大きめの2台のモニターがあります。このように，周囲にあるものが正解となることもあります。

スクリプトと訳 🎵 038

(A) One of the men is answering the phone.
(B) One of the women is opening a file cabinet.
(C) Two women are seated across from each other.
(D) The men are facing their computer screens.

(A) 男性の1人は電話に出ている。
(B) 女性の1人はファイル棚を開けている。
(C) 2人の女性が向かい合わせに座っている。
(D) 男性たちはコンピューターの画面に顔を向けている。

正解 (D)

語句 □ file cabinet ファイル棚　□ *be* seated 座っている
□ across from 〜 〜と向かい合わせに　□ each other お互い
□ face 〜の方に向く

攻略法まとめ 2人以上の人物の写真

・人物の共通する動作や状態に注目して解答する

・人物の周囲にあるものなどにも注意を払う

4つの英文を聞き，最も適切に写真を描写しているものを(A)(B)(C)(D)の中から1つ選びなさい。

♪ 039~044

1.

2.

3.

4.

5.

6.

Practice 解答・解説

1.  🎵 039

2

2人以上の人物の写真

(A) One of the women is giving a presentation.
(B) One of the women is packing a briefcase.
(C) One of the men is exiting the room.
(D) One of the men is wearing a headset.

(A) 女性の1人はプレゼンテーションを行っている。
(B) 女性の1人は書類かばんに荷物を詰め込んでいる。
(C) 男性の1人は部屋を出て行くところである。
(D) 男性の1人はヘッドセットを身に着けている。

正解 (A)

解説 数名の人たちの前で発表をしている様子の女性を，giving a presentation と表している(A)が正解です。写真には複数の女性が写っているため，主語は One of the women となっています。3人以上が写っている写真で，そのうちの2人を指して Two of the women「女性のうち2人は」ということもまれにあります。(B)は packing 以下が女性の動作とは合わず不正解，(C)も動詞 exiting が男性の動作とは合いません。(D)は動詞の目的語である headset を身に着けている男性はいないので不正解となります。「席が1つ空いている」状態を表した One of the seats is unoccupied. が正解となることもあります。

語句 □ pack 〜にものを詰め込む　□ briefcase 書類かばん　□ exit 〜を出て行く
□ headset ヘッドセット

2. 🎵 040

(A) They're walking up some steps.
(B) They're wheeling suitcases.
(C) They're looking at a building.
(D) They're loading luggage into a bus.

(A) 彼らは階段を上っている。
(B) 彼らはスーツケースを引いている。
(C) 彼らは建物を見ている。
(D) 彼らはバスに荷物を載せているところである。

正解 (B)

解説 スーツケースを引いて歩いている男女を表した(B)が正解。wheel は「〜を引く」という動詞として出題されることもあります。(A)は2人は階段を上っていないので不正解。(C)は動作 looking at の目的語が each other「お互い」であれば正解となり得ます。(D)は load *A* into *B*「A を B に載せる」を使っていますが, bus が写っていません。2人の共通の動作から, They are walking by a tall structure.「彼らは高い建造物のそばを歩いている」, Two people are looking at each other.「2人の人たちがお互いを見ている」, 男性の状態から The man has a scarf wrapped around his neck.「男性は首の周りにスカーフを巻いている」なども正解となり得ます。

語句 □ wheel（車輪の付いているもの）を引く　□ load *A* into *B* A を B に載せる，積み込む
□ luggage 荷物

3. 🇬🇧   ♪ 041

(A) Some people are resting under some umbrellas.
(B) Some people are crossing a bridge.
(C) Some people are strolling along the water.
(D) Some people are collecting litter.

(A) 何人かの人々は傘の下で休んでいる。
(B) 何人かの人々は橋を渡っている。
(C) 何人かの人々は水辺を歩いている。
(D) 何人かの人々はごみを集めている。

正解 (C)

解説 川沿いを歩く人たちを strolling along the water と表している (C) が正解です。water は，名詞の「水」，動詞の「〜に水をやる」という意味だけでなく，「水辺」という意味で，川や海などを指すこともあります。(A) は resting が写真の様子とは矛盾し，some umbrellas も写っていません。(B) は動詞以下の crossing a bridge が，(D) も動詞以下の collecting litter が，写真と一致しません。この写真は人に目が行きがちですが，Many leaves have fallen on the ground.「たくさんの葉が地面に落ちている」が答えとなる可能性もあります。

語句 □ rest 休憩する   □ umbrella 傘   □ cross 〜を渡る   □ stroll along 〜 〜に沿って歩く
□ collect 〜を集める   □ litter ごみ

4. 🇦🇺   ♪ 042

(A) One of the customers is handing a cashier some money.
(B) One of the customers is pointing at a menu.
(C) A server is taking an order.
(D) A server is fastening an apron.

(A) 客の1人はレジ係にお金を手渡している。
(B) 客の1人はメニューを指さしている。
(C) 接客係は注文を取っている。
(D) 接客係はエプロンを締めているところである。

正解 (C)

解説 レストランのような場所で接客係と話をしている2人の客の写真です。接客係が客から注文を取っている様子だと表している (C) が正解となります。(A) は handing a cashier some money が，(B) も pointing at a menu が写真の様子とは合っていません。(D) は fastening an apron が接客係の動作とは合わないので不正解です。A server is wearing an apron.「接客係はエプロンを着用している」であれば正解です。

語句 □ customer 客   □ hand 〜を手渡す   □ cashier レジ係   □ point at 〜 〜を指さす
□ server 接客係   □ take an order 注文を取る   □ fasten 〜を締める
□ apron エプロン

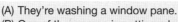

(A) They're washing a window pane.
(B) One of the women is putting a laptop on a desk.
(C) One of the women is carrying a vase.
(D) A backpack has been left on the floor.

(A) 彼女たちは窓ガラスを掃除している。
(B) 女性の1人はノートパソコンを机に置いているところである。
(C) 女性の1人は花瓶を運んでいる。
(D) リュックサックは床に置かれている。

正解 (D)

解説 多くの場合，Part 1の問題では目立っている人やものが正解の対象となりますが，例外もあります。この問題では窓に座る2人の女性に目を向けた方が多いと思いますが，床に置かれているリュックサックを描写している(D)が正解です。(A)は動作のwashingが写真の状態と合いません。They're sitting by a window.「彼女たちは窓のそばに座っている」であれば正解です。(B)はputting a laptop on a deskが写真に写っている2人の動作とは合っていません。(C)は花瓶は写っていますが，女性が運んでいるわけではありません。

語句 □ window pane 窓ガラス　□ put *A* on *B* AをBに置く　□ laptop ノートパソコン
□ carry ～を運ぶ　□ vase 花瓶　□ backpack リュックサック　□ *be* left 置かれている

6.

🎵 044

(A) One of the men is climbing up a ladder.
(B) One of the men is using a device.
(C) One of the women is polishing her helmet.
(D) One of the women is reading a book.

(A) 男性の1人ははしごを登っている。
(B) 男性の1人は装置を使っている。
(C) 女性の1人はヘルメットを磨いている。
(D) 女性の1人は本を読んでいる。

正解 (B)

解説 倉庫のような場所で作業をしている数名の中の1人の男性の様子を，using a deviceと表している(B)が正解です。(A)はclimbing up a ladderが写真の様子とは合いません。(C)はpolishingが，(D)はreading a bookが，写真に写っているどの女性の動作とも合っていません。女性が主語となる別解は，One of the women is holding a clipboard.「女性の1人はクリップボードを持っている」が考えられます。

語句 □ climb up ～ ～を登る　□ ladder はしご　□ device 装置　□ polish ～を磨く
□ helmet ヘルメット

3 人物の写っていない写真

人物の写っている写真は人の行動や状態にまず目を向ければよかったですが，この
タイプの問題は写真のどこに注目すればいいのかが分かりづらい場合が多いです。
選択肢の音声が1つ流れるたびに，**写真のどの部分の描写なのか**を瞬時に判断しな
くてはならないことが問題の難易度を上げています。

また，人物の写っていない写真に登場する英文は，受動態のものが多くなります。
もちろん能動態の文が正解になることもありますし，There構文や，ものを主語に
した「（ものが）～にある」のような文も使われます。このようなバリエーションの
豊富さに，苦手意識を感じる方が多いようです。

POINT 写真に写っているものはまんべんなく正解になり得る

では，例題を解いてみましょう。

例題　　　　　　　　　　　　　　　　　♪ 045

目につくのは車庫にある車とその建物，左側にある木などです。また，地面には建
物の影が伸びていますが，これも出題されるポイントの1つとなります。

- 車庫に車がある
- 全ての窓は閉まっている
- 中庭に木がある
- 建物が地面に影を投げかけている

これらに関する表現が英文で流れてくるのではと予想して，音声を待ちます。

(A) A front door is being removed.

「玄関のドアが取り外されているところである」

is being removedは**受動態の進行形**です。is being が現在進行形, being removed が受動態となっていて, 意味は「取り外されている最中だ」となります。受動態の進行形の文が正解になり得るには, 基本的には写真に**動作を行っている人物が写っている**ことが前提となります。ドアを取り外している最中の写真には, 作業を行っている人が写っていなければならないからです。この写真には人が写っていないので, 不正解と判断できます。

(B) A vehicle has been parked in a garage.

「車が車庫に停められている」

has been parkedは受動態の完了形で, has been が現在完了形, been parked が受動態です。意味は「駐車された状態だ」となり, 写真の内容と完全に一致するため, これが正解となります。

(C) A man is walking in a parking area.

「男性は駐車場を歩いている」

人物が写っていないのに, 男性が主語となっているため, 不正解です。頻出ではありませんが, 選択肢の主語が写っていないため不正解となるパターンがあることを覚えておきましょう。

(D) A staircase leads to a boat.

「階段がボートに通じている」

写真の左奥の方に階段のようなものが見えなくもありません。ですが, lead toの目的語となっているa boatは明らかに写っていません。

以下にこの写真の正解となり得る例文をいくつか挙げておきます。

◎ All the windows have been closed. 「全ての窓は閉まっている」

受動態の完了形を使った表現です。All the windows are closed. と表現することもできます。

◎ There is a tree in the courtyard. 「中庭に木がある」

courtyardは「中庭」という意味の単語で, Part 1の英文にしばしば登場します。ほかにもpatioと表現されたりします。

◎ The building is casting a shadow on the ground.

「建物が地面に影を投げかけている」

cast a shadowは「影を投げかける」という意味の表現です。「建物が地面に影を投げかけているなんて，当たり前じゃないか」と思うかもしれませんが，写真に写っているものはまんべんなく正解候補となり得るということを知っておいてください。この文は，以下のように受動態の進行形の文で言い換えることも可能です。

◎ A shadow is being cast on the ground. 「影が地面に投げかけられている」

受動態の進行形の文では，多くの場合，**動作主**が写っている必要がありますが，ここで使われているcastは，影が地面に投げかけられているという**状態**を表しているので，当然ながらその動作主が写っている必要性はありません。reflect「～を反射する」も，castと同様，受動態の進行形の形で状態を表すことができる動詞です。

ほかにも，以下のような「状態を表す動詞」が受動態の進行形で使われる場合，写真には人が写っている必要がない場合があります。例文と共に確認しておきましょう。

◎ Some merchandise is being displayed.
　「いくつかの商品が陳列されている」（状態）

◎ Some artwork is being exhibited in the museum.
　「博物館でいくつかの芸術作品が展示されている」（状態）

スクリプトと訳 🍁 　　　　　　　　　　　　　　　　♪ **045**

(A) A front door is being removed.
(B) A vehicle has been parked in a garage.
(C) A man is walking in a parking area.
(D) A staircase leads to a boat.

(A) 玄関のドアが取り外されているところである。
(B) 車が車庫に停められている。
(C) 男性は駐車場を歩いている。
(D) 階段がボートに通じている。

正解 (B)

語句 □ remove ～を取り外す　□ vehicle 車　□ park ～を駐車する　□ garage 車庫
□ parking area 駐車場　□ staircase 階段　□ lead to ～ ～に通じている

攻略法まとめ 　人物の写っていない写真

・写真に写っているものはまんべんなく正解候補となり得る

・さまざまなタイプの英文が使われるが，特に受動態に注意して解答する

Practice

4つの英文を聞き，最も適切に写真を描写しているものを(A)(B)(C)(D)の中から1つ選びなさい。

♪ 046~051

3

人物の写っていない写真

1.

2.

3.

4.

5.

6.

1.

(A) Some washing machines are lined up.
(B) A basket has been left on the ground.
(C) A floor is being mopped.
(D) Some mirrors are propped up against a wall.

(A) 何台かの洗濯機が並べられている。
(B) カゴが地面の上に置かれている。
(C) 床がモップで拭かれているところである。
(D) いくつかの鏡が壁に立て掛けられている。

正解 (A)

解説 コインランドリー内の洗濯機の様子をare lined upという受動態を使って表している(A)が正解。(B)はカゴの置かれている位置がon the groundではなくon the machines「機械の上に」で，さらに主語が複数形であれば正解でした。(C)のis being moppedのような受動態の現在進行形を使う問題はPart 1で出題されることがありますが，写真の様子とは合いません。(D)は，文全体が写真とは全く異なっています。本問の別解としては，A bag is lying on a bench.「かばんがベンチに置かれている」などが挙げられます。

語句 □ washing machine 洗濯機　□ line up ～　～を並べる　□ be left 置かれている
□ mop ～を（モップで）拭く　□ be propped up against ～　～に立て掛けられている

2. 🎵 047

(A) A case is filled with some utensils.
(B) A server is working in a kitchen.
(C) There's a kettle in a cupboard.
(D) There's a vacuum cleaner next to the oven.

(A) 容器が道具でいっぱいである。
(B) 給仕係はキッチンで作業している。
(C) 食器棚の中にやかんがある。
(D) オーブンの隣に掃除機がある。

正解 (A)

解説 写真中央から左手にあるcaseの様子を，受動態を使って表している(A)が正解となります。(B)は主語のserverが写真には写っていない時点で不正解，(C)はkettleの置かれている位置がin a cupboardではありません。on the stove「コンロの上に」であれば正解になり得ます。(D)は主語のvacuum cleanerが写真には写っていないので不正解となります。caseが何を指すのか分かりづらいので迷った方がいるかもしれませんが，ほかの選択肢が明らかに不正解のため，消去法で選ぶこともできます。本問の別解としては，There are some kitchen utensils hanging from a rail.「いくつかの台所用品が横棒からぶら下がっている」などが挙げられます。

語句 □ case 容器　□ be filled with ～　～でいっぱいである　□ utensil （台所用の）器具
□ server 給仕係　□ kettle やかん　□ cupboard 食器棚　□ vacuum cleaner 掃除機
□ next to ～　～の隣に　□ oven オーブン

3.

(A) Some clothes are being gathered.
(B) Some plants have been hung from a balcony.
(C) An awning extends from the roof.
(D) A chair is placed in front of a doorway.

(A) 衣類が集められているところである。
(B) 植物がバルコニーに掛けられている。
(C) 屋根から日よけが伸びている。
(D) 椅子が戸口の正面に置かれている。

正解 (B)

解説 2階のバルコニーからぶら下がっている鉢植えを、受動態の現在完了形have been hungを使って表している(B)が正解です。(A)にあるclothesはバルコニーで干されていますが、are being gatheredという状況ではなく、(C)は主語awningが屋根からextends「伸びている」状態ではありません。(D)の主語chairは戸外に置かれていますが、in front of a doorway「戸口の正面」に置かれているわけではないので正解にはなり得ません。Two chairs have been placed in front of the building.「2脚の椅子が建物の正面に置かれている」だったら正解でした。

語句 □ gather ～を集める □ plant 植物 □ hang ～を掛ける、つるす □ awning 日よけ
□ extend 伸びる □ place ～を置く □ in front of ～ ～の正面に
□ doorway 戸口、出入り口

4.

(A) A bulletin board shows some notices.
(B) Laboratory equipment is being labeled.
(C) Some drawers are wide open.
(D) Some containers are kept on a shelf.

(A) 掲示板がいくつかの告知を示している。
(B) 実験器具がラベル付けされているところである。
(C) いくつかの引き出しが大きく開いている。
(D) いくつかの容器が棚に置かれている。

正解 (D)

解説 実験室のような場所が写っています。棚の上に並んでいるフラスコなどをcontainerと表現し、その状態をare keptと表している(D)が正解となります。(A)は主語のbulletin board自体が写真には写っておらず、(B)は人物が写っていないのでis being labeledが写真の様子とは合いません。(C)は主語のdrawersは写真に写っていますが、全て閉じている状態なので不正解です。All the drawers are closed.「全ての引き出しは閉まっている」なら正解でした。

語句 □ bulletin board 掲示板 □ show ～を示す □ notice 告知
□ laboratory equipment 実験器具 □ label ～にラベル付けをする
□ drawer 引き出し □ wide open 大きく開いている □ container 容器
□ *be* kept 置かれている □ shelf 棚

5.  🎵 050

(A) Some light fixtures are being replaced.
(B) Some dishes have been arranged on a table.
(C) There are some stools beside a counter.
(D) A diner is making an order.

(A) いくつかの照明器具が取り替えられている。
(B) 何枚かの皿がテーブルに並べられている。
(C) 何脚かのスツールがカウンターのそばにある。
(D) 食事客が注文をしている。

正解 (C)

解説 飲食店のカウンターのそばに置いてあるstoolのことを表現している(C)が正解です。(A)は主語のlight fixturesが写ってはいますが，人物は写っておらず，are being replacedという場面ではないので不正解，(B)は主語のdishesが写真には写っていません。(D)も主語のdinerが写真には写っておらず，動詞以下の内容も写真とは一致しません。本問の別解としてはThere are several lights hanging from the ceiling.「天井からいくつかのライトがぶら下がっている」などが挙げられます。

語句 □ light fixture 照明器具　□ replace 〜を取り替える　□ dish 皿
□ arrange 〜を並べる　□ stool スツール（丸椅子）　□ beside 〜のそばに
□ diner 食事客　□ make an order 注文をする

6.  🎵 051

(A) Some hats have been stacked up.
(B) Some merchandise is being tried on.
(C) The pavement is being cleared off.
(D) A customer is pointing at a showcase.

(A) いくつかの帽子が積み重ねられている。
(B) いくつかの商品が試着されているところである。
(C) 舗装道路が片付けられているところである。
(D) 客がショーケースを指さしている。

正解 (A)

解説 店先のたくさんの帽子をhave been stacked upと表している(A)が正解となります。(B)は主語のmerchandiseは帽子を指すと考えられますがis being tried onが写真とは合わず，(C)の主語pavementも写ってはいますが，is being cleared offが写真の状況とは合いません。(D)は主語のcustomerが写真には写っていない時点で不正解だと判断できます。display「〜を飾る」の受動態を使ったSome hats are being displayed on a stand.「スタンドの上にいくつかの帽子が飾られている」が別解として考えられます。

語句 □ stack up 〜 〜を積み重ねる　□ merchandise 商品　□ try on 〜 〜を試着する
□ pavement 舗装道路　□ clear off 〜 〜を片付ける　□ customer 客
□ point at 〜 〜を指さす　□ showcase ショーケース

Part 2
応答問題

全ては自分次第です！
本当に欲しいのであれば、
本気でやろう！

Part 2（応答問題）の攻略法

問題数	25問（No. 7～31）
出題内容	1つの問いかけ・発言と，それに対する3つの応答を聞き，最もふさわしい応答を選ぶ。
解答時間	1問5秒

▓ 解く際の流れ

Part 2は，ほかのPartと違って視覚的なヒントはありません。問いかけ・発言の内容をしっかりと聞き取って理解し，それを頭の中に保持して(A)～(C)の3つの英文に合わせていくことが大切です。

では，解くときの流れを確認しましょう。

①問いかけを聞く

問いかけがWhen should I submit the application?の場合，聞き終えた瞬間に「いつ申込書を提出すべきですか」と理解し，頭の中に記憶しましょう。これを，リテンションと言います。そして，できる方は英文のまま，できない方は日本語に置き換えて記憶してください。全てを置き換えるのが難しい方は，「いつ提出すべき？」のように要約してもかまいません。

②応答（選択肢）を聞く

応答が流れる前に問いかけを頭に思い浮かべ，Part 1で紹介した「ペン先を使った消去法」を駆使しつつ，自然な流れになる選択肢を選びます。

When should I submit the application? 「いつ申込書を提出すべき？」
→ (A) I will submit a business reconstruction plan.
　　「経営再建計画を提出します」（×）

When should I submit the application? 「いつ申込書を提出すべき？」
→ (B) By Friday, 5:00 P.M. 「金曜の午後5時までに」（○）

When should I submit the application? 「いつ申込書を提出すべき？」
→ (C) Shingo applied for a free subscription yesterday.
　　「Shingoは昨日無料購読を申し込みました」（×）

英文を聞いたときに，瞬時に意味を理解して完璧な形で記憶できない方は，スクリプトを見て意味を確認し，その日本語を要約する練習をしてください。慣れてくる

と，英文を聞いたり読んだりした瞬間に日本語で意味を理解できるようになり，さらには英文を英語のまま理解することができるようになります。

なお，①では「全文を覚えられない人は要約してもかまわない」と書きましたが，要約の際に省略した部分が正解の根拠となることもあります。最初は要約リテンションでもかまいませんが，トレーニングをして，全文リテンションできるようになりましょう。

設問タイプ

本書では6つのタイプに設問を分けました。①WH疑問文，②Yes/No疑問文，③依頼・提案・勧誘，④付加疑問文・否定疑問文，⑤選択疑問文，そして⑥平叙文の6つで，比較的難易度の低いタイプから順番に学習を進められます。

各設問タイプの問題への対応の仕方のコツを，本編の解説に示してあります。それらを参考に，各設問タイプに対応する応答のパターンを1つ1つ覚えていくようにしてください。

Part 1, 2に効果的なトレーニング

設問タイプごとの応答を学ぶというアプローチも有効ですが，Part 2はとにかく「全部聞き取って全部理解する」ためのリスニング力をつけることも重要です。ここでは，リスニング力アップのためのトレーニングをご紹介します。

●リッスン・アンド・リピート
選択肢の音声を1つ聞いて英文を記憶し，記憶した英文を声に出します。うまく言えなかったら，もう一度音声を聞いて覚え直しましょう。
このトレーニングをすることで，リスニング力がアップするほか，リテンション力・集中力が上がります。また，自分が聞き取れていない部分が分かったり，音の変化を習得できたりするというメリットもあります。

●ディクテーション
選択肢の音声を1つ聞いて英文を記憶し，記憶した英文を書きとります。うまく聞き取れなかった部分は，もう一度音声を聞いて再度書き足すようにします。
このトレーニングをすることで，自分が聞き取れていない部分がどこなのかを，明確に認識することができます。また，聞き取れている部分を書き出すことにより，文法知識を使って聞き取れなかった部分を推測する力もつきます。

1 WH疑問文

Part 2ではWH疑問詞を使った問いかけが頻出します。WH疑問詞とは，5W1Hと呼ばれるwho（誰），what（何），where（どこ），when（いつ），why（なぜ），how（どのように）に加えて，which（どちら），whose（誰のもの），whom（誰に），how much（いくら），how many（どれだけたくさん），how long（どのくらいの間）などのことです。

問いかけの文頭のWH疑問詞さえ聞き取れれば正解することができるような問題も少なくありません。ただし，「だから対策をしなくていい」わけではありません。確実に答えられるようになることで解答のリズムを作れるようになります。

POINT 問いかけの冒頭にあるWH疑問詞を特に集中して聞き取る

例題 W 🇺🇸 M 🇦🇺 ♪ 052

Where can I find a photocopier?
(A) By noon, I think.
(B) On the second floor.
(C) It's printed in black and white.

コピー機はどこにありますか。
(A) 正午までだと思います。
(B) 2階です。
(C) それは白黒で印刷されています。

正解 (B)

語句 □ photocopier コピー機 □ by ～までに

問いかけの冒頭にはWH疑問詞のWhere「どこ」があります。文意を前から取っていくと「どこで／私は／見つけられますか／コピー機を」で，要約すると「どこにコピー機はありますか」となります。

問いかけと応答文が**自然な流れ**になっているものを正解として選びます。ここでは場所を答えている (B) の On the second floor.「2階です」が正解です。(A) は問いかけをWhen「いつ」と聞き間違ってしまった人が選ぶように作られた選択肢です。このようなミスを防ぐためにも，疑問詞を100％確実に聞き取れるようにならなければならないのです。

なお，この問いかけに対しては必ずしも「場所」を答えなくても正解になり得ます。

◎I don't know about that.

　「それに関しては分かりません」

コピー機がどこにあるのかが分からないため答えようがない，ということです。

◎Please ask someone else.

　「ほかの誰かに聞いてください」

相手に説明をしている時間がない，もしくはコピー機がどこにあるのかを本当に知らない場合の応答です。

◎Didn't you see the e-mail we received yesterday?

　「昨日私たちが受け取ったEメールを見ていないのですか」

コピー機のある場所に関する情報が，昨日話し手たちが受け取ったEメールに書かれていたようです。おそらく普段ある場所から移動させられていて，問いかけをした人物はいつもの場所にコピー機がなく，驚いたのではないでしょうか。

◎The copy machine has run out of paper.

　「コピー機は紙が切れています」

コピー機の紙は切れているため，今は使えない，つまり場所を質問しても無駄ですよ，ということを伝えています。

◎Today is my first day here.

　「今日が初日なんです」

今日から働き始めたばかりなので，私にはコピー機のある場所は分かりかねます，という応答です。

このように，いわゆる**問いかけと応答の内容に距離感**のあるものがPart 2ではしばしば出題されます。WH疑問文の第1のポイントは「WH疑問詞を聞き取ること」ですが，それだけでは対応できません。全文聞き取って会話の行われている状況を想像し，応答文として**ふさわしいとは言えない**選択肢を消去し，話がかみ合う選択肢を確実に選びます。WH疑問詞から始めて，主語，動詞，目的語…と，聞き取れる範囲を広げていきましょう。

攻略法まとめ　WH疑問文

・問いかけの冒頭にあるWH疑問詞は，特に集中して聞き取る

発言とそれに続く3つの選択肢を聞き，最も適切な応答を(A)(B)(C)の中から1つ選びなさい。（設問は1.〜15.まであり，問題は選択肢を含め，全て放送されます。）

♪ 053~067

Practice 解答・解説

1. M 🇦🇺 W 🇺🇸

Who booked the hotel room in Chicago?	誰がシカゴのホテルの部屋を予約しましたか。
(A) My secretary did.	(A) 私の秘書がしました。
(B) I couldn't attend the book club yesterday.	(B) 私は昨日の読書クラブに参加できませんでした。
(C) In three months.	(C) 3カ月後です。

正解 (A)

解説 whoを使い，「誰がホテルの部屋を予約したのか」を尋ねる問いかけに対して，ストレートに人物（私の秘書）を答えている(A)が正解です。(B)は問いかけにあるbookと同じ音の名詞が含まれた応答ですが，かみ合っていません。(C)はwhenを使った問いかけに対応する応答です。

語句 □ book ～を予約する　□ secretary 秘書　□ attend ～に参加する
□ book club 読書クラブ

2. W 🇬🇧 M 🇦🇺

When will you transfer to the San Francisco branch?	いつサンフランシスコ支店に異動するのですか。
(A) It starts at eight o'clock.	(A) それは8時に始まります。
(B) At the beginning of November.	(B) 11月の初めです。
(C) Yes, it was a valuable experience.	(C) はい，それは貴重な経験でした。

正解 (B)

解説 whenを使って，「(相手が) いつ異動するか」を問いかけています。これに対してストレートに時期を答えている(B)が正解です。(A)は時間を答えてはいますが，異動する時期として適切なものではないので不正解，(C)はすでに終えたことについての感想を伝えているものであり，問いかけの内容とはかみ合いません。

語句 □ transfer to ～ ～に異動する　□ branch 支店　□ at the beginning of ～ ～の初めに
□ valuable 貴重な　□ experience 経験

3. M 🇦🇺 W 🇺🇸

How can we reach the sales target?	どのようにしたら販売目標を達成することができるでしょうか。
(A) Let's ask our manager for advice.	(A) 部長にアドバイスをもらいましょう。
(B) You can reach me by e-mail.	(B) Eメールで私に連絡できます。
(C) In August.	(C) 8月にです。

正解 (A)

解説 howを使って，販売目標を達成する方法を尋ねています。方法を直接答えず，「部長にアドバイスをもらいましょう」と助言している(A)が正解です。(B)は問いかけにあるreachを使った応答ですが，話の内容が全くかみ合わないため不正解，(C)はwhenなどを使って時期を尋ねられた際に使う表現です。

語句 □ reach ～と連絡を取る，～に届く　□ manager 部長

4. W 🇺🇸 W 🇬🇧

🎵 056

When do we need to submit the proposal?
(A) Do you mean the one for the new advertising project?
(B) It's still under construction.
(C) You can hand it to me.

提案書はいつ提出する必要がありますか。
(A) 新しい宣伝プロジェクト用のもののことですか。
(B) それはまだ建設中です。
(C) 私にそれを渡してもいいです。

正解 (A)

解説 when を使って，「提案書を提出する締め切り日はいつか」を問いかけています。時期を答えずにどの提案書かを確認するために質問を返している (A) が正解です。(B) は問いかけとは関係のない内容で，(C) は問いかけにある submit から連想される hand を含みますが，問いかけとはかみ合いません。

語句 □ submit ～を提出する □ proposal 提案書 □ mean ～を意味する
□ advertising project 宣伝プロジェクト □ under construction 建設中の
□ hand ～を渡す

5. W 🇬🇧 M 🇨🇦

🎵 057

Whose notebooks are these on the table?
(A) Sorry, I'll move them right away.
(B) Here's a note from the receptionist.
(C) Reserved seats.

テーブルの上のこれらは誰のノートですか。
(A) すみません，すぐに片付けます。
(B) 受付係からのメモをどうぞ。
(C) 予約席です。

正解 (A)

解説 whose を使って，「ノートの持ち主が誰なのか」を問いかけています。「自分のものだ」を省略し，「すぐに片付ける」と答えている (A) が正解です。(A) を聞いた段階では自信を持ってマークできないかもしれませんが，「答えの可能性がある」と思って，(B)(C) を聞きましょう。(B) には問いかけにある notebooks と発音が被る note が含まれ，(C) は問いかけにある table から連想される応答ですが，どちらも問いかけに対応した内容ではありません。

語句 □ move ～を動かす □ right away すぐに □ receptionist 受付係
□ reserved 予約されている

6. W 🇬🇧 M 🇦🇺

🎵 058

Where's the list of the job applicants?
(A) I applied for it yesterday.
(B) On Jimmy's desk.
(C) Hiring the new manager.

仕事の応募者のリストはどこですか。
(A) 私は昨日それに応募しました。
(B) Jimmy の机の上です。
(C) 新しい部長を雇うことです。

正解 (B)

解説 where を使って，「応募者のリストはどこにあるか」を問いかけています。これに対してストレートに場所を答えている (B) が正解です。(A) は問いかけにある applicants の派生語である applied を含み，(C) も問いかけの内容と関連のある hiring を含んではいますが，いずれも問いかけとはかみ合わないやり取りです。

語句 □ applicant 応募者 □ apply for ～ ～に応募する □ hire ～を雇う □ manager 部長

7. M 🇦🇺 W 🇺🇸　　　　　🎵 059

Why did you take a taxi this morning?
(A) To the airport.
(B) The train was delayed due to the heavy snow.
(C) It'll take about one hour.

なぜ今朝タクシーに乗ったのですか。
(A) 空港へです。
(B) 大雪のせいで電車が遅れました。
(C) それは約1時間かかります。

正解 (B)

解説 whyを使って，タクシーを使った理由を聞いています。「電車が遅れていたから」とストレートに理由を答えている (B) が正解です。(A) は where を使って行き先を問われたときなどに使う応答で，(C) は how long を使って所要時間を問う問いかけなどに対する応答です。

語句 □ delay 〜を遅らせる　□ due to 〜 〜のせいで，〜が原因で　□ take（時間が）かかる

8. M 🇨🇦 W 🇬🇧　　　　　🎵 060

What should we do to prepare for the upcoming art event?
(A) It's upstairs.
(B) Let's start with the invitations.
(C) Five famous artists.

私たちは今度のアートイベントの準備のために何をするべきですか。
(A) それは上の階です。
(B) 招待状から始めましょう。
(C) 5人の有名な芸術家です。

正解 (B)

解説 what を使って，「イベントの準備のために何をすべきか」を問いかけています。これに対して具体的にやるべきことを答えている (B) が正解です。(A) は問いかけにある upcoming と発音が一部被っている upstairs を使ったひっかけの選択肢，(C) は art event から連想される artists を含んだ内容ですが，問いかけの内容とはかみ合いません。

語句 □ prepare for 〜 〜の準備をする　□ upcoming 今度の　□ upstairs 上の階に

9. W 🇺🇸 M 🇦🇺　　　　　🎵 061

How long will it take to fix the Internet connection?
(A) It costs 600 dollars.
(B) I just bought a new computer today.
(C) I have no idea.

インターネット接続を修理するのにどのくらいの時間がかかりますか。
(A) 600ドル掛かります。
(B) 私は今日新しいコンピューターを買ったばかりです。
(C) 分かりません。

正解 (C)

解説 how long を使って，「インターネットの接続がどれくらいの時間で復旧するのか」を尋ねています。「分かりません」と応答している (C) が正解です。(A) は how much に対する応答で，(B) は問いかけにある Internet から連想される computer を含む応答ですが，話の内容は全くかみ合っていません。

語句 □ How long will it take to *do*? 〜するにはどのくらいの時間がかかりますか
　　　□ fix 〜を修理する　□ cost（お金が）掛かる

10. M 🇦🇺 W 🇬🇧　　　🎵 062

Who's involved in organizing the charity concert this year?
(A) A couple of tickets for adults.
(B) It should be included in the program.
(C) You should organize your files.

誰が今年のチャリティーコンサートの計画に携わっていますか。
(A) 大人用のチケット2，3枚です。
(B) それはプログラムに含まれているでしょう。
(C) あなたは自分のファイルを整理するべきです。

正解 (B)

解説 whoを使った「誰がコンサートの計画に携わっているか」を尋ねる問いかけに対して，ストレートに人の名前を出すのではなく，それが書かれているものを教えている(B)が正解です。(A)には問いかけにあるconcertから連想されるticketsが，(C)には問いかけにあるorganizingの原形organizeがありますが，いずれも問いかけの内容とかみ合うものではありません。

語句 □ *be* involved in ～ ～に携わる　□ organize（イベントなど）を計画する，～を整理する
□ a couple of ～ 2，3の～　□ adult 大人　□ include ～を含む

11. M 🇨🇦 M 🇦🇺　　　🎵 063

Where's the training session going to be this afternoon?
(A) I missed the train this morning.
(B) It will take a long time.
(C) The human resources manager knows.

今日の午後の講習会はどこで行われますか。
(A) 私は今朝電車に乗り遅れました。
(B) それは長くかかります。
(C) 人事部長が知っています。

正解 (C)

解説 whereを使って，「講習会はどこでやるか」を問いかけています。具体的な場所ではなく「人事部長が知っている」と答えている(C)が正解です。(A)は問いかけにあるtrainingと同じ発音を含むtrainを使ったひっかけの選択肢，(B)は講習会から連想される「（時間が）長くかかる」という内容ですが，whereに対応する応答ではありません。

語句 □ training session 講習会　□ miss ～に乗り遅れる
□ human resources manager 人事部長

12. W 🇺🇸 M 🇦🇺　　　🎵 064

When are we going to have the company picnic?
(A) At the park next door.
(B) No, I don't think so.
(C) Why don't you check the bulletin board?

会社の野外親睦会はいつ行う予定ですか。
(A) 隣の公園でです。
(B) いいえ，私はそうは思いません。
(C) 掲示板を確認したらどうですか。

正解 (C)

解説 whenを使って，「親睦会はいつ」を問いかけています。ストレートに時期を答えず，それが書かれているものを教えている(C)が正解です。(A)は問いかけにあるpicnicから連想されるparkが含まれてはいますが話がかみ合いません。(B)は疑問詞を使った問いかけに対してはYes/Noでは応答できず，続く内容も問いかけとは何の関連性もありません。

語句 □ why don't you ...? ～したらどうですか　□ bulletin board 掲示板

13. M 🇨🇦 W 🇺🇸　♪ 065

Whose laptop is this?
(A) I think it's Mary's.
(B) You can use mine.
(C) We should update our Web site.

これは誰のノートパソコンですか。
(A) Maryのだと思います。
(B) 私のものを使っていいです。
(C) 私たちのウェブサイトを更新するべきです。

正解 (A)

解説 whoseを使った，ノートパソコンの持ち主が誰なのかという問いかけです。「Maryのだと思う」と，ストレートに人物を答えている(A)が正解です。(B)には問いかけにあるWhoseに対応しているmineがありますが，話の内容がかみ合っていません。(C)は問いかけにあるlaptopから連想されるWeb siteを含む応答ですが，(B)と同じく問いかけに対応した内容ではありません。

語句 □ laptop ノートパソコン　□ update 〜を更新する

14. W 🇬🇧 M 🇨🇦　♪ 066

Why has Mr. Park been away from the office this week?
(A) On Monday.
(B) That sounds like a good idea.
(C) Didn't he tell you the reason?

Parkさんはなぜ今週，事務所を離れているのですか。
(A) 月曜日にです。
(B) それはいい考えのようです。
(C) 彼はあなたにその理由について言わなかったのですか。

正解 (C)

解説 whyを使って，Parkさんがオフィスにいない理由を尋ねています。これに対して「彼（Parkさん）に聞いていないのか」と質問で返している(C)が正解となります。(A)はwhenなどを使って時期を問われた場合の応答で，(B)は相手が素晴らしいアイディアを出し，それに賛同する際などに使われる応答です。

語句 □ be away from 〜 〜を離れている

15. M 🇦🇺 W 🇬🇧　♪ 067

What was presented at the teleconference yesterday?
(A) In the supplier room.
(B) Yes, it was very expensive.
(C) I was at another meeting.

昨日の遠隔会議では何が発表されましたか。
(A) 備品室の中です。
(B) はい，それはとても高かったです。
(C) 私は別の会議に出席していました。

正解 (C)

解説 whatを使って，「遠隔会議で何が発表されたか」を質問しています。「別の会議に出席していた」，つまり「その会議には参加しなかったので分からない」と伝えている(C)が正解となります。(A)はwhereを使った問いかけに対する応答で，(B)はWH疑問詞を使った問いかけに対してYesと応答している時点で不正解と判断できます。

語句 □ present 〜を発表する　□ teleconference 遠隔会議　□ supplier room 備品室
□ expensive （値段が）高い　□ another 別の，もう一つの

2 Yes/No疑問文

Yes/No疑問文とは，Yes/Noを使って応答することができる問いかけのことを指します。WH疑問文同様，Yes/No疑問文も得意と思っている人が多いかもしれませんが，確実に正解を得るためには，英文を100％聞き取って内容を理解すること，問いかけと距離感のある応答文に慣れることなどが必要です。

POINT「Yes，No，答えられない」のどれかにあたる選択肢を選ぶ

例題 M 🇨🇦 W 🇬🇧　　　　　　　　　　　　　　　　🎵 **068**

Have you finished filling out the form?
(A) No, can I have a few more minutes?
(B) I'm completely full.
(C) I'll be away from the office for three days.

申込用紙に記入し終えましたか。
(A) いいえ，あと数分いただけますか。
(B) 私はすごくお腹がいっぱいです。
(C) オフィスを3日間留守にします。

正解 (A)

語句 □ fill out ～ ～に記入する　□ completely 完全に　□ full 満腹した，いっぱいの
　　　□ *be* away from ～ ～を留守にする

問いかけの文は現在完了形を使ったYes/No疑問文です。「申込用紙に記入し終えましたか」という問いかけに対して，最初にNoと応答し，「（書き終えていないので）もう少し時間をください」と応答している (A) が正解となります。fill out ～は「～に記入する」という意味の頻出表現で，fill in ～も同じ意味となります。

(B) は問いかけにある fill「～を満たす」に発音の似ている full「いっぱいの」を使い，問いかけもしくは応答文をきちんと聞き取れなかった人が「問いかけに同じような発音の単語があったはずだから，きっと関連した内容に違いない」と思い込んでひっかかることを見越した誤答の選択肢，(C) は問いかけとは何の関連もない内容となっています。

p.94でも説明した通り，Part 2は問いかけと応答文が**自然な流れ**になっているものを正解として選ぶのが鉄則です。正解の応答は大きく分けて3つのパターンが考えられます。

> (1) Yes → 問いかけの内容を肯定する
> (2) No → 問いかけの内容を否定する
> (3) 答えられない → 事実を知らない，もしくは何らかの理由で今は答えることができない

（3）のパターンの場合ではさまざまな言い回しによる応答が可能になるので注意が必要です。Practiceでさまざまなパターンを身に付けていきましょう。

なお，YesやNoが聞こえたからといって「これが正解だ」と思ってはいけません。続く部分の内容によっては不正解ということもあるので，きちんと応答の内容を理解することが必要です。また，YesやNoの部分が省略されることもあります。**応答全体で「Yes, No, 答えられない」に当てはまるかどうかを判断**しましょう。

不正解の選択肢の英文は，以下の3パターンに大別されます。

> (1) 問いかけの中にある語句や，発音が似た語句を含み，「問いかけにあった語句と同じものが聞こえたから話がつながっているのかもしれない」と解答者に勘違いをさせるもの
> (2) 問いかけの英文に関連する語句を含み，「問いかけにあった語句に関連する内容が聞こえたから話がつながっているのかもしれない」と解答者に勘違いをさせるもの
> (3) 問いかけとは何の関連もないもの

上記の（1）と（2）が該当する不正解の選択肢は少なくありません。しっかりと問いかけと応答文の内容を聞き取れるリスニング力を養成し，上のような誤答の選択肢のパターンにひっかからずに「内容同士が自然なつながりになるからこれが正解だ」と確信を持って正答を選べるようになることを目指すのが大切です。

Part 1やPart 2の英語を聞き取れるようになるためには，「Part 2の攻略法」で紹介した<u>リッスン・アンド・リピート</u>や，<u>ディクテーション</u>をトレーニングに組み込み，リスニング力を高めていくことに注力して学習を続けていくといいでしょう。

攻略法まとめ Yes/No疑問文

・Yes/No疑問文に対しては「Yes, No, 答えられない」の応答が可能である
・Yes/Noがあるのに続く部分が不正解だったり，Yes/Noが省略されているけれども全体でYes/Noの答えになったりすることもある。応答文全体で判断する

発言とそれに続く3つの選択肢を聞き，最も適切な応答を(A)(B)(C)の中から1つ選びなさい。（設問は1.～15.まであり，問題は選択肢を含め，全て放送されます。）

🎵 069~083

Practice　解答・解説

1. W 🇺🇸　M 🇦🇺 ♪ 069

Do you know what time the show starts? (A) It's starting soon. (B) I'm on my way home. (C) The performers are from London.	芝居が何時に始まるか知っていますか。 (A) もうすぐ始まります。 (B) 私は家に帰る途中です。 (C) 役者たちはロンドン出身です。

正解 (A)

解説 芝居が始まる時間を知っているかどうかを尋ねています。「芝居が何時に始まるか」とリテンションしましょう。「知っている」を省略し，「もうすぐ始まる」と応答している(A)が正解となります。(B)は問いかけとは何の関連もない内容，(C)はshowに関連するperformersを含む応答ですが，話の内容がかみ合っていません。

語句 □ show 芝居　□ be on *one*'s way (to) ～ ～に行く途中だ　□ performer 役者

2. M 🇦🇺　W 🇬🇧 ♪ 070

Are there any training programs available in the afternoon? (A) Let me check the course list. (B) I haven't had any problems so far. (C) Next to the computer.	午後に参加可能な研修プログラムはありますか。 (A) コースリストを確認させてください。 (B) 今のところ何も問題はありません。 (C) コンピューターの隣です。

正解 (A)

解説 「午後に参加可能な研修プログラムはあるか」を尋ねる問いかけに対して，「コースリストを確認させてください」と応答している(A)が正解です。(B)は問いかけにあるprogramsと発音の似ているproblemsを使ったひっかけの応答，(C)は場所を尋ねる問いかけに対する応答です。

語句 □ there are ～ ～がある　□ available 利用できる
□ let me check ～ ～を確認させてください　□ so far 今のところ
□ next to ～ ～の隣に

3. W 🇬🇧　M 🇨🇦 ♪ 071

Did you have time to review the results of the online survey? (A) Yeah, they were surprising. (B) Forty pages long. (C) I enjoyed a nice view from my hotel room.	オンライン調査の結果を見直す時間がありましたか。 (A) はい，それは驚きでしたね。 (B) 40ページです。 (C) ホテルの部屋からのいい眺めを楽しみました。

正解 (A)

解説 調査の結果を見直せたかを尋ねている相手に対して，Yeahで答え，「驚きだった」と結果を見た感想を応答している(A)が正解です。(B)は本などのページの長さを問われたときの応答，(C)は問いかけにあるreviewと発音が被っているviewを含んでいますが，内容は全く関連のないものとなっています。

語句 □ review ～を見直す　□ result 結果　□ online オンラインの　□ survey 調査
□ surprising 驚くべき　□ view 眺め

4. W 🇺🇸 M 🇦🇺

Does this job require a driver's license?	この仕事に運転免許は必要ですか。
(A) You don't have to work overtime.	(A) あなたは残業をしなくもいいです。
(B) You'll be working in the office all the time.	(B) ずっとオフィスで働くことになります。
(C) I'll buy a new car next month.	(C) 来月新しい車を買います。

正解 (B)

解説 「仕事に運転免許は必要かどうか」を尋ねる問いかけに対して、「ずっとオフィスで働くことになる（ので免許を持っている必要はない）」と応答している(B)が正解です。(A)は問いかけにあるjobと関連のあるworkを使った応答、(C)は問いかけにあるdriver's licenseに関連するa new carが含まれている応答ですが、問いかけの内容とは話がかみ合いません。(B)を聞いた時点では正解だと判断できないかもしれませんが、消去法を駆使して正解を導きましょう。

語句 □ require 〜を必要とする　□ driver's license 運転免許
　　　□ have to *do* 〜しなければならない　□ work overtime 残業する
　　　□ all the time ずっと

5. W 🇬🇧 M 🇨🇦

Will you be able to submit the paperwork by two P.M.?	午後2時までに事務書類を提出することができますか。
(A) It might be difficult.	(A) 難しいかもしれません。
(B) We received a lot of submissions.	(B) 多くの提出物を受け取りました。
(C) I ordered some paper earlier today.	(C) 私は今日先ほど紙を注文しました。

正解 (A)

解説 「時間までに事務書類を提出できるか」を尋ねています。「難しいかもしれない」と応答している(A)が正解です。(B)は問いかけにあるsubmitの派生語であるsubmissionsを含む応答、(C)も問いかけにあるpaperworkと発音の被っているpaperを含む応答ですが、いずれも問いかけとは話の内容がかみ合っていません。

語句 □ *be* able to *do* 〜することができる　□ submit 〜を提出する
　　　□ paperwork 事務書類　□ by 〜までに　□ might 〜かもしれない
　　　□ receive 〜を受け取る　□ submission 提出物　□ order 〜を注文する

6. M 🇨🇦 W 🇺🇸

Can we use the elevator now?	今エレベーターを使うことができますか。
(A) It's still under repair.	(A) まだ修理中です。
(B) Fourth floor, please.	(B) 4階をお願いします。
(C) There's a repair shop.	(C) 修理店があります。

正解 (A)

解説 Can we ...?を使った「今エレベーターを使うことができるかどうか」を尋ねる問いかけに対して、「まだ修理中」と、間接的に今も使えないことを伝えている(A)が正解です。(B)は問いかけにあるelevatorから連想される内容ですが話がかみ合わず、(C)は何の関連性もない応答です。

語句 □ still まだ　□ under repair 修理中で

7. M 🇨🇦 M 🇦🇺   🎵 075

Are you ready for your presentation at the conference next week?
(A) To France.
(B) I still need to practice a bit more.
(C) For twenty minutes.

来週の会議でのプレゼンテーションの準備はできていますか。
(A) フランスにです。
(B) まだもう少し練習が必要です。
(C) 20分間です。

正解 (B)

解説 「プレゼンテーションの準備はできているか」を尋ねる問いかけに対して，「まだもう少し練習が必要だ」と答えることで準備ができていないことを示唆している(B)が正解です。(A)は問いかけにあるconferenceの開催地として連想されるFranceが登場していますが問いかけとは話がかみ合わず，(C)も問いかけにあるpresentationの長さを連想させる応答ですが，こちらも問いかけの内容とは話がかみ合いません。

語句 □ conference 会議 □ need to *do* 〜する必要がある □ practice 〜を練習する
□ a bit more もう少したくさん

8. M 🇦🇺 W 🇺🇸   🎵 076

Will you attend the seminar on Monday next week?
(A) Two weeks ago.
(B) You will be busy next month.
(C) I thought it was on Tuesday.

来週月曜日のセミナーに出席しますか。
(A) 2週間前にです。
(B) あなたは来月忙しくなるでしょう。
(C) それは火曜日にあると思っていました。

正解 (C)

解説 「月曜日にあるセミナーに出席するか」を尋ねる問いかけに対して，「火曜日にあると思っていた」と，情報を聞いて自分の認識の誤りに気付いたと応答している(C)が正解です。(A)は問いかけにあるnext weekと同じく時期を表すTwo weeks agoを，(B)もnext monthを使っていますが話の内容がかみ合いません。参加するかどうかを答えていないので迷うかもしれませんが，(A)(B)を正確に聞き取れていれば(C)が正解だと自信を持って選べるでしょう。

語句 □ attend 〜に出席する

9. M 🇨🇦 W 🇬🇧   🎵 077

Do you have a portable battery charger?
(A) He called me yesterday.
(B) Thirty minutes long.
(C) I'm using it now.

モバイルバッテリーを持っていますか。
(A) 彼は昨日私に電話をしました。
(B) 30分間です。
(C) 今使っているところです。

正解 (C)

解説 「モバイルバッテリーを持っているか」と尋ねる問いかけに対して，「今使っているところだ（＝今は貸せない）」と応答している(C)が正解です。(A)は問いかけとは何の関連もない内容です。(B)は問いかけにあるa portable battery chargerが充電する際にかかる時間を連想させますが，これはhow longを使って「（かかる）時間の長さ」を問われた場合の応答です。

語句 □ portable battery charger モバイルバッテリー

10. W 🇺🇸 M 🇦🇺

Is this store going to close down?	このお店は閉店するのですか。
(A) This product is selling out quickly.	(A) この製品は早く売り切れます。
(B) Yes, but just temporarily.	(B) はい，でも一時的にだけです。
(C) At the closing ceremony.	(C) 閉会式でです。

正解 (B)

解説 「閉店するのかどうか」を尋ねる問いかけにYesで応答し，「閉店は一時的なもの」と答えている(B)が正解です。(A)は店に関連する内容ではありますが，製品がすぐに売れてしまうことを伝えているだけなので話がかみ合わず，(C)は問いかけにあるcloseと発音が被っているclosingを含んではいますが，こちらも話の内容が全くかみ合っていません。

語句 □ close down 廃業する，閉鎖する □ product 製品 □ sell out 売り切れる
□ quickly すぐに，早く □ temporarily 一時的に □ closing ceremony 閉会式

11. W 🇬🇧 W 🇺🇸

Can we talk about the new project tomorrow?	明日新規プロジェクトについて話すことができますか。
(A) Yes, she's very talkative.	(A) はい，彼女はとても話好きです。
(B) In Seoul.	(B) ソウルでです。
(C) I'm taking the day off tomorrow.	(C) 明日は1日休みを取るつもりです。

正解 (C)

解説 「新規プロジェクトについて話せるかどうか」を尋ねる問いかけに対して，「明日は1日休む（ので話すことはできない）」と応答している(C)が正解です。(A)は問いかけにあるtalkの派生語であるtalkativeを使っていますが話の内容がかみ合いません。(B)は場所を問われた際の応答です。

語句 □ talkative 話好きな □ day off 休暇，休日

12. M 🇨🇦 W 🇬🇧

Do you know anything about our new project manager?	私たちの新しいプロジェクトマネージャーについて何か知っていますか。
(A) I don't think it's the first time.	(A) これが初めてではないと思います。
(B) He's from Hong Kong, right?	(B) 彼は香港出身ですよね。
(C) Yes, it's on the desk.	(C) はい，机の上にあります。

正解 (B)

解説 「新しいプロジェクトマネージャーについて何か知っているか」という問いかけに対して，Yesを省略し，「彼は香港出身だ」と知っている情報を伝えている(B)が正解です。知っているかどうかは答えずに，知っている情報を答えるパターンはよく出題されます。(A)は問いかけにあるnewと関連のあるthe first timeを使っていますが話がかみ合いません。(C)はYesを使って応答していますが，これはもののありかを尋ねられた場合の応答です。

13. W 🇺🇸 M 🇨🇦   🎵 081

Have you received a reply from
Ms. Oliver yet?
(A) I don't know her contact number.
(B) She returned home last night.
(C) No, I'll call her now.

Oliverさんからもう返信を受け取りましたか。
(A) 私は彼女の連絡先の番号を知りません。
(B) 昨夜彼女は家に戻りました。
(C) いいえ，今彼女に電話します。

正解 (C)

解説 have＋過去分詞の現在完了形を使った問いかけです。「Oliverさんからもう返信を受け取った
か」という問いかけに対して，「いいえ，今彼女に電話します」と応答している(C)が正解で
す。(A)は問いかけにあるreceived a replyから連想されるher contact numberを含む応答
ですが話の内容がかみ合いません。(B)は問いかけとは関係のない内容です。

語句 □ receive ～を受け取る □ reply 返信 □ yet もう □ contact number 連絡先の番号
□ return 戻る

14. M 🇦🇺 W 🇺🇸   🎵 082

Is it going to take a long time to get my
prescription?
(A) A medical doctor.
(B) Sorry, I can't really tell.
(C) There's a pharmacy downstairs.

私の処方箋をもらうのに長い時間がかかります
か。
(A) 医師です。
(B) すみません，はっきり分かりません。
(C) 階下に薬局があります。

正解 (B)

解説 「処方箋をもらうのに長い時間がかかるか」という問いかけに，「はっきりとは分からない」
と応答している(B)が正解です。問いかけにあるprescriptionに関連して(A)はmedical
doctor，(C)はpharmacyを含んでいますが，問いかけの内容とは話がかみ合いません。

語句 □ prescription 処方箋 □ medical doctor 医師 □ tell 分かる □ pharmacy 薬局
□ downstairs 階下に

15. W 🇬🇧 M 🇨🇦   🎵 083

Have all of the committee members
arrived yet?
(A) To the platform.
(B) Not all of them.
(C) You need to pay a commission first.

委員会の全員がもう到着しましたか。
(A) 到着ホームにです。
(B) 全員ではありません。
(C) まず手数料を支払う必要があります。

正解 (B)

解説 have＋過去分詞の現在完了形を使った「委員会の全員が到着したか」という問いかけに対し
て，「全員ではない」と応答している(B)が正解です。(A)は問いかけにあるarrivedから連想さ
れるplatformを含む応答，(C)は問いかけにあるcommitteeと発音の似ているcommission
を含む応答ですが，いずれも問いかけとは話の内容がかみ合っていません。

語句 □ committee 委員会 □ arrive 到着する □ not all of ～ ～の全てというわけではない
□ need to *do* ～する必要がある □ commission 手数料

3 依頼・提案・勧誘

問いかけの英文の内容が，依頼・提案・勧誘のものが，Part 2では数題出題されます。これらの問いかけには，慣用的な表現が使われるものが多く登場します。代表的な表現を覚えましょう。

そして，これに対応する応答文の内容はさまざまです。あくまでも問いかけと応答文が自然な流れになっているものを正解として選ぶことを最優先してください。

POINT 慣用表現となっている問いかけのパターンを覚える

例題 W 🇺🇸 M 🇨🇦 ♪ 084

Would you mind reviewing my application forms now?
(A) Three applicants.
(B) I'd be happy to.
(C) At the public viewing.

私の申請書を今見直していただけませんか。
(A) 3人の候補者です。
(B) 喜んで。
(C) パブリックビューイングでです。

正解 (B)

語句 □ Would you mind *doing* …? ～していただけませんか □ review ～を見直す
□ application form 申請書 □ applicant 候補者
□ public viewing パブリックビューイング

Would you mind *doing* …?を使って「～していただけませんか」と，相手に依頼をしている問いかけです。これに対してI'd be happy to (review your application forms now).と応答している (B) が正解です。I'd be happy to.以外にも，以下のような「喜んで」という依頼を受ける応答が正解になり得ます。

> Delighted.
> Be happy to.
> It would be a pleasure.
> I'd love to.
> Love to.
> With pleasure.

(A) は問いかけにある application form「申請書」から連想される applicant「候補

者」を使ったひっかけの選択肢です。(C) は問いかけにある reviewing「見直す」と発音が被っている viewing「ビューイング」を使い，きちんと聴解することができなかった人を惑わせる選択肢となっています。

■■ 依頼・提案・勧誘の定番表現

依頼については例題で確認したので，ここでは提案・勧誘の表現をチェックしてみましょう。

- Let's ....「～しましょう」
  Let's move the tables together.
  テーブルを一緒に運びましょう。

- Why don't you ...?「～しませんか」
  Why don't you come to the movies with us tonight?
  今晩私たちと一緒に映画に行きませんか。

- How about *do*ing ...?「～しませんか」
  How about holding a discount sale before October?
  10月になる前に割引セールを開催しませんか。

いずれも定番の提案・勧誘表現です。しっかりと覚えておいてください。このほかの表現も Practice で身に付けましょう。

応答文のタイプは Yes/No 疑問文と同様に，次の3パターンに大別することができます。

---

(1) Yes → 依頼を引き受ける，提案・勧誘に乗る
(2) No → 依頼を断る，提案・勧誘に乗らない
(3) 答えられない → 判断する立場や状況ではない

WH 疑問文や Yes/No 疑問文同様，「遠い応答」が正解となることもあります。選択肢のうちどれかが (1)～(3) にあたるのではないかと考えながら聞きましょう。もちろん，消去法を駆使することも大切です。

攻略法まとめ 依頼・提案・勧誘

- 慣用表現となっている問いかけのパターンを覚える
- 応答文は「Yes, No, 答えられない」の3パターン。自然な流れを最重視して解答する

発言とそれに続く3つの選択肢を聞き，最も適切な応答を(A)(B)(C)の中から1つ選びなさい。（設問は1.～15.まであり，問題は選択肢を含め，全て放送されます。）

🎵 085~099

Practice 解答・解説

1. W 🇬🇧 M 🇦🇺 ♩ 085

Please send me the agenda for the council meeting by three P.M.	午後3時までに協議会の議題を私に送ってください。
(A) We contacted our consultant.	(A) コンサルタントに連絡しました。
(B) Haven't you received it yet?	(B) まだそれを受け取っていないのですか。
(C) Packages from headquarters.	(C) 本社からの荷物です。

正解 (B)

解説 pleaseを使った「協議会の議題を送ってほしい」という依頼に対して，「まだ受け取っていないのか」と聞き返すことで「すでに送っている」ことを示唆している(B)が正解です。(A)は問いかけにあるcouncilに発音の似ているconsultantを含んでいますが問いかけとは話がかみ合わず，(C)は問いかけにあるsendから連想されるpackagesを使ってはいますが，問いかけとは話の内容がかみ合うものではありません。

語句 □ agenda 議題　□ council meeting 協議会　□ by ～までに
　　　□ contact ～に連絡する　□ consultant コンサルタント　□ receive ～を受け取る
　　　□ package 荷物　□ headquarters 本社

2. W 🇺🇸 M 🇦🇺 ♩ 086

Why don't we go out for dinner tonight?	今夜一緒にディナーに行きませんか。
(A) A cup of coffee, please.	(A) 1杯のコーヒーをください。
(B) That sounds good.	(B) いいですね。
(C) It was really delicious.	(C) 本当においしかったです。

正解 (B)

解説 Why don't we ...?は勧誘の定番表現です。「一緒にディナーに行きませんか」という提案に対して，「いいですね」と肯定している(B)が正解です。(A)は問いかけにあるdinnerに関連するcoffeeを含んでいますが問いかけとは話がかみ合わず，(C)も問いかけにあるdinnerから連想されるdeliciousを使っていますが，食事の感想を述べるものなので正解にはなりません。

語句 □ go out for ～ ～しに出掛ける　□ a cup of ～ 1杯の～　□ sound ～に思われる

3. M 🇨🇦 W 🇬🇧 ♩ 087

How about holding the next meeting online?	次の会議はオンラインでやるのはどうですか。
(A) That will save us traveling time.	(A) それは移動時間の節約になります。
(B) I bought some desks online.	(B) オンラインでいくつかの机を買いました。
(C) By downloading the application.	(C) アプリをダウンロードすることによってです。

正解 (A)

解説 「次の会議はオンラインでやるのはどうか」という提案に対して，「それは移動時間の節約になる」と間接的に肯定している(A)が正解です。(B)は問いかけにあるonlineを含んでいますが話がかみ合わず，(C)は問いかけにあるonlineから連想されるdownloadingなどを含んだ応答ですが，こちらも話の内容が全くかみ合いません。

語句 □ hold ～を開催する　□ online オンラインで　□ traveling time 移動時間

3

依頼・提案・勧誘

4. M 🇨🇦 W 🇺🇸

Why don't I pay for lunch this time?
(A) That's really nice of you.
(B) I usually go to a restaurant on weekends.
(C) I haven't received an invitation to the party.

今回は私がランチの支払いをしましょうか。
(A) 本当にありがとうございます。
(B) 普段週末にはレストランに行きます。
(C) まだパーティーの招待状を受け取っていません。

正解 (A)

解説 Why don't I ...? 「〜しましょうか」は提案の表現です。「ランチの支払いをしましょうか」という提案に対して、「ありがとうございます」と提案をそのまま受けている(A)が正解です。(B)は問いかけにあるlunchから連想されるrestaurantを含んだ応答ですが、問いかけとは話がかみ合わず、(C)は問いかけと関連しない内容になっています。

語句 □ pay for 〜 〜の支払いをする □ receive 〜を受け取る □ invitation 招待状

5. W 🇺🇸 M 🇦🇺

Do you want to join our design team?
(A) At the city hall.
(B) I signed up for the design event next week.
(C) It would be my pleasure.

私たちのデザインチームに入りたいですか。
(A) 市役所でです。
(B) 来週のデザインのイベントに申し込みました。
(C) 喜んで。

正解 (C)

解説 Do you want to do? は「〜したいか」という勧誘表現です。「私たちのデザインチームに入りたいか」という勧誘に対して、「喜んで」と快く受け入れている(C)が正解です。(A)は問いかけとは関連性がない応答で、(B)は問いかけにあるdesignを含んでいる応答ですが、問いかけとは話の内容が全くかみ合うものではありません。

語句 □ join 〜に加入する □ city hall 市役所 □ sign up for 〜 〜に申し込む □ pleasure 喜び

6. M 🇦🇺 W 🇬🇧

Would you like to apply for a membership card?
(A) It's not for sale.
(B) I don't think I need one.
(C) To see the store manager.

会員カードに申し込みませんか。
(A) それは売り物ではありません。
(B) 私に必要だとは思いません。
(C) 店長に会うためです。

正解 (B)

解説 Would you like to do? 「〜したいですか、〜しませんか」という定番表現を使った「会員カードに申し込みたいか」という提案に対して、「私に必要だとは思わない」と断っている(B)が正解です。(A)も(C)も問いかけとは話の内容が全くかみ合いません。

語句 □ apply for 〜 〜に申し込む □ membership card 会員カード □ for sale 売るための □ store manager 店長

7. M 🇦🇺 W 🇺🇸   🎵 091

How about updating the system on your computer? (A) I'm afraid it will take a long time. (B) Early October. (C) We need to hire a new programmer.	あなたのコンピューターのシステムをアップデートするのはどうですか。 (A) 時間がかかってしまうと思います。 (B) 10月の初旬です。 (C) 新しいプログラマーを雇う必要があります。

正解 (A)

解説 How about *doing*?は「~するのはどうですか」という提案の定番表現です。「コンピューターのシステムをアップデートするのはどうか」という提案に対して,「時間がかかってしまう(のでしなくて結構です)」と断っている(A)が正解です。(B)はwhenを使った時期を尋ねる問いかけに対する応答です。(C)は問いかけから連想されるprogrammerを含んだ応答ですが,話の内容がかみ合っていません。

語句 □ update ~を更新する　□ *be* afraid (that) ~ 残念ながら~と思う　□ hire ~を雇う

8. W 🇺🇸 W 🇬🇧   🎵 092

Let's take a break for one hour. (A) No, it's not broken at all. (B) The advertising project. (C) That's a good idea.	1時間休憩をとりましょう。 (A) いいえ,それは全く壊れていません。 (B) 宣伝プロジェクトです。 (C) それはいい考えですね。

正解 (C)

解説 「1時間休憩をとろう」という提案に対して,「いい考えだ」と肯定している(C)が正解です。(A)は問いかけにあるbreakの派生語である動詞breakの過去分詞brokenを含むひっかけの応答,(B)は問いかけとは話の内容が全くかみ合うものではありません。

語句 □ take a break 休憩を取る　□ not ~ at all 全く~ではない　□ advertising 宣伝

9. W 🇬🇧 M 🇨🇦   🎵 093

Shall I take a taxi to the hotel? (A) They are in the lobby. (B) I can drive you there. (C) Wi-Fi is available in every room.	タクシーでホテルまで行きましょうか。 (A) 彼らはロビーにいます。 (B) そこまで車でお送りできます。 (C) どの部屋でもWi-Fiが利用可能です。

正解 (B)

解説 Shall I ...?は「~しましょうか」という提案表現です。「タクシーでホテルまで行きましょうか」という提案に対して,「車でお送りできます」と別の提案をしている(B)が正解です。(A)は問いかけにあるhotelから連想されるlobbyを含んでいますが話がかみ合わず,(C)も問いかけにあるhotelから連想されるWi-Fiやevery roomを含んだ応答ですが,問いかけに対する答えにはなっていません。

語句 □ take a taxi タクシーを利用する　□ drive ~を車で送る　□ available 利用できる

10. M 🇨🇦 W 🇺🇸

♪ 094

Can I help you organize the stock in the storage room? (A) I'd appreciate that. (B) At the electronics store. (C) It's an environmental organization.	保管室の在庫品を整理するのを手伝いましょうか。 (A) 感謝します。 (B) 電器店でです。 (C) それは環境保護団体です。

正解 (A)

解説 Can I ...?は「～しましょうか」という提案表現です。「在庫品の整理を手伝いましょうか」という提案に対して，「感謝します」と受け入れている(A)が正解です。(B)はwhereなどを使った問いかけに対する応答です。(C)は問いかけにあるorganizeの派生語であるorganizationを含んでいる応答ですが，問いかけとは話の内容がかみ合うものではありません。

語句 □organize ～を整理する □stock 在庫品 □storage room 保管室，倉庫
□appreciate ～に感謝する □electronics store 電器店
□environmental organization 環境保護団体

11. W 🇺🇸 M 🇦🇺

♪ 095

Why don't you join our tennis tournament this week? (A) Fifteen people. (B) That show was very interesting. (C) Let me check my schedule.	今週のテニス大会に参加しませんか。 (A) 15人です。 (B) あのショーはとても面白かったです。 (C) スケジュールを確認させてください。

正解 (C)

解説 「テニス大会に参加しませんか」という勧誘に対して，「スケジュールを確認したい」，つまりスケジュールが合えば参加すると応答をしている(C)が正解です。(A)，(B)のいずれも問いかけに対応した内容ではありません。

語句 □join ～に参加する □let me check ～ ～を確認させてください

12. W 🇺🇸 M 🇨🇦

♪ 096

Could you call the technician and ask him to repair the scanner? (A) At a telephone conference. (B) I'm not sure of the technical details. (C) I don't have his number.	技術者に電話して，スキャナーを修理するように頼んでもらえますか。 (A) 電話会議でです。 (B) 技術的詳細についてはよく分かりません。 (C) 彼の電話番号が分かりません。

正解 (C)

解説 Could you ...?を使って「技術者に電話して，スキャナーを修理するように頼んでもらえるか」と依頼しています。リテンションする際はキーワードをピックアップして「技術者に修理を頼んでもらえるか」と短くしてもいいでしょう。「技術者の電話番号が分からない」と応答している(C)が正解。(A)は問いかけにあるcallに関連するtelephone conferenceを，(B)は問いかけにあるtechnicianの派生語であるtechnicalを使ってはいますが，問いかけとは話の内容がかみ合うものではありません。(A)(B)をきちんと聞き取っていれば，消去法で(C)が正解だと分かるでしょう。

語句 □repair ～を修理する □telephone conference 電話会議
□I'm not sure of ～ ～についてはよく分かりません □detail 詳細

13. M 🇨🇦 W 🇬🇧 ♪ 097

Shall I help you sort out the paperwork later?	後で事務書類を仕分けするのを手伝いましょうか。
(A) In July.	(A) 7月にです。
(B) Actually, I've almost finished.	(B) 実は, ほとんど終わりました。
(C) The shipping fee isn't expensive.	(C) 送料は高くありません。

正解 (B)

解説 「事務書類を仕分けするのを手伝いましょうか」という提案に対して,「ほとんど終わった（ので, 手伝ってもらわなくて大丈夫）」と断っている(B)が正解です。(A)はwhenなどを使った問いかけに対する応答です。(C)は発音のひっかけや問いかけから連想される単語を含んだものではなく, 問いかけとは話の内容がかみ合うものではありません。

語句 □ sort out ～ ～を仕分けする　□ paperwork 事務書類　□ later 後で　□ actually 実は　□ almost ほとんど　□ shipping fee 送料　□ expensive 高価な

14. M 🇦🇺 W 🇬🇧 ♪ 098

Can you replace the light bulb in the storage room?	倉庫の電球を取り替えてもらえますか。
(A) I changed my job recently.	(A) 私は仕事を最近変えました。
(B) OK. I'll do that.	(B) 分かりました。私がそれをやります。
(C) There's still some space in this room.	(C) この部屋にはまだスペースがあります。

正解 (B)

解説 Can you ...?を使った「電球を取り替えてもらえますか」という依頼に対して,「やります」とストレートに応答している(B)が正解です。(A)は問いかけにあるreplaceに意味の似ているchangedを含み, (C)は問いかけにあるroomを使ってはいますが, いずれも話の内容がかみ合うものではありません。

語句 □ replace ～を交換する　□ light bulb 電球　□ storage room 倉庫　□ recently 最近

15. W 🇬🇧 M 🇨🇦 ♪ 099

Why don't we go on a tour of the facility this afternoon?	午後に施設見学に行きませんか。
(A) I like traveling, too.	(A) 私も旅行が好きです。
(B) Could we do that tomorrow instead?	(B) 代わりに明日できませんか。
(C) They hired a facilitator.	(C) 彼らは司会者を雇いました。

正解 (B)

解説 問いかけはWhy don't we ...?という表現を使って,「施設見学に行きませんか」と勧誘しています。「明日できませんか（＝今日は難しいので, 明日お願いしたい）」と別の日程を提案している(B)が正解です。(A)は問いかけにあるtourと意味の似ているtravelingを使った応答, (C)は問いかけにあるfacilityと発音の被っているfacilitatorを含む応答ですが, いずれも問いかけとは話の内容がかみ合いません。

語句 □ facility 施設　□ instead 代わりに　□ hire ～を雇う　□ facilitator 司会者

4 付加疑問文・否定疑問文

付加疑問文は以下のようなタイプの文のことです。

Mr. Takagi was in his office, wasn't he?

Takagiさんは彼のオフィスにいたのですよね？

主語と動詞はMr. Takagi wasですが，これを倒置して，主語を代名詞のheとし，なおかつ肯定形のwasを否定形のwasn'tにして文末に置いたのが付加疑問文です。元が否定文であれば，文末の動詞は肯定形にします。wasn't he?を文末に置くことにより，「〜ですよね？」という**確認を表す疑問文**を作ることができます。

これに対して，否定疑問文は以下のようなタイプの文になります。

Can't you speak Chinese?

あなたは中国語を話すことができないのですか。

日本語では「できないのですか」という問いかけに「いいえ」と答えると「できます」という意味になりますが，英語では肯定ならYes（＝できる）で，否定ならNo（＝できない）で答えます。

付加疑問文・否定疑問文を苦手にする方は多いと思いますが，付加疑問文の文末は気にする必要はありません。また，否定疑問文は「〜ではないのですか」となりますが，通常の疑問文と同様に，応答を聞く際は**「Yes, No, 答えられない」の3つのどれかに当てはまるもの**を選びましょう。

POINT 「Yes, No, 答えられない」の3つのどれかに当てはまる選択肢を選ぶ

例題 M [🇨🇦] W [🇺🇸]　　　　　　　　　　　　　　♪ 100

You have finished making the financial report for the last project, haven't you?
(A) Yes, it's been completed.
(B) At the finance department.
(C) Ken's already printed the handouts.

前回のプロジェクトの会計報告書は作成し終えましたよね？

(A) はい，完成しています。
(B) 財務部です。
(C) Kenはもう配布資料を印刷しました。

正解 (A)

語句 □ finish *doing* 〜し終える　□ financial report 会計報告書
□ complete 〜を完成させる　□ finance department 財務部　□ already すでに
□ print 〜を印刷する　□ handout 配布資料

問いかけの文末には，haven't you? がありますが，先ほど説明した通り，あまり気にする必要はありません。「前回のプロジェクトの会計報告書は作成し終えたか」という問いかけだと理解しましょう。これに対して，「はい，完成しています」と応答している (A) が正解です。

(B) は問いかけにある financial の派生語である finance を用いたひっかけ，(C) は問いかけにある report から連想される print や handout を含む応答ですが，(B) と同様，問いかけの内容とはかみ合いません。

付加疑問文・否定疑問文にも，問いかけと応答の間に距離感のある問題は存在します。Practice でどのような応答があるのかを知り，対応できるようになっていきましょう。

攻略法まとめ 付加疑問文・否定疑問文

・通常の Yes/No 疑問文同様，「Yes, No, 答えられない」のどれかに当てはまる選択肢を選ぶ

発言とそれに続く3つの選択肢を聞き，最も適切な応答を(A)(B)(C)の中から1つ選びなさい。（設問は1.～15.まであり，問題は選択肢を含め，全て放送されます。）

🎵 101~115

Practice 解答・解説

1. W 🇺🇸 M 🇨🇦

🎵 101

Haven't you seen the doctor yet?	まだ医者に診てもらっていないのですか。
(A) No problem.	(A) 問題ありません。
(B) Your prescription is ready.	(B) あなたの処方箋は準備ができています。
(C) No, but I've made an appointment.	(C) いいえ，でも予約はしました。

正解 (C)

解説 「まだ医者に診てもらっていないのか」という問いかけに対して，「いいえ（まだ診てもらってない），でも予約はした」と応答をしている(C)が正解です。(A)は問いかけとは話がかみ合わず，(B)は問いかけにあるdoctorから連想されるprescriptionを含む応答ですが問いかけとは関連性がありません。

語句 □ yet まだ　□ prescription 処方箋　□ ready 準備ができている
□ appointment 予約

2. W 🇬🇧 M 🇦🇺

🎵 102

The bus comes every twenty minutes, doesn't it?	バスは20分おきに来ますよね？
(A) Because the train is delayed.	(A) 電車が遅れているためです。
(B) I think so.	(B) そうだと思います。
(C) Do they charge reasonable fees?	(C) 彼らは妥当な金額を請求しますか。

正解 (B)

解説 「バスは20分おきに来ますよね？」という問いかけに対して，「そうだと思う」と応答している(B)が正解です。(A)は問いかけにあるbusから連想される交通機関のtrainを含む応答，(C)も交通機関から連想されるfeeを含む応答ですが，どちらも問いかけとは話がかみ合いません。

語句 □ every ～ごとに　□ delay ～を遅らせる　□ charge ～を請求する
□ reasonable 妥当な　□ fee 料金

3. W 🇺🇸 M 🇨🇦

🎵 103

Ms. Cho's presentation hasn't already started, has it?	Choさんのプレゼンテーションはまだ始まっていませんよね？
(A) She'll be speaking next.	(A) 彼女は次に話します。
(B) Who's in charge?	(B) 誰が担当ですか。
(C) Please present your proposal.	(C) あなたの提案を発表してください。

正解 (A)

解説 現在完了形の否定文の付加疑問文を使った「Choさんのプレゼンテーションはまだ始まっていませんよね？」という問いかけに対して，「彼女は次に話します」と応答している(A)が正解です。(B)は問いかけとは全く関係のない内容です。(C)は問いかけにあるpresentationの派生語であるpresentを含みますが，問いかけとは話がかみ合いません。

語句 □ in charge 担当して　□ present ～を発表する　□ proposal 提案

4. M 🇨🇦 W 🇺🇸

Didn't you book the flight for Berlin?	ベルリン行きのフライトを予約しなかったので
(A) An empty seat.	すか。
(B) No, that's not my book.	(A) 空席です。
(C) I decided to use the train instead.	(B) いいえ，それは私の本ではありません。
	(C) 代わりに電車を使うことに決めました。

正解 (C)

解説 問いかけは否定疑問文です。「ベルリン行きのフライトを予約しなかったのか」という問いかけに対して，「代わりに電車を使うことに決めた」，つまり，フライトは予約していないと応答をしている(C)が正解です。(A)は問いかけにあるflightから連想されるempty seatを含む応答ですが問いかけには対応していません。問いかけにあるbookは動詞「〜を予約する」ですが，(B)のbookは「本」という意味の名詞ですので，問いかけとは話がかみ合いません。

語句 □ book 〜を予約する □ flight フライト □ empty 空の
□ decide to *do* 〜することに決める □ instead 代わりに

5. M 🇦🇺 W 🇬🇧

Don't you want to get a brand-new bicycle?	新しい自転車を手に入れたくないのですか。
(A) At the drug store.	(A) 薬局でです。
(B) It's a popular brand.	(B) それは人気のブランドです。
(C) I'll buy one soon.	(C) もうすぐ買います。

正解 (C)

解説 「新しい自転車を手に入れたくないのか」という問いかけに，「もうすぐ買う」と答えることで間接的に「手に入れたい」と伝えている(C)が正解です。(A)は問いかけとは話がかみ合わず，発音が似ている単語や問いかけの内容から連想される語句も含んでいません。(B)は問いかけにあるbrand-newと発音が被っているbrandを含むひっかけの応答です。

語句 □ brand-new 新しい □ drug store 薬局 □ soon もうすぐ

6. W 🇺🇸 M 🇨🇦

Amanda won't be attending the interview this afternoon, will she?	Amandaは午後の面接には出席しないのですよね？
(A) An internship program.	(A) インターンシッププログラムです。
(B) Some attendees are not here yet.	(B) 何人かの参加者はまだここに来ていません。
(C) She said she might come.	(C) 彼女は来るかもしれないと言いました。

正解 (C)

解説 「Amandaは午後の面接には出席しないのですよね？」という問いかけに対して，「来るかもしれないと言っていた」と応答している(C)が正解です。(A)は問いかけにあるinterviewと発音が被った部分のあるinternshipを含む応答，(B)も問いかけにあるattendの派生語であるattendeesを含む応答ですが，問いかけとは話がかみ合いません。

語句 □ attend 〜に出席する □ interview 面接 □ attendee 参加者
□ might 〜かもしれない

7. W 🇬🇧 M 🇦🇺

🎵 107

The labeling machine is still broken, isn't it?
(A) It's being repaired now.
(B) Double-sided copies, please.
(C) No, he's at the factory tour.

ラベル貼り機はまだ壊れていますよね?
(A) 今修理中です。
(B) 両面コピーをお願いします。
(C) いいえ，彼は工場見学に行っています。

正解 (A)

解説 「ラベル貼り機はまだ壊れていますよね?」という問いかけに対して，「今修理中です」と間接的に肯定している(A)が正解です。(B)は問いかけにあるmachineから連想されるcopiesを含む応答ですが問いかけとは話がかみ合わず，(C)はNoと答えていますが，続く内容が問いかけと関連性のないものになっています。machineから連想されるfactoryを含みますが，応答文全体の内容を聞いて判断しましょう。

語句 □ labeling machine ラベル貼り機　□ still まだ　□ repair 〜を修理する
□ double-sided copy 両面コピー　□ factory 工場

8. M 🇦🇺 W 🇺🇸

🎵 108

Doesn't the Italian onion soup come with bread?
(A) Emily's a chef.
(B) Let me check.
(C) You didn't tell me you'd be there.

イタリアンオニオンスープはパンが付いていませんか。
(A) Emilyはシェフです。
(B) 確認させてください。
(C) あなたは私にそこにいると言いませんでした。

正解 (B)

解説 「イタリアンオニオンスープはパンが付いていませんか」という否定疑問文に対して，「(即答できないので) 確認させてください」と応答をしている(B)が正解です。(A)は問いかけにあるthe Italian onion soupから連想されるchefを含むひっかけ，(C)は問いかけにあるDoesn'tと発音が似ていて派生語でもあるdidn'tを含みますが，問いかけとは話がかみ合いません。

語句 □ come with 〜 〜が付いてくる

9. W 🇺🇸 M 🇨🇦

🎵 109

We can't use the new database until tomorrow, can we?
(A) The baseball game has been cancelled.
(B) I need to check my bank account.
(C) We should receive an e-mail about that shortly.

新しいデータベースは明日まで使えないですよね?
(A) 野球の試合は中止になりました。
(B) 私の銀行口座を確認する必要があります。
(C) それについてのEメールがすぐに来るはずです。

正解 (C)

解説 「データベースは明日まで使えないですよね?」という問いかけに対して，「それについてのEメールが来るはず」，つまり，Eメールが届けば詳細が分かるはずだと応答している(C)が正解です。(A)は問いかけにあるdatabaseと発音が被っているbaseballを含む応答ですが問いかけとは全く関係がなく，(B)もdatabaseから連想されるaccountを含む応答ですが，こちらも問いかけとは話がかみ合いません。

語句 □ until 〜までずっと　□ account 口座

10. W 🇬🇧 M 🇦🇺 ♪ 110

Wasn't the information on our Web site updated?	ウェブサイトの情報はアップデートされなかったのですか。
(A) Carl did it an hour ago.	(A) Carlが1時間前にしました。
(B) An experienced programmer.	(B) 経験豊富なプログラマーです。
(C) Yes, it's going upstairs.	(C) はい，上の階に行きます。

正解 (A)

解説 問いかけはbe動詞の過去形を使った否定疑問文です。「ウェブサイトはアップデートされなかったのか」という問いかけに対して，「Carlが1時間前にした」，つまり，「アップデートされた」と遠回しに伝えている(A)が正解です。(B)は問いかけにあるWeb siteと関連のあるprogrammerを含むひっかけ，(C)は問いかけにあるupdatedと発音が被っているupstairsを含む応答ですが話がかみ合いません。

語句 □ update 〜をアップデートする　□ experienced 経験豊富な　□ upstairs 上の階に

11. M 🇦🇺 M 🇨🇦 ♪ 111

This isn't your identification card, is it?	これはあなたの身分証明書ではありませんよね？
(A) Oh, where did you find it?	(A) ああ，どこでそれを見つけたんですか。
(B) True, so let's start the meeting.	(B) そうですね，では会議を始めましょう。
(C) A ten percent discount.	(C) 10%の割引です。

正解 (A)

解説 「これはあなたの身分証明書ではありませんよね？」という問いかけに，「私のものです」の部分を省略し，「どこでそれを見つけたのか」と質問を返している(A)が正解です。(B)はTrueは相手に同意を示す表現ですが，続く内容が問いかけとはかみ合いません。(C)は問いかけとは全く関係のない内容です。

語句 □ identification card 身分証明書

12. M 🇦🇺 W 🇺🇸 ♪ 112

Aren't you going to contact the spokesperson this afternoon?	今日の午後に広報担当者に連絡をするのではないのですか。
(A) A short-term contract.	(A) 短期間の契約です。
(B) Miranda is visiting his office at two o'clock.	(B) Mirandaが2時に彼の事務所を訪問する予定です。
(C) Right, I'll order a new speaker for my computer.	(C) そうですね，私はコンピューターの新しいスピーカーを注文します。

正解 (B)

解説 「午後に広報担当者に連絡をするのではないか」という問いかけに対して，「(自分は行かないが) Mirandaが2時に彼の事務所を訪問する予定だ」と応答をしている(B)が正解です。(A)は問いかけにあるcontactと発音が似ているcontractを含む応答，(C)は問いかけにあるspokespersonと発音が似ているspeakerを含む応答ですが問いかけとは話がかみ合いません。

語句 □ contact 〜に連絡をする　□ spokesperson 広報担当者　□ short-term 短期間の
□ contract 契約　□ speaker スピーカー

13. W M

4

付加疑問文・否定疑問文

You have experience working as a computer engineer, don't you?
(A) A few of the employees are new.
(B) Just a few years.
(C) In the personnel department.

コンピューターエンジニアとして働いた経験がおありですよね？
(A) 数人の従業員は新入りです。
(B) たった数年ですが。
(C) 人事部でです。

正解 (B)

解説 「コンピューターエンジニアとして働いた経験がありますよね？」という問いかけに対して，「たった数年ですが（経験があります）」と応答をしている(B)が正解です。(A)は問いかけにあるworkingから連想されるemployeesを含む応答，(C)もworkingから連想されるpersonnel departmentを含む応答ですが，どちらも問いかけとは話がかみ合いません。

語句 □ experience 経験 □ as ～ ～として □ engineer エンジニア □ a few ～ 2, 3の～ □ employee 従業員 □ personnel department 人事部

14. M W

Can't you reschedule the manager training workshop?
(A) Unfortunately, the instructor is only available next Monday.
(B) A famous lecturer.
(C) Yes, the dinner reservation has been made.

マネージャー研修会の日程を再調整することはできないのですか。
(A) 残念ながら講師が来週の月曜日しか空いていません。
(B) 有名な講演者です。
(C) はい，夕食の予約がしてあります。

正解 (A)

解説 「マネージャー研修会の日程を再調整できないか」という問いかけに対して，「残念ながら講師が来週の月曜日しか空いていない」と再調整できないことを示唆している(A)が正解です。(B)は問いかけにあるtraining workshopから連想されるlecturerを，(C)は問いかけにあるrescheduleから連想されるreservationを含みますが，いずれも話がかみ合いません。

語句 □ reschedule ～の日程を再調整する □ training workshop 研修会 □ unfortunately 残念ながら □ instructor 講師 □ available 空いている □ lecturer 講演者，講師 □ reservation 予約

15. M W

Isn't Ms. Courtney going to retire next month?
(A) An invitation by e-mail.
(B) That's what I heard.
(C) The tires need to be replaced.

Courtneyさんは来月退職するのではありませんか。
(A) Eメールでの招待です。
(B) そう聞いています。
(C) タイヤ交換が必要です。

正解 (B)

解説 「Courtneyさんは来月退職するのではありませんか」という問いかけに対して，「そう聞いている」と問いかけの内容を肯定している(B)が正解です。(A)は問いかけとは話がかみ合いません。(C)は問いかけにあるretireと発音の被っているtireを含むひっかけの選択肢です。

語句 □ retire 退職する □ invitation 招待 □ replace ～を交換する

5 選択疑問文

選択疑問文も，付加疑問文・否定疑問文同様に苦手と感じる人が多いと言われているタイプの問いかけです。まずは選択疑問文がどのようなものかを確認しましょう。

Which would you like to use, the white board or the projector?

「ホワイトボードとプロジェクターのどちらをお使いになりたいですか」

選択疑問文では**A or Bの2つのもの**（上記の例ではホワイトボードとプロジェクターのどちらを使いたいか）が提示されます。これに**対応する応答文は5パターン**が考えられます。

❶Aを選ぶ

I'd like to use three white boards.

「私はホワイトボードを3枚使いたいです」

❷Bを選ぶ

I'd like to use the projector.

「私はプロジェクターを使いたいです」

❸AもBも選ぶ

I'd like to use both.

「私は両方使いたいです」

❹AもBも選ばない

I'll use neither.

「どちらも使いません」

❺決めない

I'll decide which one to use later today.

「どちらを使うかを今日後ほど決めるつもりです」

上記のいずれかのパターンに該当する内容ではないかと確認しながら聞きます。

POINT 選択疑問文は，5パターンのどれかに当てはまる応答文を
正解として選ぶ

例題 W 🇬🇧 M 🇨🇦　　　　　　　　　　　　　　🎵 116

Would you like to pay in cash or by credit card?
(A) Cash would be better for me.
(B) A holiday sale.
(C) The cashier is open.

現金で支払いをなさいますか，それともクレジットカードがいいですか。
(A) 現金の方がいいです。
(B) 休日セールです。
(C) レジが開いています。

正解 (A)

語句 □ Would you like to *do*? 〜したいですか　□ pay in cash 現金で支払う
　　　□ cashier レジ

支払いの方法はin cashがいいのか，by credit cardがいいのかを選択してほしいという内容の問いかけです。これに対してCash would be better for me.と応答している(A)が正解です。

(B)は問いかけの内容から連想されるsaleを含みますが，文脈がつながらないので不正解，(C)は問いかけにあるcashと同じ発音が含まれるcashierを含んでいるひっかけの選択肢です。

選択する内容として挙げられた語句がそのまま応答では使われずに言い換えられるパターンがあったり（「テイクアウトか，店内で飲むか」という問いかけに対して「公園で飲む」と答えるなど），問いかけとは距離感のある応答（「外は寒すぎる」と答える，「どちらがおすすめか」と質問を返すなど）も正解となったりすることもありますが，5つのパターンのどれにあたるかを考えましょう。

攻略法まとめ 選択疑問文

• 選択疑問文に対する応答文のパターンは「Aを選ぶ／Bを選ぶ／AもBも選ぶ／AもBも選ばない／決めない」の5パターン。どれに当てはまるか考えながら聞く

発言とそれに続く3つの選択肢を聞き，最も適切な応答を(A)(B)(C)の中から1つ選びなさい。（設問は1.～15.まであり，問題は選択肢を含め，全て放送されます。）

♪ 117~131

Practice 解答・解説

1. W🇺🇸 M🇨🇦 ♪117

Will you visit Tokyo this month or next?
(A) I'll go next month.
(B) Yes, it costs a lot.
(C) Flying there.

東京を訪れるのは今月ですか，それとも来月ですか。
(A) 来月に行きます。
(B) はい，それは高くつきます。
(C) そこへ飛行機で行きます。

正解 (A)

解説 問いかけは，東京に行くのは「今月」と「来月」のどちらなのかを尋ねています。これに対して「来月」と答えている(A)が正解です。(B)は選択疑問文の問いかけに対してYesで応答している時点で不正解。(C)は問いかけにあるvisit Tokyoから連想される交通手段を答える応答ですが，こちらも問いかけとは話がかみ合いません。

語句 □cost 費用が掛かる □fly 飛行機で行く

2. M🇦🇺 W🇬🇧 ♪118

Should I call TMI Pharmaceuticals or send them an e-mail?
(A) Either is fine.
(B) You have to make the budget proposal today.
(C) Because she has a headache.

TMI製薬に電話をするべきですか，それともEメールを送るべきですか。
(A) どちらでもいいです。
(B) 今日，予算案を作る必要があります。
(C) 彼女は頭痛がするからです。

正解 (A)

解説 問いかけは，連絡手段は「電話」と「Eメール」のどちらがいいのかを尋ねています。「どちらでもいい」と二者択一のいずれでも大丈夫と応答している(A)が正解です。(B)は問いかけとは話がかみ合わず，発音が似ている単語や問いかけの内容から連想される語句も含んでいません。(C)は問いかけにあるPharmaceuticalsから連想されるheadacheを含む応答ですが，こちらも問いかけとは関連性がありません。

語句 □pharmaceuticals 製薬会社 □budget 予算 □proposal 提案 □headache 頭痛

3. W🇬🇧 M🇨🇦 ♪119

Would you like tea or water?
(A) No, the bottle is empty.
(B) I have to water the plant.
(C) Just some water, please.

紅茶になさいますか，お水になさいますか。
(A) いいえ，瓶は空です。
(B) 植物に水をやらなければいけません。
(C) お水をください。

正解 (C)

解説 問いかけは，「紅茶」と「水」のどちらが欲しいのかを尋ねています。これに対して「お水を」と答えている(C)が正解です。(A)は問いかけにあるteaやwaterから連想されるbottleを含む応答ですが問いかけとは話がかみ合わず，(B)は問いかけにあるwaterを「〜に水をやる」という意味の動詞として使っていますが，こちらも問いかけとは話がかみ合いません。

語句 □Would you like 〜? 〜はいかがですか □empty 空の □plant 植物

5 選択疑問文

4. M 🇦🇺 W 🇬🇧　🎵 120

Can we receive the shipment tomorrow or do we have to wait longer?
(A) The shipping fee is free.
(B) We have to wait for two more days.
(C) For the receptionist.

荷物は明日受け取ることができますか，それともっと待たなければいけませんか。
(A) 送料は無料です。
(B) あと2日間待たなければいけません。
(C) 受付係にです。

正解 (B)

解説 荷物が受け取れるのは「明日」なのか，もっと待たなければいけない，つまり，「明後日以降」なのかを尋ねています。これに対して「あと2日間待たなければならない」と答えている(B)が正解です。(A)は問いかけにあるshipmentから連想されるshipping feeを含む応答，(C)は問いかけにあるreceiveの派生語であるreceptionistを含む応答ですが，どちらも問いかけとは話がかみ合いません。

語句 □ receive 〜を受け取る　□ shipment 荷物　□ shipping fee 送料
□ receptionist 受付係

5. M 🇨🇦 W 🇺🇸　🎵 121

Should I take a train or a taxi to go to the airport?
(A) There's a shuttle bus from the hotel every hour.
(B) Usually half an hour.
(C) The training session will start soon.

空港に行くのに電車に乗るべきですか，それともタクシーですか。
(A) ホテルからシャトルバスが1時間ごとに出ています。
(B) 通常は30分です。
(C) 講習会は間もなく始まります。

正解 (A)

解説 選ぶべき交通機関は「電車」なのか，「タクシー」なのかという問いかけに対して「ホテルからシャトルバスが1時間ごとに出ている」と二者のいずれでもないと答えている(A)が正解です。(B)は問いかけにあるtrainやtaxiから連想されるhalf an hour「30分（という交通機関の所要時間）」を含む応答ですが話がかみ合わず，(C)は問いかけにあるtrainの派生語であるtrainingを含むひっかけの応答です。

語句 □ shuttle bus シャトルバス　□ half an hour 30分　□ training session 講習会

6. W 🇺🇸 M 🇦🇺　🎵 122

Are you going to transfer to the San Francisco or New York branch?
(A) It's a big city.
(B) A boarding pass.
(C) I'm staying here.

サンフランシスコ支店に転勤するのですか，それともニューヨーク支店ですか。
(A) それは大都市です。
(B) 搭乗券です。
(C) 私はここに留まるつもりです。

正解 (C)

解説 転勤する行き先は「サンフランシスコ」なのか，それとも「ニューヨーク」なのかを尋ねています。これに対して「私はここに留まるつもりだ」と二者のいずれでもないと答えている(C)が正解です。(A)は問いかけにあるSan FranciscoやNew Yorkから連想されるbig cityを含む応答ですがItが何を指しているかが不明確なため不正解，(B)は問いかけにあるtransfer toから連想されるboarding passを含む応答ですが，問いかけに対応した内容ではありません。

語句 □ transfer to 〜 〜に転勤する　□ branch 支店　□ boarding pass 搭乗券

7. M 🇦🇺 M 🇨🇦   ♪ 123

Is the art gallery closed on Mondays or Tuesdays?
(A) It's not open on Mondays.
(B) That's very artistic.
(C) At the clothing store.

アートギャラリーが閉まっているのは月曜日ですか，それとも火曜日ですか。
(A) 月曜日には開館していません。
(B) あれはとても芸術的です。
(C) 衣料品店でです。

正解 (A)

解説 ギャラリーが閉まっているのは「月曜日」なのか「火曜日」なのかを尋ねる問いかけに対して「月曜日には開館していない」と答えている(A)が正解です。(B)は問いかけにあるart gallery から連想されるartisticを含む応答ですが問いかけとは話がかみ合わず，(C)も問いかけと関係のない応答です。問いかけのclosedと発音の似たclothingに惑わされないようにしましょう。

語句 □ art gallery アートギャラリー　□ artistic 芸術的な　□ clothing 衣料品

選択疑問文

5

8. M 🇦🇺 W 🇺🇸   ♪ 124

Would you like to buy a new car or repair our old one?
(A) Buying a new one might be too expensive.
(B) There's a parking lot around here.
(C) About five hundred dollars.

新しい車を買いたいですか，それとも古いものを修理したいですか。
(A) 新しいものを買うのは高すぎるかもしれません。
(B) このあたりに駐車場があります。
(C) 約500ドルです。

正解 (A)

解説 「新車を買いたい」のか，「古い車を修理して使いたい」のかを尋ねています。これに対して「新しいものを買うのは高すぎるかもしれない」と答え，新しい車は買わないことを示唆している(A)が正解です。(B)は問いかけにあるcarに関連するparking lotを，(C)は問いかけにあるbuyから連想されるfive hundred dollarsを含む応答ですが，問いかけに対応した内容ではありません。

語句 □ Would you like to *do*? ～したいですか　□ repair ～を修理する
　　　□ might ～かもしれない　□ expensive 高価だ

9. W 🇺🇸 M 🇨🇦   ♪ 125

Is the new time tracking software ready to be installed, or are you still working on it?
(A) On the Internet.
(B) The track event has already started.
(C) It will be available in a few minutes.

新しい勤務時間記録ソフトはインストールの準備ができていますか，それともまだ作業中ですか。
(A) インターネット上です。
(B) トラック競技はすでに始まっています。
(C) 数分で利用可能です。

正解 (C)

解説 問いかけは，ソフトのインストールの準備は「できている」のか「まだできていない」のかを尋ねています。これに対して「数分で利用可能」，つまり，「まだできていないが，もうすぐできる」と答えている(C)が正解です。(A)は問いかけにあるsoftwareやinstallから連想されるInternetを含むひっかけの選択肢です。(B)は問いかけにあるtrackを含みますが，こちらも問いかけとは話がかみ合いません。

語句 □ time tracking software 勤務時間記録ソフト　□ install ～をインストールする
　　　□ work on ～ ～の作業をする　□ available 利用可能な

10. W 🇬🇧 M 🇦🇺

Will the order be delivered, or do I
need to pick it up?
(A) It has to be done before the
deadline.
(B) We can ship it to your home.
(C) There was an extra fee.

注文品は配達されますか，それとも取りに行く
必要がありますか。
(A) 締め切りの前までに終えなければいけませ
ん。
(B) ご自宅に発送できます。
(C) 追加料金がありました。

正解 (B)

解説 荷物が「配達される」のか，それとも「自分で取りに行く」のかという問いかけに対して「自宅に発送できる」と答えている(B)が正解です。(A)は問いかけとは話がかみ合わず，発音が似ている単語や問いかけの内容から連想される語句も含んでいません。(C)は問いかけにあるorderから連想されるextra feeを含む応答ですが，こちらも問いかけとは話がかみ合いません。

語句 □ order 注文品　□ deliver 〜を配送する　□ pick up 〜 〜を取りに行く
□ deadline 締め切り　□ ship 〜を発送する　□ extra 追加の　□ fee 料金

11. W 🇺🇸 M 🇨🇦

Did you reserve the restaurant online or
over the phone?
(A) Just in time.
(B) I'm going to make the reservation
today.
(C) There's a long line.

レストランの予約はオンラインでしましたか，
それとも電話でしましたか。
(A) ちょうど間に合いました。
(B) 私は今日予約をするつもりです。
(C) 長い列があります。

正解 (B)

解説 予約を「オンライン」でしたのか，それとも「電話」でしたのかを尋ねています。これに対して「私は今日予約をするつもりです」と選択肢のどちらでもないと答えている(B)が正解です。(A)は問いかけのreserve the restaurantから連想される応答ですが，問いかけに対する応答にはなっていません。(C)は問いかけにあるonlineと発音が似ているlong lineを含む応答ですが，こちらも問いかけとは話がかみ合いません。

語句 □ reserve 〜を予約する　□ over the phone 電話で　□ in time 間に合って

12. W 🇬🇧 M 🇦🇺

Is the community room available now
or is it still occupied?
(A) About three days ago.
(B) Please write down your occupation
here.
(C) There are some people still working
in there.

集会室は今利用可能ですか，それともまだ使用
中ですか。
(A) 約3日前です。
(B) ここにあなたの職業を書いてください。
(C) 何人かの人々がまだそこで作業しています。

正解 (C)

解説 集会室が「利用可能」なのか，「まだ使用中」なのかを尋ねています。これに対して「まだ作業している人がいる」，つまり，「使用中」と応答している(C)が正解です。(A)はwhenを使った問いかけに対する応答であり，発音が似ている単語や問いかけの内容から連想される語句も含んでいません。(B)は問いかけにあるoccupiedの派生語であるoccupationを含むひっかけです。

語句 □ community room 集会室　□ available 使用可能な　□ still まだ
□ occupied 使用中の　□ occupation 職業

13. W 🇺🇸 M 🇦🇺

♪ 129

Will the flight from Hawaii arrive on time or a bit late?
(A) The order has already arrived.
(B) Let's check the schedule on the Web site.
(C) Yes, it departs tomorrow.

ハワイからのフライトは時間通りに到着しますか，それとも少し遅れますか。
(A) 注文品はもう届きました。
(B) ウェブサイトでスケジュールを確認しましょう。
(C) はい，それは明日出発します。

正解 (B)

解説 フライトは「時間通りに到着する」のか「少し遅れる」のかという問いかけに対して「ウェブサイトでスケジュールを確認しましょう」と答えている(B)が正解です。「自分では分からない」ということを示唆しています。(A)は問いかけにあるarriveの過去分詞arrivedを含みますが，主語がThe orderのため問いかけとは話がかみ合いません。(C)は問いかけの内容から連想されるdepartsを含む応答ですが，こちらも問いかけとは話がかみ合いません。

語句 □ arrive 到着する　□ a bit 少し　□ already すでに　□ depart 出発する

14. W 🇬🇧 M 🇨🇦

♪ 130

Should we discuss the advertising budget or staffing at the meeting?
(A) Yes, there's an advertisement in the station.
(B) All the staff members.
(C) Let's ask Mr. Peters' opinion.

私たちは会議で広告予算について話すべきですか，それとも職員の配置についてですか。
(A) はい，駅に広告があります。
(B) 全ての職員です。
(C) Petersさんの意見を聞きましょう。

正解 (C)

解説 話すべき内容は「広告予算」なのか，「職員の配置」なのかという問いかけに対して「Petersさんの意見を聞きましょう」と言うことで，自分には決められないと答えている(C)が正解です。(A)は問いかけにあるadvertisingの派生語であるadvertisementを含んでいますが，選択疑問文の問いかけに対してYesで答えているので不正解です。(B)は問いかけにあるstaffingの派生語であるstaffを含む応答ですが，こちらも問いかけとは話がかみ合いません。

語句 □ discuss 〜について話す　□ advertising 広告　□ budget 予算
□ staffing 職員の配置　□ advertisement 広告　□ opinion 意見

15. M 🇨🇦 W 🇺🇸

♪ 131

Shall we go shopping or go to see a movie today?
(A) This watch is broken.
(B) We can do both.
(C) At the supermarket.

今日は買い物に行きましょうか，それとも映画を見に行きましょうか。
(A) この腕時計は壊れています。
(B) 両方できます。
(C) スーパーマーケットです。

正解 (B)

解説 問いかけは，「買い物」と「映画」のどちらに行くのかを相手に相談しています。これに対して「両方できる」と応答している(B)が正解です。(A)は問いかけにあるmovieから連想されるwatchを含む応答，(C)は問いかけにあるshoppingから連想されるsupermarketを含む応答ですが，こちらも問いかけとは話がかみ合いません。

語句 □ Shall we …? 〜しましょうか

5 選択疑問文

6 平叙文

平叙文の問題に苦手意識がある方は多いと思います。ほかのタイプと異なり，問いかけを聞いただけでは発話の意図を理解できないことがあり，応答を予測しづらいという点が難易度を高めている要因の1つです。

例えば，The meeting of shareholders ended sooner than I expected. 「株主総会は私が予想していたよりも早く終わりました」という文が問いかけとして出題されたとします。Yeah, all of us were surprised. 「はい，私たちも皆驚きました」という応答が正解となる場合，問いかけは単に同意を求めているだけです。ただ，もしもこれに「これで締め切りに間に合いますね」という応答が続くと，「早く終わったことで作業時間が増えた喜び」を共有している問いかけとなりますし，「参加者のランチタイムを早めますか」といった応答が続くと「早く終わってしまったための対策を考えたい」という問いかけとなります。ただ，問いかけを聞いた段階ではこの発話が持つ意味は分からないため，どういった応答が正解になり得るかというパターンを予測するのが難しいのです。

また，平叙文に対する応答にはさまざまなものがあるため，いくつかの定型パターンを押さえればそれでいい，というものではありません。まず，**正確に問いかけを理解し，状況を把握する**ようにしましょう。そして，問いかけと応答文が**自然な流れ**になっているものを選びます。難しければ消去法を駆使して解答することも大切です。

POINT 発話の意図や状況をつかむ

例 題 M 🇨🇦 W 🇬🇧　　　　　　　　　　　　　　　　　🎵 132

I heard that you have been promoted to accounting manager.
(A) Yes, I'm very happy about it.
(B) In my bank account.
(C) No, I have no television.

あなたが経理部長に昇進したと聞きました。
(A) はい，私はそれについてとてもうれしく思っています。
(B) 私の銀行口座にです。
(C) いいえ，私はテレビを持っていません。

正解 (A)

語句 □ *be* promoted to ～ ～に昇進する　□ accounting manager 経理部長
　　　　□ bank account 銀行口座

---

accounting manager「経理部長」になった相手に対して，その知らせを聞きました，と平叙文で伝えています。それに対して，「はい，とてもうれしく思っています」と答えている (A) が正解です。問いかけは疑問文ではありませんが，「あなたが経理部長になったと聞きました（が，本当ですよね？）」という疑問を含む問いかけとも考えられますので，Yes/No で応答することは自然です。

(B) は問いかけにある accounting「経理」の派生語の account「口座」を使っていますが，文脈が通じる内容ではありません。(C) は問いかけにある promote から連想される television「テレビ」を含む応答ですが，(B) と同様，問いかけとは話がかみ合っていないので不正解です。

平叙文の問題に対応するためには，とにかくさまざまなパターンに触れることが大切です。Practice でも問題を解きますが，ここにも例を紹介しておきます。

◎Excuse me, I'd like a receipt.

　すみません，領収書が欲しいのですが。

　→OK, just a moment.

　　分かりました，少々お待ちください。

冒頭の Excuse me や，receipt という単語からレストランなどの店での，精算時における店員と客のやり取りだと推測できます。このように，問いかけの文を聞いた瞬間に，その場面を推測するクセをつけることが大切です。

◎I'm afraid I won't make it in time.

　申し訳ありませんが，遅れそうです。

　→That's fine, no problem.

　　大丈夫です，問題ありません。

会議か会食などの約束をしている相手からの連絡だと判断することができる問いかけです。Oh, the meeting was put off until tomorrow.「ああ，会議は明日に延期になりました」や The banquet has been moved to seven thirty instead of seven P.M.「宴会は午後7時から午後7時30分に変更になりました」などが別解として挙げられます。

◎That is the coolest car I have ever seen.

　あれは私が今までに見た中で一番すてきな車です。

　→It belongs to my friend, Tetsuya.

　　それは私の友人の Tetsuya のものです。

目の前にすてきな車がある光景を瞬時に思い浮かべてください。別の応答として

は，I don't think it's better than the car I saw last week. 「先週見た車よりもいい
とは思いません」などが挙げられます。

◎ I've booked the flight for our trip tomorrow.
　　私は明日の飛行機のチケットを予約しました。
　→ Thanks, how much will they be?
　　ありがとうございます，いくらになりそうですか。

明日出張か旅行に行く相手のセリフだな，と瞬時に判断します。応答文を聞き，自
分もその出張か旅行に同行することになっていることが分かります。We're
supposed to be here by nine A.M. tomorrow. 「明日はここに午前9時までに集合す
ることになっています」や，I'm ready to make my business trip to the convention.
「会議への出張の準備はできています」などが別解として挙げられます。

また，苦手意識がある方は，訳を見て理解できるかを確認するトレーニングも有効
です。例えば，間違えた問題があったら，問いかけと応答をペアで確認し，なぜこ
れが正解になり得るのか，どういった状況なのかを想像してみましょう。その後，
英語を確認すると，さまざまなパターンを身に付けることができるでしょう。

攻略法まとめ　平叙文

・問いかけを正しく聞き取り，状況を把握する
・問いかけと応答のペアを日本語で確認し，さまざまなパターンを身に付ける

Practice

発言とそれに続く3つの選択肢を聞き，最も適切な応答を(A)(B)(C)の中から1つ選びなさい。（設問は1.～15.まであり，問題は選択肢を含め，全て放送されます。）

♪ 133~147

6

平
叙
文

1. M 🇦🇺 W 🇬🇧 ♪ 133

The board announced the opening of the branch office in Montreal.	取締役会はモントリオール支店を開くことを発表しました。
(A) It's great news, isn't it?	(A) それはいい知らせですよね。
(B) The cupboard in the kitchen.	(B) キッチンの食器棚です。
(C) At the Second Street branch.	(C) 2番通り支店でです。

正解 (A)

解説 「取締役会は支店を開くことを発表した」という発言に対して、「それはいい知らせですよね」と発言を好意的に捉えて応答している(A)が正解です。(B)は最初の発言にあるboardと発音が被っているcupboardを含む応答ですが話がかみ合わず、(C)も最初の発言にあるbranchを含む応答ですが、こちらも最初の発言とは関連性のないものとなっています。

語句 □ board 取締役会　□ announce ～を発表する　□ branch office 支店
□ cupboard 食器棚

2. W 🇬🇧 M 🇨🇦 ♪ 134

I don't know how to get to the convention center.	会議場への行き方が分かりません。
(A) Haven't you been there before?	(A) 以前そこに行ったことがないのですか。
(B) The fitness center has already closed.	(B) フィットネスセンターはすでに閉まっています。
(C) A new computer software.	(C) 新しいコンピューターソフトです。

正解 (A)

解説 「会議場への行き方が分からない」という発言に対して、「以前そこに行ったことがないのか」と質問を返している(A)が自然な応答となります。(B)は最初の発言にあるcenterを含む応答ですが話がかみ合いません。(C)は最初の発言とは話がかみ合わず、発音が似ている単語や発言の内容から連想される語句も含んでいません。

語句 □ how to do ～をする方法　□ convention 会議

3. W 🇺🇸 M 🇦🇺 ♪ 135

I'm looking for the key to the warehouse.	私は倉庫の鍵を探しています。
(A) Have you checked Mark's desk?	(A) Markの机の上は見ましたか。
(B) Where is the keynote speaker?	(B) 基調演説者はどこですか。
(C) Tools for drawing.	(C) 絵を描く道具です。

正解 (A)

解説 「倉庫の鍵を探している」という発言に対して、相手に鍵があると思われる場所を具体的に提案している(A)が正解です。(B)は最初の発言にあるkeyと発音が被っているkeynoteを含む応答ですが話がかみ合わず、(C)は最初の発言にあるforを含みますが話がかみ合いません。

語句 □ look for ～を探す　□ warehouse 倉庫　□ keynote speaker 基調演説者
□ tool 道具　□ drawing 絵を描くこと

4. M 🇨🇦 W 🇺🇸 ♪ 136

The weather forecast says it'll be
sunny tomorrow.
(A) On Wednesday morning.
(B) Only if the weather's nice.
(C) I'm glad to hear that.

天気予報では明日は晴れるとのことです。
(A) 水曜日の午前中にです。
(B) 天気がいい場合に限ります。
(C) それを聞いてうれしいです。

正解 (C)

解説 「明日は晴れるとのことだ」という発言に対して，「それを聞いてうれしい」と自身の感想を相手に伝えている(C)が正解です。(A)は最初の発言とは話がかみ合わず，発音が似ている単語や問いかけの内容から連想される語句も含んでいません。(B)は最初の発言にあるweatherを含んでいる応答ですが，これはonly if ～と条件を述べる応答です。

語句 □ weather forecast 天気予報 □ only if ～ ～の場合に限る

5. W 🇬🇧 M 🇦🇺 ♪ 137

I have to leave the office in thirty
minutes.
(A) Oh, when will you be back?
(B) Yes, it's the right place.
(C) The office supplies haven't been
delivered yet.

30分後にオフィスを出発しなければいけません。
(A) まあ，いつ戻りますか。
(B) はい，そこが正しい場所です。
(C) 事務用品はまだ届いていません。

正解 (A)

解説 「30分後にオフィスを出発しなければならない」という発言に対して，「いつ戻るか」と，関連する質問をしている(A)が正解です。(B)は最初の発言とは話がかみ合いません。(C)は最初の発言にあるofficeを含むひっかけの応答です。

語句 □ office supplies 事務用品 □ deliver ～を配送する，届ける □ yet まだ

6. M 🇨🇦 W 🇺🇸 ♪ 138

The library's renovation project has
been completed.
(A) The document includes sales
projections.
(B) I can't wait to go there.
(C) You can return the books on the
second floor.

図書館の改装プロジェクトが完了しました。
(A) その書類には売上予測が含まれています。
(B) そこに行くのが待ちきれません。
(C) 2階で本を返却することができます。

正解 (B)

解説 「図書館の改装プロジェクトは完了した」という発言に対して，「そこに行くのが待ちきれない」と発言を好意的に捉えて応答している(B)が正解です。(A)は最初の発言にあるprojectと発音が被っているprojectionを含む応答ですが話がかみ合わず，(C)は最初の発言にあるlibraryから連想されるbooksを含んでいる応答ですが，こちらも最初の発言とは話がかみ合いません。

語句 □ renovation 改装 □ complete ～を完成させる □ document 書類
□ include ～を含む □ projection 予測

7. W 🇬🇧 M 🇨🇦

🎵 139

We should hire more staff for the upcoming event. (A) A small inventory. (B) I met the client yesterday. (C) That's a good idea.	今度のイベントのためにもっと人員を雇うべきです。 (A) 少ない在庫です。 (B) 私は昨日顧客に会いました。 (C) それはいい考えですね。

正解 (C)

解説 「イベントのためにもっと人員を雇うべきだ」という発言に対して，「いい考えだ」と相手に同意している(C)が正解です。(A)は最初の発言にあるeventと発音が似ているinventoryを含む応答ですが話がかみ合いません。(B)は最初の発言とは話がかみ合わず，発音が似ている単語や問いかけの内容から連想される語句も含んでいません。

語句 □ hire ～を雇う　□ upcoming 今度の　□ inventory 在庫

8. M 🏴 W 🇬🇧

🎵 140

The sales of our new T-shirts keep increasing. (A) His best-selling novel. (B) Do you think we'll reach our target? (C) Thanks, I'm ready to order.	私たちの新しいTシャツの売り上げは伸び続けています。 (A) 彼のベストセラー小説です。 (B) 目標に達すると思いますか。 (C) ありがとうございます，注文する準備はできています。

正解 (B)

解説 「新しいTシャツの売り上げは伸び続けている」という発言に対して，「目標に達しそうか」と，関連する質問をしている(B)が正解です。(A)は発言にあるsalesから連想されるbest-sellingを含む応答ですが続くnovelの部分が話とは合いません。(C)も最初の発言にあるsalesから連想されるorderを含む応答ですが，発言とは話がかみ合いません。

語句 □ increase 増える　□ best-selling ベストセラーの　□ reach ～に達する
□ target 目標

9. W 🇺🇸 M 🇦🇺

🎵 141

I'd like to discuss the construction project with the team. (A) Building materials. (B) OK, how about having a meeting at eleven? (C) Until five P.M. tomorrow.	チームで建設プロジェクトについて話し合いたいです。 (A) 建設資材です。 (B) 分かりました，11時に会議を開くのはどうですか。 (C) 明日の午後5時までです。

正解 (B)

解説 「チームで建設プロジェクトについて話し合いたい」という発言に対して，OKと相手の意向を受け入れ，「11時に会議を開くのはどうか」と提案をしている(B)が正解です。(A)は最初の発言にあるconstruction projectから連想されるbuilding materialsを使った応答ですが話がかみ合いません。(C)は最初の発言とは話がかみ合わず，発音が似ている単語や問いかけの内容から連想される語句も含んでいません。

語句 □ I'd like to *do* 私は～したい　□ discuss ～について話し合う　□ construction 建設
□ material 材料，素材　□ how about *doing*? ～するのはどうですか

10. W 🇬🇧 M 🇨🇦   ♪ 142

That Spanish restaurant is too small to hold a birthday party for Ms. Kim.	あのスペイン料理のレストランはKimさんの誕生日パーティーを開くには小さすぎます。
(A) A reservation on Sunday.	(A) 日曜日の予約です。
(B) Yeah, I have to agree.	(B) はい，同意せざるを得ません。
(C) She was in Spain last year.	(C) 彼女は昨年スペインにいました。

正解 (B)

解説 「あのレストランは誕生日パーティーを開くには小さすぎる」という発言に対して，相手に同意を表している(B)が正解です。(A)は最初の発言にあるrestaurantから連想されるreservationを含む応答，(C)は最初の発言にあるSpanishの関連語であるSpainを含んでいる応答ですが，どちらも最初の発言とは関連性のないものとなっています。

語句 ☐ Spanish スペインの　☐ reservation 予約　☐ agree 同意する

11. M 🇦🇺 W 🇺🇸   ♪ 143

There isn't enough space in the filing cabinet.	ファイル棚に十分なスペースがありません。
(A) You can get a full refund.	(A) 全額の返金が受け取れます。
(B) We should purchase one more then.	(B) ではもう1つ買わなければいけません。
(C) This document should be in the top drawer.	(C) この書類は一番上の引き出しになければいけません。

正解 (B)

解説 「ファイル棚に十分なスペースがない」という発言に対して，「もう1つ買わなければならない」と対応策を提案している(B)が正解です。(A)は最初の発言にあるenoughから連想されるfullを含む応答ですが話がかみ合わず，(C)は最初の発言にあるfiling cabinetに関連のあるdocumentやdrawerを含む応答ですが，発言とは話がかみ合いません。

語句 ☐ enough 十分な　☐ filing cabinet ファイル棚　☐ full 全部の，完全な　☐ purchase ～を購入する　☐ document 書類　☐ drawer 引き出し

12. W 🇺🇸 M 🇨🇦   ♪ 144

The window in this room won't open.	この部屋の窓が開きません。
(A) There isn't enough room for the new desk.	(A) 新しい机のための十分なスペースがありません。
(B) The museum has a short-term job opening.	(B) 美術館に短期の求人があります。
(C) I'll call the janitor.	(C) 私が管理人に電話をしましょう。

正解 (C)

解説 「部屋の窓が開かない」という発言に対して，「私が管理人に電話をしましょう」と申し出ている(C)が正解です。(A)は最初の発言にあるroomを含む応答，(B)は最初の発言にあるopenの派生語であるopeningを含む応答ですが，どちらも発言と対応する内容にはなっていません。

語句 ☐ room 部屋，空間　☐ museum 美術館　☐ short-term 短期の　☐ opening 求人　☐ janitor 管理人，用務員

6

平叙文

13. W 🇺🇸 M 🇦🇺 ♪ 145

You can get a thirty percent discount today.
(A) That sounds like a wonderful site.
(B) I'm supposed to receive some packages today.
(C) Great, I can save some money.

今日は30%の割引を受けられます。
(A) それは素晴らしい場所のようです。
(B) 今日いくつかの荷物を受け取ることになっています。
(C) 素晴らしい，お金を節約することができます。

正解 (C)

解説 「今日は30%の割引がある」という発言に対して，「お金を節約することができる」と応答している(C)が正解です。(A)は最初の発言にあるdiscountと発音が似ているsoundsを含む応答ですが話がかみ合わず，(B)は最初の発言にあるtodayを含んでいるひっかけの選択肢です。

語句 □ discount 割引 □ sound like ～ ～に思われる □ wonderful 素晴らしい
□ site 場所 □ be supposed to do ～することになっている □ receive ～を受け取る
□ package 荷物 □ save ～を節約する

14. M 🇨🇦 W 🇬🇧 ♪ 146

The new logo design looks much more stylish than the previous one.
(A) On the top of the shelf.
(B) The storage room has been locked.
(C) I've been working on it all week.

新しいロゴデザインは前のものよりスタイリッシュに見えます。
(A) 棚の一番上です。
(B) 保管室は鍵がかかっています。
(C) 私は今週ずっとそれに取り組んでいます。

正解 (C)

解説 「新しいロゴデザインは前のものよりスタイリッシュに見える」という発言に対して，「私は今週ずっとそれに取り組んでいる」と追加情報を提供している(C)が正解です。(A)は最初の発言とは話がかみ合いません。(B)は最初の発言にあるlooksと発音が似ているlockedを含む応答ですが，発言とは話がかみ合いません。

語句 □ stylish スタイリッシュな，洗練されている □ previous 以前の □ shelf 棚
□ storage room 保管室 □ lock ～に鍵をかける

15. W 🇺🇸 M 🇨🇦 ♪ 147

I'm not sure where I should put these product samples.
(A) How about asking your supervisor about it?
(B) The human resources department.
(C) The train has been delayed today.

これらの製品見本をどこに置くべきか分かりません。
(A) あなたの上司にそれについて聞くのはどうですか。
(B) 人事部です。
(C) 今日電車は遅れています。

正解 (A)

解説 「製品見本をどこに置くべきか分からない」という発言に対して，「上司に聞くのはどうか」と提案をしている(A)が正解です。(B)も(C)も最初の発言とは話がかみ合いません。

語句 □ product 製品 □ How about doing ...? ～するのはどうですか □ supervisor 上司
□ human resources department 人事部 □ delay ～を遅らせる

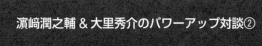

濵﨑潤之輔 & 大里秀介のパワーアップ対談②

Part 1, 2の攻略法について

編集部（以下，編）：ここまで，Part 1, 2を学習してきました。TOEICの中におけるPart 1, 2の位置づけをお聞かせください。

濵﨑潤之輔（以下，濵）：Part 1はリスニングセクションなのに文法をちゃんと学ぶ必要がある点が特殊ですね。Part 2, 3, 4は普段の会話のようなイメージで，特殊な文法は出題されないんですけど，Part 1は受動態，進行形，完了形などを理解できていないと解けません。それに，Part 2, 3, 4に出てくる単語がPart 1に出てくることもありますが，Part 1だけにしか出てこない単語もありますよね。

Part 2は，Part 3の一部だけを切り抜いたようなものではあるんですが，文脈がないから一発勝負で全部聞き取らなきゃいけない点がハードルが高いですね。聞き取れなかった箇所があってもPart 3は文脈で推測できますが，Part 2はそれができず，完全に音だけが頼りです。

大里秀介（以下，大）：Part 2は目の前に見えるビジュアルが何もないですからね。

濵：Part 1は写真，Part 3と4は設問の文字と図がありますけど，Part 2は全情報を耳で聞き取って理解しなければいけない。だから，僕は一番大変なのかなって気がしますね。

編：Part 1, 2のどのような点が苦手な人が多いでしょうか。

大：Part 1は知らない単語が出てきたらア

ウトですね。例えば，look at ～が「～を見る」だとは分かるけど，browse，gaze atは知らなかった，とか。定規がruler，屋台がstallとか。新形式になってから，難しい問題は減ってきていますが，知らない単語が出てくると固まっちゃう人がいるのかなと思います。あとは，受動態の進行形と完了形の違いが分からずに間違うこともありますよね。それに，人がいない写真は，主語が全部バラバラになることが多いので捉えにくい。待ち構えるのがちょっと不安になる。

濵：確かに新形式になって易しくなりましたね，Part 1は。だからこの本を解く人はそんなにPart 1に苦手意識はないと思うんです。以前は10問あり，うち1問はネイティブでも意見が分かれる変なのがありましたよね。

大：ネイティブの人がTOEICの問題を見たら，修正したくなるんですよね。例えば，ゴミ箱はアメリカ人だとtrash canで，イギリス人だとrubbish binっていうんですけど，TOEICではtrash binという表現が出ることがあるんです。このようにネイティブが使わない表現もTOEICには出てくる場合があるので，僕や濵崎さんはちゃんとTOEICを受けて自分なりに工夫をしたテスティングポイントを本書全体に盛り込ませてもらっています。

濵：Part 2は「遠い応答」ですね。英語以前に，問いかけと応答をそれぞれ日本語に

したときに,「これで正解でいいの？」って思う人もいるんですよね。日本語でも引っかかるものがあったら,「なんで正解になるんだろう？」と考えて「こういうパターンも正解になる」という知識をたくさん蓄えてもらいたいですね。Part 2は,ほかの選択肢が不正解と言いきれれば,不正解と言い切れない選択肢が正解になることはあるんです。

大： 逆に,不正解だと言い切れるやつを入れておかないと悪問になっちゃう。

濱： そうですね。だから,例えば1つ目の応答を聞いて,正解じゃないように感じるけど,不正解とは言い切れないと思ったら,保留にして,BとCをちゃんと吟味して行く必要がある。今は正直,冒頭の疑問詞と主語,動詞,目的語だけ聞いても正解を選べない問題は多々ありますよ。この本の読者は最初の疑問詞は問題なく聞き取れる人たちだと思うので,最後まで聞き取って理解してほしいです。

編： おふたりは解答を選ぶ際に日本語って介在していますか。英語としてとらえているんですか。

濱： 僕はPart 1, 3, 4と,Part 2の応答である選択肢は日本語は介在しませんが,Part 2の問いかけに限っては完璧な形の日本語にします。聞いた瞬間に日本語にできないようだと理解できてないというか,日本語にする方が確実だから。ただ,聞いた

瞬間に理解できる人は日本語にする必要はありません。

大： 僕は映像でイメージします。例えば,When did the man submit the report to the manager?（男性はいつ報告書をマネージャーに提出したか）という問題があったとします。まずはWhenが来たぞ,と。その後は,訳すというよりは,manは人を指してる,submitだから渡してるな,reportが出てきた,という感じです。ちょっと難しくすると,I saw you drop your handkerchief there.（あなたがそこにハンカチを落とすのを見ました）という文を聞いたら,youが歩いているときにハンカチが落ちた,その様子を見ているという絵で捉えます。僕は絵,濱﨑さんは日本語という風に,処理しやすいものを選べばいいです。ただ,慣れない人はIは私,sawはseeの過去形だなという風に,1つ1つ日本語に置き換えてしまう。そうすると,もう音声は終わってるんですよ。

Part 3
会話問題

困難への挑戦であなたの
未来は劇的に変わります！

Part 3 （会話問題）の攻略法

問題数	13セット39問（No. 32〜70）
出題内容	2人または3人の人物の会話を聞き，その会話についての質問に答える。質問と選択肢は印刷されている。
解答時間	1問8秒（図表を見て答える設問は12秒）

※本書の例題は会話を短くし，1セット1問にしています。

▓▓ 解く際の流れ

Part 3, 4のように，ある程度の長さの会話やトークを聞いて問題を解く際には，会話やトークが流れる前に設問を先に読む，すなわち「先読み」が有効です。先読みをすることで，「いつ男性がレポートを出すのかな？」「女性は何を勧めているのかな？」という聞き取るべきポイントが絞れます。また，質問と選択肢から，状況設定やある程度のストーリー展開を予測できることもあります。

設問先読みも含め，Part 3の流れを説明します。

▰▰ Directions放送時（30秒）

Directionsの放送時の時間も無駄にしてはいけません。最初のセット，Q32-34の設問を1問8秒で先読みします。1問に10秒ずつ振り分けないのは，以降の設問の先読みペースと合わせておくためです。時間が余ったら，落ち着いて問題を解けるように少しリラックスしましょう。

先読みは，以下の通り行いましょう。

（1）質問を読んで覚える

質問はできるだけ省略して読みます。

According to XXや疑問詞の後ろの助動詞は思い切って読まず，疑問詞・主語・述語・目的語を把握するようにしましょう。例えば，What is the problem?はWhatとproblemを見ればよいです。According to the woman, where did Mr. Roberts visit yesterday?は和訳すると，「女性によると，Robertsさんは昨日どこを訪れましたか」ですが，少し長いですよね。上のルールにのっとって，where Mr. Roberts visit yesterday?，すなわち，「どこ　Robertsさん　訪れた　昨日？」とするとよいでしょう。

そして，単に読むだけではなく覚えることも重要です。覚える際は英語や日本語でもよいですが，質問から思い浮かぶ情景をイメージしておくのもよいでしょう。Part 3のPracticeでは簡略化の仕方を紹介していますので，そちらを参考にしてください。

(2) 選択肢を読む

余裕があったら選択肢を読みます。質問を読むので精いっぱいだったら，選択肢はできるようになってからでかまいません。選択肢も，イメージでとらえると覚えやすいです。例えば，以下のような選択肢があったとします。

(A) A library

(B) A zoo

(C) A department store

(D) An office

訳すと，(A)図書館，(B)動物園，(C)デパート，(D)事務所となりますが，4つの語を日本語に変換して，記憶に保持しておくのは少し負荷がかかりますよね。このような場合は，「近所の図書館」「昔行った動物園」「最近買い物したデパート」「自分の職場」をイメージしておけば会話を聞いたときに「あ，これだ！」と気付くことができます。選択肢が文の形になっていた場合は，質問と同様に簡略化してイメージします。

2 Q32-34　会話（約40秒程度）

会話は，設問に関連する部分を待ち伏せしながら聞きます。「これだ！」と思ったら正解を選ぶ，または，すぐに選べない場合は正解の根拠を覚えます。音声を聞きながら正解をマークしてもよいですが，マークすると会話に集中できない方は，会話が終わった後にマークしてもかまいません。最後まで会話に集中することを優先させましょう。

会話は，1つずつ和訳していくのではなく，音を聞きながら，絵や写真でイメージするかのように聞くといいでしょう。たとえば，I went to the library yesterday and borrowed some books.「昨日，図書館へ行って本を借りました」なら，図書館のカウンターで書籍を借りている人のイラストや実物の人を思い浮かべるイメージです。

3 Q32-34　設問読み上げ時（約40秒程度）

3問の質問をナレーターが読み上げます。1問あたり5秒かかり，その後8秒（図表問題は12秒）の間があるので，3問合計で約40秒程度になります。

この時間，まじめに質問の音声を聞いてから選択肢を選ぶのではもったいないです。ナレーターの読み上げる音声は無視して，1問あたり5秒，3問合計15秒程度で解答し，解答後，次の設問を先読みするようにしてください。この際，1問あたり8秒，3問合計24秒で先読みすることが目標となります。

「図書館」が正解の場合，先ほど挙げた例のようにlibraryがそのまま出てくるパターンと，Hi, I would like to borrow these two books today.「こんにちは，今日はこれらの2冊の本を借りたいのですが」のように直接選択肢の表現は出てこないけれども，「本を借りに行く場所＝図書館」という形で会話の表現を言い換えているパターンがあります。ほかにも，会話中にbananaという語が出てきて，正解の選択肢ではa food itemのように抽象化されることもあります。言い換えは，PracticeやFinal Testの解説でも意識して説明しています。

これ以降は，ペースを保って残りの12セットを解きます。聞き逃したり，言い換えに気づけなかったりして設定時間内に問題を解けない場合は，潔く適当にマークし，次のセットの先読み時間を確保してください。次のセットがまるまる不正解になってしまうと，Part 3全体が壊滅的な結果となってしまうためです。

■■ 設問のタイプ

設問には以下の6タイプがあります。

● 概要…会話の目的や，会話のきっかけとなる問題・機会を問うものです。例えばWhat is the problem?という質問があると，「何か問題があって話が始まるんだな」と予想できます。

● 依頼・提案・勧誘・申し出…話者のどちらかが依頼・提案・勧誘・申し出をしている内容を問う問題です。What is the man asked to do?という質問があると，「男性が何かを頼む」ことが予想できます。

● 次の行動…この会話の次の行動を推測する問題です。What does the woman say she will do?という質問があると，会話の最後に「女性が何かをする」と言うことが予測できます。

ここまでは，TOEIC L&Rテストでよく出題されるおなじみの設問です。また，「最初に問題の相談が持ち掛けられるんだな」「何か提案が話されるのか」「最後に次の行動が決まるんだな」というように，ストーリー展開を予測しやすい設問でもあります。この3つのタイプはまとめて学習した後で，Practiceを解き，ストーリー展開の予測の仕方を身に付けましょう。その後，以下のタイプを攻略します。

● 詳細…What does the man say about the library?「図書館について男性が何を言っているか」など，キーワードが出てくるまで待つ必要がある問題です。展開を予測したり，定型表現を待ち受けたりできることもありますので，パターンを1つ1つ押さえてください。

● 意図問題…What does the man mean when he says, "I'm fine"?「男性がI'm fineというとき，何を意図しているか」のように，話者のうちの1人の発言を問う問題です。

- 図表問題…Look at the graphic. In which department will the man start working? 「図を見なさい。男性はどの部署で働き始めるか」のように，図表を見る問題です。

▓ 会話の場面

Part 3は設問先読みで展開を予測し，待ち伏せて聞くのが最も有効ですが，会話を聞きながら展開を予測することもできます。「店舗での返品の相談」「駅での電車の発着遅れの確認」など，よく出題される流れをまとめてみてもよいでしょう。

また，「同僚同士」「店員と客」「他人同士」のように，話者の関係性を把握することも重要です。

▓ 長い会話の攻略法

以前は1.5～2往復の会話のみでしたが，現在のTOEIC L＆Rテストでは，4往復程度の長い会話も含まれます。ただ，「長い会話」といっても，以前より短い会話のキャッチボールが行われるようになっただけで，1セット全体の会話の長さは変わらず，基本的な攻略方法はこれまでと同じです。短い会話だとストーリーを理解しにくいという方は，Part 2の短い応答問題で練習しましょう。音をつかみ，ストーリーをイメージしやすくなります。

▓ 3人の会話の攻略法

3人の会話を苦手にしている人は多いと思います。それは，3人の関係がすぐに把握できず，誰がどの発言を話しているのか混乱してしまうためです。

3人の会話というと「A，B，Cの3人が等しく話す」イメージがあるかもしれませんが，それ以外にもさまざまなパターンがあります。代表的なものは以下の通りです。

- AとBの会話で始まり，途中でCが入って3人で話す
- AとBの会話で始まり，途中で取り次ぎでAとCの会話になる

また，話し手たちの関係は「3人とも同僚」のパターンか，「2人が同じ会社で，1人が別会社・客」，「1人が上司で，2人が部下」など1対2となるパターンが多いです。基本の聞き方は2人の場合と同じです。話者同士がどういう関係かを把握しながら聞きましょう。

1 概要

Part 3, 4の設問は，設問を先読みする段階で話の展開をある程度予測し，定型表現を待つなど攻めのリスニングができることが多いです。タイプ1〜3では，よくある展開として問われることの多い「概要」「依頼・提案・勧誘・申し出」「次の行動」をまとめて学習し，Practiceを解きます。まずは「概要」を攻略しましょう。

POINT 序盤は「会話がなぜ行われているのか」，「問題とチャンスは何か」を常に意識する

会話をする際には目的や理由があります。例えば，「ハンカチを落としましたよ」であれば，ハンカチを落としたことを教えたいという目的がありますし，「聞いて！」と話しかけるときは，何らかのニュースがあってそれを知らせたいという目的があります。こういった会話の目的や，会話の背景にある問題を，What are the speakers talking about?（話し手たちは何について話しているのか）やWhat is the problem?（問題は何か）と問うのが，このタイプの設問です。会話の目的は情報を持っている側の発言で明らかにされることが多いので，序盤は**会話がなぜ行われているのか**を意識しながら聞きましょう。

会話の目的・理由は大きく分けてネガティブ要素（解決を要するproblem）とポジティブ要素（いい情報や連絡というchance）の2つです。ネガティブな目的の場合は**問題に対する解決策が提案されるのではないか**，ポジティブな場合は**その機会に対する提案・助言があるのではないか**といったふうに，次の展開を推測することもできます。また，たとえ最初の話の目的を聞き逃しても，この**解決策**や**助言**から，目的を推測することもできます。

それでは実際に例題の設問を先読みしてみましょう。

例題　　　　　　　　　　　　　　　　　　　　　🎵 **148**

1. What is the problem?
(A) A device was misplaced.　　　(C) A meeting was canceled.
(B) An office was closed.　　　　(D) A flight was delayed.

What is the problem?はPart 3, 4で必ずと言っていいほど出題される質問です。What→is→the→problemと全て見るのではなく，両端のWhatとproblemの2語だけを見て「何→問題」と素早く把握しましょう。また，この質問を見た段階で**ネガティブな問題が発生すること**も推測できます。

そして余裕がある人は設問の選択肢にも目を通し，簡略化しましょう。

(A) 機器→置き忘れ
(B) 事務所→閉鎖
(C) 打ち合わせ→キャンセル
(D) フライト→遅延

それでは「問題は何？」を意識して英文を聞いてみましょう。

スクリプトと訳 M 🇨🇦 W 🇬🇧 ♪ 148

Question 1 refers to the following conversation.
M: I left my mobile phone back at the office. Do you mind if I use yours?
W: Sure, but the battery probably won't last long.

設問1は次の会話に関するものです。
M: 会社に携帯電話を置き忘れてきちゃった。君のを使っていい？
W: いいわよ。でも充電が長くもたないかもしれないわ。

男性が携帯電話を会社に忘れたというネガティブな問題を話すことから会話が始まっていることが分かりますよね。「置き忘れた」のように，**意図していないのに起きてしまったこと**が**問題**としてよく出題されます。

次に「携帯電話を会社に忘れてきたこと」を選択肢で探します。(A)のdeviceをmobile phoneの言い換えだと考えると，この内容に合致していることが分かります。

もしもI left my mobile phoneを聞き逃したとしても，「君のを使ってよいか」という解決策や，相手の「充電がもたない」という発言から，男性の持ち物に何か不具合があったことがわかります。選択肢を見ると，持ち物に関連するのは(A)のみなので，(A)が正解だと推測することも可能です。

なお，What is the problem?は1問目に出題されると会話のトピックである「問題」を問うことが多いので，「概要」に分類しています。ただし，2問目，3問目に出題されると解き方が変わるので，「詳細」に分類します。詳しくはPracticeで確認してください。

設問の訳

1. 問題は何ですか。
   (A) 機器が置き忘れられた。
   (B) 事務所が閉鎖された。
   (C) 打ち合わせがキャンセルされた。
   (D) フライトが遅延した。

正解 (A)

冒頭で説明した通り，ネガティブな問題に続いて解決策が，ポジティブな機会に続いて提案や助言が話されるなど，話の展開を予測できます。ここで，例を見ておきましょう。

▋▋ 問題と解決策のパターン

- 問題　：コピー機に紙がなく資料が作れない
  解決策：すぐに紙を発注する／実は紙のストックが会社にある／紙を使わず電子
  　　　　媒体でプレゼンする
- 問題　：来週の研修の出席者がまだ2人しかいない
  解決策：研修を中止する／研修を延期する／研修の対象者を広げる／研修の魅力
  　　　　をアピールする
- 問題　：第3四半期の売り上げが下がった
  解決策：広告をより展開する／経費削減する／コンサルタントを雇う

▋▋ 機会と提案のパターン

- 機会：来月からインターン生が部署に来る
  提案：見学案内者を割り当てる／サポートメンバーを募る／レストランを予約する
- 機会：午後にセミナーを行う
  提案：参加人数をチェックする／スライドのフォントを大きくする

会話の目的や概要は，会話を理解する上での最初の一歩となります。仮に概要を問う設問がなくても，Why?/What is the purpose?（この会話はなぜ行われているの？），So what?（で，問題と機会は何？）を意識して音声を聞くことで，状況を素早く把握できます。

攻略法まとめ　概要

- 序盤では会話の目的と概要を意識して聞き取る
- 会話の目的はネガティブな問題とポジティブな機会に分類できる。問題の場合は解決策が，機会の場合は提案が続くことが多い。概要を聞き逃しても解決策や提案から概要を推測できることもある

依頼・提案・勧誘・申し出

会話が進むにつれ、相手に依頼や提案、勧誘、申し出をすることはよくあります。これを問う設問に対応する攻略法を学習しましょう。

POINT 定型表現が聞こえたら、その直後を聞き取る！

TOEIC L&Rの問題を解いているとこんな質問に出会ったことがあると思います。

What is the man asked to do? （男性は何をするよう頼まれていますか）

What does the woman suggest that the man do?

（女性は男性に何をすることを提案していますか）

What does the man suggest? （男性は何を提案していますか）

What does the woman offer to do? （女性は何をすることを申し出ていますか）

こういった設問が出てきたら、会話の中で必ず話し手の1人が依頼・提案・勧誘・申し出をすることが推測できます。このとき、会話では以下のような**定型表現**が使われることが多いです。

依頼の定型表現（〜してくれませんか？）

Could you, Please, I'd like to ask you to

提案の定型表現（〜すればよいと思う）

Why don't you, I suggest, I recommend, My suggestion is,

My recommendation is, You should

勧誘の定型表現（〜しませんか？／しましょう）

Why don't we, Could we, We should, Let's

申し出の定型表現（〜しましょうか？）

Shall I, Why don't I, Do you want me to, Would you like me to

---

この定型表現を待ち構えてキャッチし、その後をしっかり聞いて選択肢と照合し、言い換えチェックを素早く行って正解にたどり着くというのが、このタイプの設問の解き方の王道パターンです。依頼・提案・勧誘・申し出の内容はさまざまですので、Practiceでも確認し、語彙を増やし、対応できるスピードをアップしましょう。

それでは例題の設問を見ていきましょう。

1. What does the woman suggest?
  (A) Hiring a personal assistant
  (B) Reserving a seat on a flight
  (C) Getting a new qualification
  (D) Reading an instruction manual

女性が会話の相手に何を提案しているかが問われていますので，会話中に提案の定型表現が出てくることが推測できます。選択肢も含め，以下のように簡略化もしくはイメージをして読み進めます。

【設問の簡略化例】
1. 何→女性→提案
  (A) 雇う→助手
  (B) 予約→フライト座席
  (C) 得る→新資格
  (D) 読む→取扱説明書

それでは「女性が何を提案？」を意識して会話を聞いていきましょう。

スクリプトと訳 W 🇺🇸 M 🇦🇺

♪ 149

Question 1 refers to the following conversation.
W: If you're going to the conference in Seattle, you should book your plane tickets soon.
M: I'll do that after lunch.

設問1は次の会話に関するものです。
W: もしシアトルの会議に行くのであれば，すぐに飛行機のチケットを予約した方がいいわ。
M: 昼食後にやることにするよ。

女性が使っているyou shouldは「あなたは～すべきです」という表現で，**提案していること**が分かります。その後の内容をチェックすると「すぐに航空券を予約する」と言っており，これを選択肢と照合すると (B) 予約→フライト座席がぴったり当てはまりますね。

このように，you shouldを聞き取り，その後を注意しておけば正解を選ぶことができます。会話全体が何を話しているのか分からなくても，設問を先に読んで，それに該当する表現を聞き取ることができれば正解にたどり着ける問題もあるのです。

なお，book your plane ticketsのbookは「〜を予約する」という動詞になっています。名詞の「本」だと思って(D)が正解だと思った方はいませんか。you should をきちんと聞き取れば，次は動詞が来るので，「〜を予約する」という動詞だと正しく理解できます。

設問の訳

1. 女性は何を提案していますか。
   (A) 個人秘書を雇うこと
   (B) フライトの座席を予約すること
   (C) 新しい資格を得ること
   (D) 取扱説明書を読むこと

正解 **1.** (B)

語句 □ qualification 資格　□ instruction manual 取扱説明書

実際の会話はもう少し長いので，依頼・提案・勧誘・申し出の定型表現を聞き取るのは大変で，慣れる必要があります。ただ，一度慣れておくと得点源になりますので，「このタイプが苦手だった！」という方は定型表現に気を付けてPracticeを解いてくださいね。

代名詞が指す内容を理解する必要があって定型表現の後ろだけでは解けないパターンや，定型表現を使わずに間接的に提案をする上級者向けのパターンもあります。Practiceにはこういったパターンの問題も盛り込みましたので，慣れるようにしてください。

攻略法まとめ 依頼・提案・勧誘・申し出

- 設問から依頼・提案・勧誘・申し出のどれにあたるかを把握し，定型表現を意識して会話を聞く
- 定型表現が聞こえたら，集中して聞き取り，選択肢と照合する

3 次の行動

会話の中で,「次にこうする」という意志が表明され,設問でWhat will the man do next?「男性は次に何をしますか?」のように**次の行動**を問われることがよくあります。こういったタイプも,「概要」「依頼・提案・勧誘・申し出」同様,設問を読んだ時点で「次にこうする」という言い回しを待ち伏せすることができます。

POINT 質問文の主語の発言で「こうする」という表現に注意

会話は複数の人物のキャッチボールです。ある情報に対してどう思うのか,どうしたいのかを話しながら,「じゃあ,具体的にこうする[こうしよう]」という結論につながっていきます。

このタイプの基本の解き方は,**質問文の主語の発言の中で「こうする」と言っているところを待ち構える**ことです。この際,単に「〜をする」という動詞だけでなく,「何を」という目的語にも注意を払いましょう。

それでは例題の設問を見ていきます。

例題　　　　　　　　　　　　　　　　　　　　🎵 150

1. What does the woman say she will do?
(A) Talk with the man's boss
(B) Change her schedule
(C) Check a Web site
(D) Send an e-mail to a colleague

質問の主語は女性です。よって,女性の発言で「こうする」と言っていることを待ち伏せるという攻略法だと推測します。質問はdoes the woman sayの部分は無視して,シンプルに捉えましょう。余裕があれば選択肢も簡略化しておきましょう。

【設問の簡略化例】
1. 何を→女性→する
　(A) 話す→男性の上司と
　(B) 変える→女性の予定を
　(C) 確認する→ウェブサイトを
　(D) 送る→メールを→同僚に

それでは例題を聞きましょう。

3

次の行動

| スクリプトと訳 | M 🇨🇦 W 🇬🇧 | ♪ 150 |

Question 1 refers to the following conversation.

M: My boss told me about a Web site that contains information helpful to our project.

W: Oh, I want to see it. Could you give me the address?

設問1は次の会話に関するものです。

M: 上司が我々のプロジェクトに役立つ情報が含まれているウェブサイトを教えてくれたんだ。

W: あら，見てみたいわ。ウェブサイトのアドレスを教えてくれる？

| 語句 | □ contain ～を含む □ helpful 役に立つ

女性が「それを見たい」と言っており，そのitは男性の発言のWeb siteを指します。よって，正解は (C) です。

| 設問の訳

1. 女性は何をすると言っていますか。

(A) 男性の上司と話をする

(B) 予定を変更する

(C) ウェブサイトを確認する

(D) 同僚にメールを送る

正解 **1.** (C)

基本の解き方は「質問文の主語の発言に注意」ですが，上級者向けの解き方が必要な問題もご紹介しましょう。

M: My boss told me about a Web site that contains information helpful to our project. Please take a look on it.

W: Of course. Could you give me the address?

この場合，問われていることは「女性が何をする？」でしたが，女性は「こうしたい」と発言せず，Of course.「もちろん」と言って，相手の発言を肯定しています。つまり，その直前に男性が促したtake a look on it（it＝a Web site）をすることが分かりますので (C) が正解です。

このような問題では，質問の主語ではない人物の発言を聞き取っておく必要があります。少し難易度が高いですが，TOEIC L&Rでは出題されるので，対応できるようにしておきましょう。Of courseと同様の表現として，Yesの他に，Sure（承知しました）やI'll do it right away（すぐにやります）などがあります。

さらに上級者向けの問題も紹介しておきます。それは，先ほどの会話に対してWhat will the man probably do next?という質問がついているパターンです。会話が女性の「アドレスを教えてほしい」という依頼で終わっているので，おそらく男性はメールなどを送ってアドレスを教えると推測できれば簡単に答えを選べます。た

だ，男性は「何をしたい」と言うことも，相手の提案を肯定することもしていませんので，男性の発言を待っていると気づいたら会話が終わっていて，答えを選べなくなってしまうのです。

なお，ここまでは「次にこうする」という表現を聞き取ると説明しましたが，What will the man do tomorrow?のように，すぐ次ではなく少し先の行動を問われることもあります。会話の流れを受けて男性の「こうする」という表現を聞き取るという点では解き方は同じなので，本書では「次の行動」に分類します。

ただし，2問目にWhat will the man do tomorrow?がある場合，会話の結果を受けてではなく，「明日○○をするのだが，あなたに△△をしてほしい」といった話の流れになる場合もあります。この場合はピンポイントな聞き取りが必要となるため「詳細」に分類します。

3問目でも，解いてみたら実は「次の行動」ではなく「詳細」だったということもあり得ますが，本書では1・2問目の場合は「詳細」，3問目の場合は「次の行動」と分類します。

攻略法まとめ 次の行動

- 質問文の主語が何をしたいのかを常に意識する
- 動詞だけではなく目的語にも注意する
- 相手からの提案を肯定することで意志表示がされたり，相手の依頼で会話が終わったりする難易度の高いパターンにも対応できるようにする

Practice 2人以上の会話を聞き，質問に対して最も適切な答えを(A)(B)(C)(D)の中から1つ選びなさい。 🎵 **151~162**

概要／依頼・提案・勧誘・申し出／次の行動

1. What is the problem?

   (A) A staff member has called in sick.
   (B) Some equipment has worn out.
   (C) The wrong goods were delivered.
   (D) An address has been changed.

2. What does the man suggest?

   (A) Notifying a supplier
   (B) Calling a customer
   (C) Checking product quality
   (D) Updating some client information

3. What does the woman say she will do next?

   (A) Exchange an item
   (B) Send an e-mail
   (C) Attend a meeting
   (D) Contact a delivery person

4. What is the topic of the conversation?

   (A) A retirement party
   (B) Staff training
   (C) A survey
   (D) Customer services

5. What does the woman ask the man to do?

   (A) Submit a banquet plan
   (B) Choose a caterer
   (C) Write a report
   (D) Arrange a venue

6. What does the man say he will do?

   (A) Reduce a price
   (B) Place an advertisement
   (C) Find a parking space
   (D) Take on a coworker's task

7. What is the man concerned about?

(A) Traffic conditions
(B) A weather forecast
(C) A flight delay
(D) Hotel room availability

8. What does the woman suggest the man do?

(A) Check a Web site
(B) Catch a taxi
(C) Record a meeting
(D) Install an application

9. What does the woman say she will do?

(A) Reserve an airline ticket
(B) Make travel plans
(C) Speak with a colleague
(D) Apologize to a client

10. What are the speakers mainly discussing?

(A) A landscaping project
(B) Vehicle repairs
(C) A department budget
(D) Employee evaluations

11. What does the woman ask the man to do?

(A) Provide an estimate
(B) Introduce a colleague
(C) Lend her some equipment
(D) Install air conditioning

12. What does the man say he will do?

(A) Send the woman an invitation
(B) Make an announcement
(C) Present an award
(D) Visit the woman's office

13. Why is the man worried?

(A) The sales goals are too high.
(B) A deadline has passed.
(C) Product quality has dropped.
(D) Some prices will increase.

14. What does the woman suggest?

(A) Calling a colleague
(B) Hiring a new staff member
(C) Looking for a new distributor
(D) Conducting a customer satisfaction survey

15. What does the woman say she will do?

(A) Hold a gathering
(B) Spend more on advertising
(C) Change the store's business hours
(D) Join a town meeting

16. What is the topic of the conversation?

(A) Job interviews
(B) An office relocation
(C) A programming tutorial
(D) Production costs

17. What does the woman ask the man to do?

(A) Place an advertisement
(B) Ask about availability
(C) Cancel a reservation
(D) Print a manual

18. What does the man say he will do?

(A) Arrange a conference call
(B) Mail some invitations
(C) Search for a location
(D) Purchase some equipment

19. What are the speakers discussing?

(A) Recommending a service
(B) Making an invitation
(C) Requesting some repairs
(D) Scheduling a physical exam

20. What does the woman suggest doing?

(A) Coming in the morning
(B) Calling again later
(C) Applying for premium membership
(D) Visiting the Web site

21. What does the man say he will do next?

(A) Cancel an appointment
(B) Attend a meeting
(C) Send an e-mail
(D) Obtain a document

概要／依頼・提案・勧誘・申し出／次の行動

22. What are the speakers discussing?

(A) A promotional campaign
(B) A colleague's retirement
(C) A company anniversary
(D) An employee retreat

23. What is the man asked to do?

(A) Reserve some accommodation
(B) Remain at a company
(C) Ship some goods
(D) Hold a function

24. What will the woman do next?

(A) Inform employees of an event
(B) Read some product reviews
(C) Interview a job applicant
(D) Send details of a budget

25. What problem does the man mention?

(A) His colleague's car is broken.
(B) He forgot to make a reservation.
(C) His colleague is stuck in traffic.
(D) His presentation slides are missing.

26. What is the woman asked to do?

(A) Call a hotel
(B) Provide a telephone number
(C) Forward an e-mail
(D) Send a memo

27. What does the woman say she will do?

(A) Take a train
(B) Use a coupon
(C) Change a schedule
(D) Check a map

28. What are the women concerned about?

(A) The length of a talk
(B) A survey result
(C) The cost of renting a conference room
(D) A guest list

29. What does the man suggest doing?

(A) Updating a Web site
(B) Renting a larger room
(C) Speaking with venue staff
(D) Providing transportation

30. What will the man most likely do next?

(A) Cancel an event
(B) Call a speaker
(C) Send an invitation
(D) Check a budget

31. What are the speakers talking about?

(A) Office furniture
(B) A training course
(C) A clearance sale
(D) Office hours

32. What are the men asked to do?

(A) Come to work early
(B) Pack items into a vehicle
(C) Unpack some boxes
(D) Wear name tags

33. What will the woman do next?

(A) Prepare a presentation
(B) Return some goods
(C) Order a new sign
(D) Go to a storage room

34. What problem do the women mention?

(A) Production costs are rising.
(B) Some bad weather was forecast.
(C) Some equipment is malfunctioning.
(D) A delivery is late.

35. What does Karen suggest?

(A) Opening a new factory
(B) Hiring more employees
(C) Changing suppliers
(D) Revising a schedule

36. What does the man say he will do?

(A) Revise a product design
(B) Make some requests
(C) Check a traffic report
(D) Read an instruction manual

概要／依頼・提案・勧誘・申し出／次の行動

W 🇺🇸 M 🇦🇺 ♪ 151

Questions 1 through 3 refer to the following conversation.

W: ❶It looks like the supplier has delivered the wrong brand of paint. I can't send this to our customers.

M: ❷You should call the supplier right away. They can probably send a replacement by the end of the day.

W: Good idea. ❸First, I'll call our driver and let him know not to come, though. He's scheduled to be here in a few minutes.

M: OK. Let me know if you need any help sorting this out.

設問1-3は次の会話に関するものです。

W: どうやら供給業者が違うブランドの塗料を送付してきたようね。お客さんにはこの商品を送れないわ。

M: 供給業者にすぐに電話すべきだよ。彼らはおそらく今日中には代替品を送付できるはずだよ。

W: いい考えね。でも，まず運転手に電話して，来ないように伝えるわ。運転手はあと2，3分でこっちに来る予定なの。

M: 了解。対応するのに助けが必要ならいつでも言ってね。

> **語句** □ supplier 供給業者　□ deliver ～を配送する　□ brand ブランド　□ paint 塗料
> □ right away すぐに　□ replacement 代替品　□ by the end of the day 当日中に
> □ though（文末について）しかし　□ *be* scheduled to *do* ～する予定となっている
> □ in a few minutes 数分で，間もなく　□ sort ～ out（問題など）を解決する

先読みポイント

1. 何→問題

2. 何を→男性→提案する

3. 何を→女性→する

---

1. 概要

What is the problem?	問題は何ですか。
(A) A staff member has called in sick.	(A) スタッフが電話で病欠を伝えてきた。
(B) Some equipment has worn out.	(B) 装置が摩耗している。
(C) The wrong goods were delivered.	(C) 間違った商品が配送された。
(D) An address has been changed.	(D) 住所が変更されていた。

正解 (C)

解説 会話中で起こった問題が問われています。❶で女性が「供給業者が違う塗料を送付した」と言っているので，正解は(C)だと分かります。

語句 □ call in sick 電話で病欠を伝える　□ wear out すり減る，摩耗する

2.

What does the man suggest?
(A) Notifying a supplier
(B) Calling a customer
(C) Checking product quality
(D) Updating some client information

男性は何を提案していますか。
(A) 供給業者に知らせること
(B) 客に電話すること
(C) 製品の品質を確認すること
(D) 顧客情報を更新すること

正解 (A)

解説 男性が提案していることが問われています。❷でYou shouldに続いて「すぐに供給業者に電話を」と言っていますので、(A)が正解です。「現状では客に送れない」と女性は言っていますが、男性が客に知らせるようには言っていないので(B)は不正解です。

言い換え call → notify

語句 □ notify ～に知らせる　□ update ～を最新のものにする

3.

What does the woman say she will do next?
(A) Exchange an item
(B) Send an e-mail
(C) Attend a meeting
(D) Contact a delivery person

女性は次に何をすると言っていますか。
(A) 商品を交換する
(B) メールを送付する
(C) 打ち合わせに参加する
(D) 配達担当者と連絡を取る

正解 (D)

解説 女性が次に何をすると言っているかが問われています。❸で女性は「まず運転手に電話して来ないように言う」と言っています。ここから車などで品物の配達をする人、つまりdelivery personに連絡することが分かりますので、(D)が正解です。

言い換え driver → delivery person

語句 □ contact ～に連絡する

Questions 4 through 6 refer to the following conversation.

W: ❶We need to talk about where we'll hold the employee training starting next week.

M: We'll need to rent a room somewhere nearby.

W: You have more experience with that than I do. ❷Would you mind choosing a venue and making a reservation?

M: No problem at all. By the way, ❸last year, I gave a presentation on workplace health and safety. I know you're the person in charge this time, but you seem really busy recently. Shall I take care of that again this year?

W: ❹Thanks a lot. Actually, I was thinking that I should ask someone for help.

M: Leave it to me. I can use the same presentation materials as last time.

設問4-6は次の会話に関するものです。

W: 来週から始まる従業員研修をどこで開催するか話す必要があるわ。

M: 近くにあるどこかの部屋を借りる必要があるね。

W: あなたはそれについて私より経験があるわ。場所を選んで予約してくれないかしら？

M: 全く問題ないよ。ところで，去年僕が職場の健康と安全に関するプレゼンをしたんだ。今回はあなたが担当者だけど，最近本当に忙しそうだよね。今年もまた僕がやろうか。

W: どうもありがとう。実は，誰かに助けを求めようと思っていたの。

M: 僕に任せてよ。前回と同じプレゼン資料を使うことができるから。

語句 □ venue 場所 □ workplace 職場 □ person in charge 担当者
□ take care of 〜 〜を担当する □ presentation material プレゼン資料

先読みポイント

4. 何→トピック

5. 何を→女性→頼む→男性に

6. 何を→男性→する

---

4. 概要

What is the topic of the conversation?	会話のトピックは何ですか。
(A) A retirement party	(A) 退職パーティー
(B) Staff training	(B) スタッフの研修
(C) A survey	(C) 調査
(D) Customer services	(D) 顧客サービス

正解 (B)

解説 会話のトピックが問われています。❶で「研修の場所について話したい」と言っているので，employee training「従業員研修」を言い換えた(B)が正解となります。What is the topic of the conversation? もよく出題される質問なので，「何→トピック」とできるだけ短く覚えるようにしましょう。

言い換え employee→staff

5.

What does the woman ask the man to do?
(A) Submit a banquet plan
(B) Choose a caterer
(C) Write a report
(D) Arrange a venue

女性は男性に何をするよう頼んでいますか。
(A) 晩さん会の計画を提出する
(B) ケータリング業者を選ぶ
(C) レポートを書く
(D) 場所を手配する

正解 (D)

解説 女性が男性に何を頼んでいるか，が問われています。❷でWould you mindを使って「場所を選んで予約してほしい」と女性が男性に依頼しているので，それを言い換えた(D)が正解です。chooseとarrangeは完全に同じ意味ではないですが，「会場を選ぶ」，「会場を手配する」という意味で使われている場合は同義と判断します。

言い換え choose→arrange

語句 □banquet 晩さん会 □caterer ケータリング業者

6.

What does the man say he will do?
(A) Reduce a price
(B) Place an advertisement
(C) Find a parking space
(D) Take on a coworker's task

男性は何をすると言っていますか。
(A) 価格を下げる
(B) 広告を出す
(C) 駐車場を見つける
(D) 同僚の業務を引き受ける

正解 (D)

解説 男性がこのあと何をすると言っているか，が問われています。❸で，「去年はプレゼンを僕がした。今回はあなたが担当だが，忙しそうなので僕が代わりに対応しようか」と男性が申し出ているのに対し，女性が❹で快諾の意を伝えています。ここから女性が本来行うべき業務を男性がすることが分かりますので，(D)が正解となります。

語句 □place an advertisement 広告を出す □take on ～ ～を引き受ける
□coworker 同僚 □task 業務

Questions 7 through 9 refer to the following conversation.

M: Hi, Helen. It's Jack. I'm waiting for my flight. ❶I've just been told that it's delayed, but I'm not sure for how long yet. I'm worried that it might affect your schedule. Will you still be able to meet me at the airport?

W: Well… I have a big meeting from two P.M. ❷You might need to call a taxi if you're going to arrive after eleven A.M.

M: I understand. I'll let you know when I get an update.

W: Thanks, Jack. ❸I'll call your supervisor and let her know you might be late. She was planning on taking you out to lunch.

設問7-9は次の会話に関するものです。

M: やあ，Helen。こちらはJackです。今，自分のフライトを待っています。フライトが遅れているとたった今知らされましたが，まだどれくらいなのかは分かっていません。あなたの予定に影響しないかと心配しています。まだ空港に迎えに来れそうですか。

W: ええと…。午後2時から大きな打ち合わせがあります。もし午前11時以降に到着するならタクシーを呼んだ方がいいかもしれません。

M: 了解しました。何か新しいことが分かったら連絡します。

W: ありがとう，Jack。あなたの上司に電話して遅れるかもしれないことを伝えます。彼女はあなたをランチに連れ出そうとしていました。

語句 □ affect ～に影響する　□ update 最新情報　□ supervisor 上司

先読みポイント

7. 何を→男性→心配している

8. 何を→女性→提案する→男性に

9. 何を→女性→する

7.

概要

What is the man concerned about?	男性は何を心配していますか。
(A) Traffic conditions	(A) 交通状況
(B) A weather forecast	(B) 天気予報
(C) A flight delay	(C) 飛行機の遅延
(D) Hotel room availability	(D) ホテルの空室状況

正解 (C)

解説 男性が心配していることが問われています。男性が❶で，「フライトが遅れているようだ。女性の予定に影響を与えるかと心配だ」と言っています。ここから，(C)が正解となります。質問のconcernedと同義のworriedが聞こえたら，正解を導くヒントだと集中しましょう。「心配している理由」と考えるとWhat is the problem?とは違う解き方をする必要があるように感じるかもしれませんが，「心配しているから，話しかける」という前提を考えると，「冒頭で話の目的・理由をつかむ」という解き方は同じだということがわかります。本書では，この設問も，「概要」タイプに分類します。

語句 □ traffic 交通の　□ forecast 予報，予測　□ availability 空き状況，入手可能性

8.

What does the woman suggest the man do?
(A) Check a Web site
(B) Catch a taxi
(C) Record a meeting
(D) Install an application

女性は男性に何をすることを提案しています
か。
(A) ウェブサイトを確認する
(B) タクシーを拾う
(C) 会議の議事録をとる
(D) アプリをインストールする

正解 (B)

解説 女性が男性に提案していることが問われています。女性が❷で，You might need toを使っ
て「もし飛行機が11時以降に到着するならタクシーを呼んだ方がいい」と言っているので，
(B)が正解です。callとcatchは本来異なる意味ですが，この文脈の中ではタクシーを電話で
呼ぶのはタクシーを拾うための手段ですので，call a taxiの言い換えはcatch a taxiと考えて
問題ありません。

言い換え call a taxi→catch a taxi

語句 □ install ～をインストールする　□ application アプリ

9.

What does the woman say she will do?
(A) Reserve an airline ticket
(B) Make travel plans
(C) Speak with a colleague
(D) Apologize to a client

女性は何をすると言っていますか。
(A) 航空チケットを予約する
(B) 旅行計画を立てる
(C) 同僚と話す
(D) 顧客に謝罪する

正解 (C)

解説 女性が会話の後に行うことが問われています。女性は会話の後半の❸で「遅れるかもしれない
ことを男性の上司に伝える」と言っていますので，これを言い換えた(C)が正解です。
colleague（同僚）はsupervisor（上司）の言い換えでよいのかという点を気にした方もいる
かもしれませんが，colleagueは「職場で共に働く人」を意味するので，広義では同じ意味だ
と考えてください。

言い換え call→speak with, supervisor→colleague

語句 □ apologize 謝罪する

Questions 10 through 12 refer to the following conversation.

W: Hi. This is Claire Day from Milter Publishing in Springdale. ❶I'd like to have some landscaping done at the front of our building.

M: I see. Can you tell me a little about what you'd like to have done?

W: Sure. Basically, it's just about making the garden easier to maintain. I'd also like to provide seating near the entrance. ❷Can you send someone around to take a look and give us a price?

M: Sure. I'm busy working on a garden in Ascot all week, but ❸I have a little time on Friday. I'll come, then, in the morning.

W: ❹Sure. How's ten A.M.?

設問10-12は次の会話に関するものです。

W: もしもし，こちらはSpringdaleにあるMilter出版のClaire Dayです。私どもの建物の前の造園をしていただきたいのですが。

M: かしこまりました。どのようにしたいのか少し教えていただけますか。

W: はい。基本的には，ただ庭園をより管理しやすくしたいです。また，入口近くに座席を配備したいです。どなたかこちらに派遣して現場を見て見積もりをいただけますか。

M: 承知しました。今週中はずっとAscotの庭園での仕事があるのですが，金曜日ならお時間を少し確保できます。それなら午前中にお伺いします。

W: 分かりました。午前10時はいかがでしょうか。

語句 □ have *A* done *A*を行う，終わらせる □ landscaping 造園 □ basically 基本的に
□ maintain ～を管理する，維持する □ provide ～を供給する
□ price 見積もり価格，価格

先読みポイント

10. 何を→話している

11. 何を→女性→頼む→男性に

12. 何を→男性→する

10.
概要

What are the speakers mainly discussing?	話し手たちは主に何を話していますか。
(A) A landscaping project	(A) 造園に関する計画
(B) Vehicle repairs	(B) 乗り物の修理
(C) A department budget	(C) 部の予算
(D) Employee evaluations	(D) 従業員の評価

正解 (A)

解説 2人が話している内容が問われています。女性が❶で「自分たちの建物の前を造園してほしい」と言っていますので，(A)が正解です。project（プロジェクト）は，複数の人が集まって行う組織的なものを意味するほか，今回のような「計画を立てて行う仕事」も当てはまります。

語句 □ vehicle 乗り物 □ budget 予算 □ evaluation 評価

11.

What does the woman ask the man to do? (A) Provide an estimate (B) Introduce a colleague (C) Lend her some equipment (D) Install air conditioning	女性は男性に何をするように頼んでいますか。 (A) 価格の見積もりを提供する (B) 同僚を紹介する (C) 彼女に装置を貸す (D) 空調設備を設置する

正解 (A)

解説 女性が男性に頼んでいることが問われています。❷でCan youを使い，女性が「現場を見て見積もりを作成してほしい」と言っていますので，(A)が正解です。priceは通常「価格」という意味ですが，このように「見積もり価格」という意味もあります。

言い換え price→estimate

語句 □ estimate 見積もり　□ equipment 装置，設備　□ air conditioning 空調設備

12.

What does the man say he will do? (A) Send the woman an invitation (B) Make an announcement (C) Present an award (D) Visit the woman's office	男性は何をすると言っていますか。 (A) 女性に招待状を送る (B) アナウンスをする (C) 賞を贈呈する (D) 女性の事務所を訪問する

正解 (D)

解説 男性がこの会話の後に何をすると言っているか，が問われています。❸で男性が「金曜日の午前中なら訪問可能」と話し，女性が❹で了解しているので，男性は女性のところを訪問することが分かります。これを言い換えた(D)が正解となります。なお，「この会話からは訪ねるのがofficeだとは分からないんじゃないの？」という方がいるかもしれません。確かに行き先を明確にしてはいませんが，文脈からofficeだと判断するのは自然であり，ほかにふさわしい選択肢はありません。

言い換え come→visit

語句 □ invitation 招待状　□ award 賞

Questions 13 through 15 refer to the following conversation.

M: ❶I was informed that the supplier is raising prices of flour and other ingredients. ❷I'm worried that we might have to charge more to compensate.

W: ❸I think you should find another supplier. We have a lot of competition from other bakers in the area.

M: I know, and I don't really think we should compete on price. Another option would be to come up with some new products. Let's look for some interesting new recipes online.

W: Good idea. ❹Let's have a staff meeting sometime this week to discuss ideas.

設問13-15は次の会話に関するものです。

M: 供給業者が小麦粉とそのほかの原材料費を上げることを知りました。補填するために価格を上げる必要があるのか心配です。

W: ほかの供給業者を探した方がいいですね。この地域にはほかのパン屋の競合がたくさんいますし。

M: そうですね，そして価格面で競争をすべきではないと思っています。もう1つの方法は新商品を考案することかと思っています。インターネットで興味深い新しいレシピを探すことにしましょう。

W: いい考えですね。今週スタッフミーティングを開催してアイディアについて話し合いましょう。

語句 □ *be* informed that S V SがVだと知らされる □ raise ～を上昇させる
□ flour 小麦粉 □ ingredient 原材料 □ compensate 埋め合わせをする，補う
□ competition 競争 □ baker パン屋 □ compete 競争する □ option 選択
□ come up with ～ ～を考案する □ recipe レシピ

先読みポイント

13. なぜ→男性→心配している

14. 何を→女性→提案する

15. 何を→女性→する

---

13.   概要

Why is the man worried?	男性はどうして心配していますか。
(A) The sales goals are too high.	(A) 売り上げ目標が高すぎる。
(B) A deadline has passed.	(B) 締め切りが過ぎた。
(C) Product quality has dropped.	(C) 製品品質が低下した。
(D) Some prices will increase.	(D) 価格が上昇する見込みだ。

正解 (D)

解説 男性がなぜ心配しているか，が問われています。男性が会話の冒頭で❶「供給業者が材料費を上げるらしい」，❷「我々も値上げせざるを得ないか心配」と述べています。❷が心配していること，❶が心配の要因であることが分かります。❶の原材料費をsome pricesと言い換えた(D)が正解となります。

言い換え prices of flour and other ingredients→some prices

語句 □ deadline 締め切り，納期　□ pass 過ぎる，通過する

14.

依頼・提案・勧誘・申し出

What does the woman suggest?	女性は何を提案していますか。
(A) Calling a colleague	(A) 同僚に電話すること
(B) Hiring a new staff member	(B) 新しいスタッフメンバーを雇うこと
(C) Looking for a new distributor	(C) 新しい卸業者を探すこと
(D) Conducting a customer satisfaction survey	(D) 顧客満足度調査を実施すること

正解 (C)

解説 女性が何を提案しているか，が問われています。男性の冒頭の会話を受け，女性は❸でyou shouldを使って「ほかの供給業者を探した方がいい」と言っています。(C)が正解です。

言い換え find→look for，supplier→distributor

語句 □ colleague 同僚　□ distributor 卸業者　□ conduct ～を実施する
□ customer satisfaction 顧客満足（度）　□ survey 調査

15.

次の行動

What does the woman say she will do?	女性は何をすると言っていますか。
(A) Hold a gathering	(A) 集会を開く
(B) Spend more on advertising	(B) 広告によりお金を使う
(C) Change the store's business hours	(C) 店舗の営業時間を変更する
(D) Join a town meeting	(D) 町の会議に参加する

正解 (A)

解説 女性が何をすると言っているか，が問われています。女性は会話の後半，❹で「ミーティングを開催しましょう」と提案していますので，(A)が正解だと分かります。

言い換え meeting→gathering

語句 □ hold （打ち合わせなど）を開催する　□ spend お金を使う　□ advertising 宣伝広告
□ join ～に参加する，参入する

Questions 16 through 18 refer to the following conversation.

W: Hi, Glen. It's Tina. ❶I've got about twenty applications for the programmer position. I guess we need to start scheduling interviews.

M: Great. I want the new person to start as soon as possible. ❷Have you talked to the candidates about their earliest dates and times?

W: ❸Not yet. Would you mind taking care of that?

M: Not at all. ❹I'll send you an e-mail with the interview schedule as soon as it's decided. We don't have any rooms available in the office, so I'll try to find somewhere nearby.

設問16-18は次の会話に関するものです。

W: こんにちは，Glen，こちらはTinaです。プログラマー職に20ほどの申し込みがありました。そろそろ面接を予定しなくては，と思っています。

M: いいですね。新しい人にはできる限り早く来てもらいたいものです。候補者には最短の面接可能日時について話しましたか。

W: いいえ，まだです。その件を対応していただけませんか。

M: 問題ありません。決まったらすぐに面接予定を添付したメールをあなたに送付します。事務所には使える部屋がないため，近所でどこか見つけることにします。

語句 □ application 申し込み □ position 職 □ candidate 候補者
□ take care of ～ ～に対応する □ available 利用可能な

先読みポイント

16. 何→トピック
17. 何を→女性→頼む→男性に
18. 何を→男性→する

16.

概要

What is the topic of the conversation?
(A) Job interviews
(B) An office relocation
(C) A programming tutorial
(D) Production costs

この会話のトピックは何ですか。
(A) 仕事の面接
(B) オフィスの移転
(C) プログラミングの指導
(D) 製造にかかる費用

正解 (A)

解説 この会話のトピックが問われています。会話の冒頭に女性が❶で「ある職に応募が集まったのでそろそろ面接の予定を」と言っているので，(A)が正解です。

語句 □ relocation 移転 □ tutorial 指導

17.

What does the woman ask the man to do?
(A) Place an advertisement
(B) Ask about availability
(C) Cancel a reservation
(D) Print a manual

女性は男性に何をするように頼んでいますか。
(A) 広告を出す
(B) 空き状況について聞く
(C) 予約をキャンセルする
(D) 手順書を印刷する

正解 (B)

解説 女性が男性に頼んでいることが問われています。❷で男性が「候補者に面接日時について話したか」と問いかけ、❸で女性が「まだ。やってもらえるか」と答えているので、女性が男性に候補者の面接可能な最短の日時を聞くよう頼んでいることが分かります。ここから空き日時をavailabilityと表現した(B)が正解となります。依頼の定型表現Would you mindの後だけではなく、その前の男性の発言もきちんと理解する必要がある問題です。

語句 □ place an advertisement 広告を出す　□ availability 空き状況

18.

What does the man say he will do?
(A) Arrange a conference call
(B) Mail some invitations
(C) Search for a location
(D) Purchase some equipment

男性は何をすると言っていますか。
(A) 電話会議を設定する
(B) 招待状を郵送する
(C) 場所を探す
(D) 装置を購入する

正解 (C)

解説 男性が何をするか、が問われています。男性は会話の後半❹で「(日時が)決まったらメールする」「面接会場を手配する」ことを言及していますので、この会話の後に面接日時と面接会場の手配をすることが分かります。後者を言い換えた(C)が正解です。会話中のtry to find somewhereがSearch for a locationと言い換えられていることも素早く見抜けるようにしておきましょう。

言い換え　try to find somewhere → search for a location

語句 □ conference call 電話会議　□ invitation 招待状

Questions **19 through 21** refer to the following conversation.

M: Hi. My name's Rod Moore. Um… ❶I'm a professional driver and my employer requires that I get a health certificate from a doctor.

W: ❷If it's a test of your eyesight and hearing, we can do that here.

M: Great. Can I make an appointment for some time tomorrow?

W: It isn't necessary to make an appointment. One of the nurses will be able to perform the tests. ❸We're generally less crowded in the mornings, so you might get finished sooner if you come in before eleven A.M.

M: I'll be sure to do that.

W: ❹If your employer requires us to fill out certain forms, you'd better bring those with you. We also have our own form, though.

M: I see. ❺Then, I'll download the forms on my company's Web site now.

W: OK. Well, see you tomorrow.

設問 19-21 は次の会話に関するものです。

M: こんにちは，Rod Moore と申します。ええと…，運転手の仕事をしておりまして，雇用者に医者から健康診断書をもらうように言われました。

W: 視力と聴力の検査でしたら，こちらで承ります。

M: よかった。明日のどこかで予約は可能ですか。

W: 予約は不要です。看護師が検査するので。通常午前中はあまり混んでいないので午前11時前にお越しくだされば少し早めに終わるかと思います。

M: そうします。

W: もし雇用者の指定書式がございましたらお持ちください。我々のところにもオリジナルの書式はありますが。

M: なるほど。では会社のウェブサイトで書式を今からダウンロードしておきます。

W: 承知しました。それでは明日お待ち申し上げております。

語句 □ professional 職業としている □ employer 雇用者
　　　□ health certificate 健康診断書 □ eyesight 視力 □ necessary 必要な
　　　□ generally 通常 □ you'd better ~（you had better ~）~した方がよい
　　　□ download ~をダウンロードする

先読みポイント

19. 何を→話している
20. 何を→女性→提案している
21. 何を→男性→する

19.　［概要］

What are the speakers discussing?	話し手たちは何について話していますか。
(A) Recommending a service	(A) サービスを勧めること
(B) Making an invitation	(B) 招待状を作成すること
(C) Requesting some repairs	(C) 修理を依頼すること
(D) Scheduling a physical exam	(D) 身体検査の予定を立てること

正解 (D)

解説 2人が何を話しているかが問われています。男性が❶で「健康診断書が必要」と言っており，それに対して女性が❷で「視力・聴力検査なら可能」と言っています。その後診察予約の日時についての会話が続きます。ここから2人が話していることは健康診断の予定についてであることが分かります。(D)が正解です。testをphysical examと言い換えているので，正解を探しにくかったかもしれません。

言い換え make an appointment→schedule，test→exam

語句 □ physical exam 健康診断

20.

What does the woman suggest doing?	女性は何をすることを提案していますか。
(A) Coming in the morning	(A) 午前中に来ること
(B) Calling again later	(B) 電話をかけなおすこと
(C) Applying for premium membership	(C) 上級会員に申し込むこと
(D) Visiting the Web site	(D) ウェブサイトへアクセスすること

正解 (A)

解説 女性が提案していることが問われています。女性は❸で「(病院は) 午前中が空いており，午前11時前に来れば早く終わる」と述べていますので，ここから午前中の来院を勧めていることが分かります。これを言い換えた(A)が正解となります。提案の定型表現を使わずに間接的に勧めているので，難易度が高い問題です。

言い換え before eleven A.M.→in the morning

語句 □ premium 上級の □ membership 会員権 □ visit（ウェブサイトなど）にアクセスする

21.

What does the man say he will do next?	男性は次に何をすると言っていますか。
(A) Cancel an appointment	(A) 予約をキャンセルする
(B) Attend a meeting	(B) 打ち合わせに参加する
(C) Send an e-mail	(C) メールを送付する
(D) Obtain a document	(D) 文書を得る

正解 (D)

解説 男性がこの後何をするか，が問われています。女性が❹で「会社の指定書式があれば持ってくるように」と言っているのに対し，男性が❺で「今から会社の書式をダウンロードする」と言っていますので，ここから次の行動は(D)だと分かります。会話中のdownloadとobtainは意味が異なりますが，「文書を得る (obtain) ためにダウンロード (download) する」という目的と手段という解釈をすればこの文脈の中で同義だと分かります。

言い換え download→obtain，form→document

語句 □ obtain ～を得る

Questions 22 through 24 refer to the following conversation.

W: I spoke with Harry Cooper earlier today and asked him to stay at the company for a few more years.

M: What did he say? Did he change his mind?

W: Unfortunately, ❶he's already made plans for his retirement. He told me that he is leaving us in March.

M: Oh, that's too bad. He's been a great asset to the company. Everyone in the department will really miss him.

W: I know. ❷Anyway, I'd like you to make arrangements for a party for him. I'm sorry, but you'll only have a few weeks to prepare.

M: I understand. ❸Can you send me an e-mail letting me know how much money I can spend? I'll start making a plan after that.

W: ❹Will do. It's already been decided, so I can do that right away.

設問22-24は次の会話に関するものです。

W: 本日の早い時間にHarry Cooperと話してもう何年か会社にとどまってくれるようにお願いしました。

M: 彼は何と言っていましたか。気持ちが変わりましたか。

W: 残念ながら，すでに退職の予定を決めていたようです。3月には退職する予定だと言っていました。

M: うーん，それは残念ですね。彼は会社にとって素晴らしい人材でしたから。部署のメンバーはみんな本当に彼がいなくなってさみしく思うでしょうね。

W: ええ。いずれにしても彼のためにパーティーを準備していただきたいのです。申し訳ないですが，準備期間は数週間しかありません。

M: 承知しました。メールで予算を知らせてくれませんか。その後に企画を始めます。

W: 分かりました。すでに決まっていますので，すぐにやりますね。

語句 □ a few more years もう2，3年　□ change *one*'s mind 人の気持ちを変える
□ unfortunately 残念ながら　□ retirement 退職　□ leave 〜のもとを去る
□ asset 有用な人材　□ right away すぐに

先読みポイント
22. 何を→話している
23. 何を→男性→頼まれている
24. 何を→女性→する

22.

概要

What are the speakers discussing?　　話し手たちは何を話していますか。
(A) A promotional campaign　　(A) 販売促進のキャンペーン
(B) A colleague's retirement　　(B) 同僚の退職
(C) A company anniversary　　(C) 会社の記念日
(D) An employee retreat　　(D) 社員旅行

正解 (B)

解説 2人が何を話しているか, が問われています。女性が❶で「(Cooperは) すでに退職の予定を決めた」と言っていますので, (B)が正解です。今回の会話のように冒頭から正解のキーワードや話題が出ない場合もまれにあります。うまく正解にたどり着けなかった場合は, この問題を復習し, 正解がなかなか出てこない場合のキーワードの待ち方を身に付けましょう。本番で同タイプの問題に遭遇し, 次の問題のヒントが出てきたら, あきらめて次に進むことも大事です。

語句 □ promotional 販売促進の　□ employee retreat 社員旅行

23.

依頼・提案・勧誘・申し出

What is the man asked to do?	男性は何をするよう頼まれていますか。
(A) Reserve some accommodation	(A) 宿泊施設を予約する
(B) Remain at a company	(B) 会社に残る
(C) Ship some goods	(C) 品物を発送する
(D) Hold a function	(D) イベントを開催する

正解 (D)

解説 男性が頼まれていることが問われています。女性が❷で「パーティーの手配をしてほしい」と言っていますので, ここから(D)が正解だと分かります。I'd like you to *do* も依頼の表現です。functionはしばしば「イベント, 会合」という意味で出題されますので, 押さえておきましょう。

言い換え party → function

語句 □ accommodation 宿泊施設　□ hold 〜を開催する　□ function イベント

24.

次の行動

What will the woman do next?	女性は次に何をしますか。
(A) Inform employees of an event	(A) 従業員にイベントについて知らせる
(B) Read some product reviews	(B) 商品レビューを読む
(C) Interview a job applicant	(C) 仕事の応募者を面接する
(D) Send details of a budget	(D) 予算の詳細を送付する

正解 (D)

解説 女性が会話の後に何をするか, が問われています。男性が❸で「予算を知らせてほしい」と依頼しているのに対し, 女性が❹で「すぐ知らせる」と言っています。ここから予算に関する情報を送ることが分かるので, 正解は(D)です。

語句 □ detail 詳細

Questions 25 through 27 refer to the following conversation.

M: Hi Rose. Alan just called me. ❶He said he's on his way to visit his clients in Hamilton, but there's a traffic jam on Carleton Bridge. It looks like he'll be late getting there.

W: Oh, that's no good. Is there anything I can do?

M: He said he switched phones yesterday and he hasn't put the client's number into the new one. ❷So, he wanted to know the number for Vandelay Industries. Do you know it?

W: Hang on… Um … here it is. 555-8939.

M: Great, thanks.

W: ❸I guess he'll be late getting back to the office, too. I'll reschedule the section leaders' meeting just in case.

M: Good idea. He should be back by three P.M. I'll let you know if he gives me any updates.

設問25-27は次の会話に関するものです。

M: やあ，Rose。Alanがちょうど電話してきたよ。Hamiltonの顧客のところに行く途中なんだけど，Carleton橋で交通渋滞があると言っていた。彼はそこに着くのが遅れそうだ。

W: ああ，それはよくないわ。何かできることはあるかしら？

M: 実は彼は昨日，電話を変えていて，新しい電話に顧客の電話番号を登録していなかったようなんだ。だからVandelay工業の電話番号を知りたがっていた。知っているかな？

W: ちょっと待って…，ええと…，これだわ。555-8939。

M: よかった。ありがとう。

W: おそらく彼はオフィスへの戻りも遅いでしょう。念のため，部門長会議の予定を変更しておくわ。

M: いい考えだね。彼は午後3時までには戻ってくるはずだよ。彼から何か新しく連絡があったらまた知らせるね。

語句 □ traffic jam 交通渋滞 □ hang on 少し待つ，留まる
□ reschedule ～の予定を変更する □ section 部門 □ update 最新情報

先読みポイント

25. 何→問題→男性→述べる
26. 何を→女性→頼まれている
27. 何を→女性→する

25.
概要

What problem does the man mention?	男性はどんな問題について述べていますか。
(A) His colleague's car is broken.	(A) 彼の同僚の車が壊れた。
(B) He forgot to make a reservation.	(B) 予約をするのを忘れた。
(C) His colleague is stuck in traffic.	(C) 同僚が渋滞で身動きが取れなくなっている。
(D) His presentation slides are missing.	(D) プレゼンテーションのスライドがない。

正解 (C)

解説 男性がどんな問題について述べているか, が問われています。男性が❶で「同僚が交通渋滞で戻りが遅れそうだ」と言っていますので, これを言い換えた(C)が正解です。

言い換え there's a traffic jam → stuck in traffic

語句 □ stuck 身動きが取れない

26.

What is the woman asked to do?	女性は何をするよう頼まれていますか。
(A) Call a hotel	(A) ホテルに電話する
(B) Provide a telephone number	(B) 電話番号を提供する
(C) Forward an e-mail	(C) メールを転送する
(D) Send a memo	(D) メモを送る

正解 (B)

解説 女性が頼まれていることが問われています。女性は男性から❷で「同僚がある会社の電話番号を知りたがっているが分かるか」と尋ねられていますので, その会社の電話番号を求められていることが分かります。それを言い換えた(B)が正解です。この後に女性は口頭で電話番号を伝えていますので, (C)や(D)のような手段の選択肢はいずれも不正解です。依頼の定型表現が使われていないので, 難易度が高い問題です。

語句 □ provide 〜を提供する, 配給する □ forward 〜を転送する, 送る

27.

What does the woman say she will do?	女性は何をすると言っていますか。
(A) Take a train	(A) 電車に乗る
(B) Use a coupon	(B) クーポンを使う
(C) Change a schedule	(C) 予定を変更する
(D) Check a map	(D) 地図を確認する

正解 (C)

解説 女性はこの会話の後に何をするか, が問われています。女性は❸で「同僚のオフィスの戻りが遅いから, 会議の予定を変更する」と言っており, ここから女性が予定を変更することが分かりますので, (C)が正解となります。

言い換え reschedule → change a schedule

W1 ⬛ M ⬛ W2 ▤　🎵 160

Questions 28 through 30 refer to the following conversation with three speakers.

W1: Mr. Townsend. ❶Kate and I wanted to talk to you about Dr. Rosen's presentation at the dental conference next week.

M: I'm looking forward to it. What's on your mind?

W2: ❷Whenever Dr. Rosen is in front of an audience, he often continues speaking for longer than planned.

M: Well, ❸why don't you call the conference center and ask them to give us an extra hour? They probably won't even charge us for it.

W1: We did, but the conference center has another event scheduled after ours, so it won't be possible.

M: I see. ❹I'd better call Dr. Rosen and let him know. I have his mobile phone number.

W2: Thanks, Mr. Townsend.

設問28-30は次の3人の会話に関するものです。

W1: Townsendさん，Kateと私は，来週の歯科学会でのRosen博士の発表についてあなたとお話ししたいと思っておりました。

M: その学会を楽しみにしています。何か心配がありますか。

W2: Rosen博士が聴衆の前で話すとき，しばしば予定より長く話します。

M: うーん，会議場に電話して追加で1時間もらえるか聞いてみてはどうですか。それに対する料金までは課さないと思います。

W1: やってみたのですが，我々の後に次のイベントの予定が入っているとのことで，実現できそうにないんです。

M: 分かりました。どうやら私の方でRosen博士に電話してお知らせした方がよさそうですね。彼の携帯電話の番号も分かりますし。

W2: Townsendさん，どうもありがとうございます。

語句 □ dental 歯科の　□ conference 学会，会議
□ look forward to ～ ～を楽しみにしている　□ extra 追加の，特別の
□ even ～でさえ　□ charge A for ～ Aに～を課す

先読みポイント

28. 何を→女性たち→心配している
29. 何→男性→提案している
30. 何を→男性→する

28.　概要

What are the women concerned about?
(A) The length of a talk
(B) A survey result
(C) The cost of renting a conference room
(D) A guest list

女性たちは何を心配していますか。
(A) 話の長さ
(B) 調査結果
(C) 会議室のレンタル費用
(D) 招待客のリスト

正解 (A)

解説 2人の女性が何を心配しているか，が問われています。1人目の女性が❶で「Rosen博士の発表について話したい」と切り出し，2人目の女性が❷で「しばしば予定時間を超過する」と言っています。ここから発表時間が長くなることを心配していることが分かりますので，これを言い換えた(A)が正解です。この後にも心配事がいくつかありますが，(B) 調査結果，(C) 会議室のレンタル費用，(D) 招待客のリストはいずれも言及されていないため不正解です。

言い換え presentation→talk

語句 □ length 長さ □ rent ～をレンタルする，借りる

29.

依頼・提案・勧誘・申し出

What does the man suggest doing? 男性は何をすることを提案していますか。
(A) Updating a Web site (A) ウェブサイトを更新すること
(B) Renting a larger room (B) より大きい部屋をレンタルすること
(C) Speaking with venue staff (C) 会場スタッフと話すこと
(D) Providing transportation (D) 移動手段を提供すること

正解 (C)

解説 男性が提案していることが問われています。❶，❷で発表が長くなるという懸念を示す女性に対し，男性は❸で「会議場に電話し，追加時間の相談をしては」と言っていますので，会場スタッフをvenue staffと表現した(C)が正解です。why don't youが提案の定型表現です。

言い換え conference center→venue

語句 □ venue 会場，場所 □ transportation 移動手段

30.

次の行動

What will the man most likely do next? 男性はおそらく次に何をしますか。
(A) Cancel an event (A) イベントをキャンセルする
(B) Call a speaker (B) 講演者に電話する
(C) Send an invitation (C) 招待状を送付する
(D) Check a budget (D) 予算を確認する

正解 (B)

解説 男性がおそらくこの会話の後にすることが問われています。男性は❹で「私が（発表を行う）Rosen博士に電話して知らせた方がよい」と述べていますので，Rosen博士をa speakerに言い換えた(B)が正解となります。この質問にmost likelyとついているのは，男性がhad better「～した方がよさそうだ」という表現を使っているためです。100%とは言えないけれど，状況から最もありえそうな選択肢が正解になる，とお考えください。

語句 □ invitation 招待状 □ budget 予算

Questions 31 through 33 refer to the following conversation with three speakers.

M1: Hi. We're from Hammond Moving. ❶We're here to pick up some chairs, desks, and a couple of cabinets.

W: Great. ❷We need to get everything out of this office by noon today. ❸Can you load it all onto the truck by then?

M2: Sure thing. We were instructed to take the items to Greene Secondhand Store. Is that right?

W: That's right. We've sold the items to them.

M1: I see you have a reception counter here. That wasn't on the list. Do you need us to take that, too?

W: Yes, but I'm not selling that. ❹I need you to take it to our storage room. It's on the way.

M2: No problem. Will you meet us there?

W: ❺Yes. I'm headed there now.

設問31-33は次の3人の会話に関するものです。

M1: こんにちは，我々はHammond引越社から参りました。椅子，机，そしてキャビネットをいくつか持ち出すためにお伺いしました。

W: 素晴らしいですね。この事務所から今日の昼までに全部出さないといけないんです。それまでにトラックに全て積み込んでいただけますか。

M2: もちろんです。これらの物をGreene中古品店まで運ぶように聞いています。それでよろしいでしょうか。

W: その通りです。彼らにそれらを売却したんです。

M1: こちらに受付用のカウンターがありますよね。それはリストにはなかったんです。そちらも運ぶ必要がありますか。

W: はい，でもそれは売る予定はないんです。それは私たちの保管庫に持って行っていただきたいです。ちょうど途中にあります。

M2: 問題ありません。そこで落ち合いますか。

W: はい，今からそちらに向かいます。

語句 □ load A onto B AをBに積み込む □ sure thing もちろん，確かに □ be instructed to do ～するよう指示を受けている □ reception 受付 □ storage room 保管庫

先読みポイント

31. 何を→話している
32. 何を→男性たち→頼まれている
33. 何を→女性→する

31.

What are the speakers talking about?	話し手たちは何について話していますか。
(A) Office furniture	(A) オフィス家具
(B) A training course	(B) 教育研修
(C) A clearance sale	(C) 在庫一掃売り出し
(D) Office hours	(D) 営業時間

正解 (A)

解説 3人が何の話をしているか, が問われています。冒頭に❶「これから家具を持ち出す」, ❷「事務所からある時間帯までに持ち出してほしい」という会話のやり取りがあります。ここからオフィスの家具について話していることが分かりますので, 正解は(A)となります。

言い換え chairs, desks, and a couple of cabinets → furniture

語句 □ clearance 在庫一掃

32.

What are the men asked to do?	男性たちは何をするよう頼まれていますか。
(A) Come to work early	(A) 早く仕事に来る
(B) Pack items into a vehicle	(B) 品物を乗り物に積み込む
(C) Unpack some boxes	(C) 箱を開封する
(D) Wear name tags	(D) 名札を身に着ける

正解 (B)

解説 男性2人が頼まれていることが問われています。女性が❸でCan youを使って「(家具を) 積み込んでほしい」と依頼していますので, (B)が正解です。限られた時間で行ってほしいとも言っていますが, 作業員はすでに現場に来ているので, (A)は不正解です。

言い換え load onto → pack into, truck → vehicle

語句 □ unpack (荷物) を開封する

33.

What will the woman do next?	女性は次に何をしますか。
(A) Prepare a presentation	(A) プレゼンを準備する
(B) Return some goods	(B) 品物を返品する
(C) Order a new sign	(C) 新しい標識を発注する
(D) Go to a storage room	(D) 保管庫に行く

正解 (D)

解説 女性がこの会話の後に何をするか, が問われています。女性が❹で「保管庫に (受付カウンターを) 持って行ってほしい」, ❺で「今からそこに向かう」と言っています。ここから, 女性はこの会話の後に保管庫に向かうことが分かりますので, 正解は(D)となります。

言い換え be headed → go to

語句 □ sign 標識

W1 🇬🇧 W2 🇺🇸 M 🇦🇺

Questions 34 through 36 refer to the following conversation with three speakers.

W1: ❶We're having trouble meeting the production targets at the factory.

W2: ❷Yeah, the equipment is letting us down, I'm afraid. There were three faulty machines this week. They're all the same model.

M: I see. ❸What do you suggest, Karen?

W1: ❹Well, we won't be able to meet our original schedule, so I think we need to change our production deadlines.

W2: Yeah, we need two more weeks.

M: I really don't want to do that. We have customers who need us to supply their new uniforms urgently.

W2: We can't ask the factory workers to do more overtime.

M: All right. ❺I'll call a couple of manufacturers and ask them to quote some prices to replace the faulty machines.

設問34-36は次の3人の会話に関するものです。

W1: 工場の生産目標を達成するのが難しくなってきましたね。

W2: ええ，設備にはがっかりさせられるわ，残念ながら。今週は3台の機械不良があったし。全て同じ型式のものなのよ。

M: そうですね。Karen，何か提言できることはありますか。

W1: ええと，もともとの予定を達成することはできなさそうなので，製造期限を変更する必要があるかと思います。

W2: そうね，もう2週間は必要だわ。

M: それはどうしてもしたくないんですよ。新しいユニフォームの提供が急ぎで必要だというお客様もいらっしゃるし。

W2: 工場の従業員にこれ以上残業してもらうことは頼めないわ。

M: 分かりました。いくつかの機械メーカーに電話してその故障機械を取り替えるための費用見積もりを依頼してみますね。

語句 □ meet ～を達成する，満たす □ target 目標 □ let ～ down ～をがっかりさせる □ faulty 不良の，欠陥のある □ deadline 期限 □ urgently 急いで □ do overtime 残業する □ manufacturer メーカー，製造業者

先読みポイント

34. 何→問題→女性たち→述べる

35. 何を→Karen→提案する

36. 何を→男性→する

34. 概要

What problem do the women mention?
(A) Production costs are rising.
(B) Some bad weather was forecast.
(C) Some equipment is malfunctioning.
(D) A delivery is late.

女性たちはどんな問題について述べていますか。
(A) 製造コストが上昇している。
(B) 悪天候が予想されている。
(C) 設備が故障している。
(D) 配送が遅れている。

正解 (C)

解説 女性2人が述べている問題が問われています。女性1が❶で「生産目標達成が難しい」、女性2が❷で「3台の機械不良があり、全て同じ型式」と述べていますので、ここからある設備が故障、動作不良していることが分かりますので、それを言い換えた(C)が正解となります。

言い換え faulty→malfunctioning, machines→equipment

語句 □ rise 上昇する　□ forecast 予想する、予測する
□ malfunction 故障する、正常に動作しない

35.

依頼・提案・勧誘・申し出

What does Karen suggest?	Karenは何を提案していますか。
(A) Opening a new factory	(A) 新しい工場を開設すること
(B) Hiring more employees	(B) もっと従業員を雇うこと
(C) Changing suppliers	(C) 供給業者を変えること
(D) Revising a schedule	(D) 予定を修正すること

正解 (D)

解説 Karenが提案していることが問われています。男性は、❸でKarenに「何か提言できることは?」と尋ね、その後Karenが❹で「納期変更した方がよい」と述べています。ここからももともとの予定を変更・修正するということが分かりますので、(D)が正解だと分かります。この問題のように、質問と同じ表現を使って問いかけ、それに答える形で提案をするパターンにも対応できるようになりましょう。

言い換え change our production deadlines→revising a schedule

語句 □ revise 〜を修正する

36.

次の行動

What does the man say he will do?	男性は何をすると言っていますか。
(A) Revise a product design	(A) 製品デザインを修正する
(B) Make some requests	(B) いくつか依頼をする
(C) Check a traffic report	(C) 交通情報を確認する
(D) Read an instruction manual	(D) 取扱説明書を読む

正解 (B)

解説 男性がこの会話の後に何をするか、が問われています。男性は❺で「いくつかの機械メーカーに電話してその故障機械の交換の費用算出を依頼する」と言っており、複数の社外メーカーに依頼をすることが分かりますので、(B)が正解だと分かります。(B)は少し抽象度が高い選択肢ですが、このような表現が正解になることもあります。このタイプの問題が苦手だった場合、内容を聞き取って抽象度の高い選択肢と結び付けられるように復習しましょう。

語句 □ instruction manual 取扱説明書

4 詳細

ここまでは設問先読みから会話の展開や出てくる表現を予測してポイントを待ち受けるタイプの問題のうち、よく出題される「概要」「依頼・提案・勧誘・申し出」「次の行動」を見てきました。ここでは、そのほか「詳細」を問う設問の解き方を身に付けます。

POINT 何を問われているかを正確に把握する

ここでは、設問で問われていることをピンポイントで待ち受ける設問を学習します。まずは例題の設問を見てみましょう。

例題　♪ 163

1. What does the man say about the bridge?
(A) It is well-known.
(B) It is beautiful.
(C) It is newly built.
(D) It is located near a bank.

質問を簡略化すると、何を→男性→言う→橋について、ですね。男性が**橋について何か言うはずだと**分かりますが、これまで学習したタイプとは異なり、どのような文脈で橋の話が出てくるかということや、どういった表現を使うかは予測できません。男性が橋について言う内容としては、「橋を見にいきたい」「橋を建て直すべきだ」といった意見・意思と、「どこどこに橋がある」という情報の2パターンが考えられます。

あわせて、選択肢も簡略化しておきましょう。頭のIt isを省略すると、以下の通りです。また、選択肢から橋についての情報が話されるのではないかと推測することができます。

(A) 有名
(B) 美しい
(C) 新設
(D) 銀行に近い

スクリプトと訳 M 🇨🇦 W 🇺🇸　　　　　　　　　🎵 163

Question 1 refers to the following conversation.

M: On your left, you can see the Hamilton Bridge. It was built over 200 years ago and it's one of the city's most famous landmarks.

W: Wow, that's so impressive! It's very beautiful.

設問1は次の会話に関するものです。

M: 左手にHamilton橋が見えます。200年以上前に建設され，街の一番有名な歴史的建造物の1つです。

W: まあ，とても素晴らしいです！　非常に美しいですね。

語句 □ landmark 歴史的建造物　□ impressive 素晴らしい，印象的な

男性の発言の2文目の主語ItはHamilton Bridgeを指すので，彼の発言全体で橋のことを言っていることが分かります。男性の橋に関する発言を整理すると，以下の通りです。

- 左手にある
- 200年以上前に建てられた
- 街で有名

(A)のwell-knownがfamousの言い換えとなっていますので正解となります。位置については言及していますが，銀行とは言っていないので，(D)のlocatedに引っかからないように。200年以上前に建てられたと言っているので，(C)は不正解。(B)は男性ではなく女性の発言なので不正解です。「男性が橋について言っていること」という質問文を正確に把握しないと，間違って選んでしまう可能性があります。このようなヒッカケパターンに気を付けましょう。

設問の訳

1. 男性は橋について何と言っていますか。
(A) よく知られている。
(B) 美しい。
(C) 新しく建設された。
(D) 銀行の近くにある。

正解 **1.** (A)

語句 □ well-known よく知られた，有名な　□ newly 新しく

このように，このタイプは**何を問われているかを正確に把握する**ことがとにかく重要です。「ほかのタイプもそうではないか。ほかの解き方はないの？」と思う方もいるかもしれませんが，ほかのタイプ以上に，質問文・選択肢の内容を正確に把握することで，流れてくる音声から必要な情報を拾い出し，言い換えにも正確に対応できるのです。まずは疑問詞に注目し，その後，文の主語・動詞・目的語をきちんと把握するようにしましょう。

Why does the man apologize?という質問があれば，設問を読んだ時点で男性が謝る展開になることや，ヒントとなる定型表現を予測することも可能です。こういったパターンは1つ1つ身に付けていってください。ここでは，疑問詞による待ち伏せポイントをまとめておきます。

When

いつするのか，あるいは，**いつまでにするのか**がポイントとなります。tomorrow（明日），next week（来週），next month（来月）といった時間を表す表現を待ち伏せましょう。

Who(m)

この会話に参加しているのが**誰なのか**，あるいは，**誰がある行動をするのか**，**誰に対してある行動をするのか**がポイントとなります。具体的には，人名やmanager（課長クラスのマネージャー），director（部長），sales representative（営業職）といった役職，そしてsinger（歌手），actor（俳優），architect（建築家）といった職業が待ち伏せ対象となります。

Where

会話の行われている場所はどこなのか，あるいは，あることが行われるのはどこかがポイントとなります。at the conference room（会議室で），in New York（ニューヨークで）など，場所や地名を表す表現を待ち伏せましょう。

How

どうやってを問う場合は，**ある事柄に対してどのような手段で行うか**がポイントとなります。by bus（バスで）といった交通手段，by e-mail（Eメールで）など通信手段を待ち伏せましょう。How many, How much, How often, How farなどの疑問詞の場合は，具体的な数，量，頻度，距離を待ち伏せます。

ただし，whereの質問に対して，具体的な場所は話されず，料理の注文を話している場面から「レストラン」だと推測する必要がある問題も出題されることがあります。待ち伏せポイントで解ける問題を確実に攻略したら，さらに難易度の高い問題パターンも解けるように，Practiceを活用してください。

攻略法まとめ 詳細
・何が問われているかを正確に把握して，その要素を待ち伏せる
・先読みの際は，疑問詞，主語，動詞，目的語を頭に叩き込む

Practice 2人以上の会話を聞き，質問に対して最も適切な答えを(A)(B)(C)(D)の中から1つ選びなさい。　♪ 164~168

1. Who is the man most likely calling?

(A) An engineer
(B) An auto mechanic
(C) A construction worker
(D) A delivery driver

2. Why does the man apologize?

(A) He provided the wrong information.
(B) His request was late.
(C) His sales have declined.
(D) He forgot to send an invitation.

3. What will the woman probably do next?

(A) Send an invoice
(B) Hire an assistant
(C) Speak with her coworkers
(D) Schedule a vacation

4. Where most likely are the speakers?

(A) At an airport
(B) In a parking lot
(C) At a train station
(D) At a bus terminal

5. What is the man asked to do?

(A) Fill out a form
(B) Give an estimate
(C) Clean a room
(D) Make a repair

6. Who does the man say he will call?

(A) A driver
(B) A client
(C) A salesperson
(D) A colleague

4
詳細

7. What is the conversation mainly about?

(A) Attracting more clients
(B) Reducing running costs
(C) Organizing a function
(D) A production deadline

8. Who is the man?

(A) An advertising expert
(B) A hotel manager
(C) An accountant
(D) A factory worker

9. What does the man say is unavailable?

(A) A voucher
(B) An air conditioner
(C) Some curtains
(D) A room

10. Who is the man?

(A) A waiter
(B) A tourist
(C) An award-winning chef
(D) A stylist

11. What does the woman ask the man to change?

(A) The seating location
(B) The date of an event
(C) The service contents
(D) The size of a sign

12. What does the man say happened last month?

(A) A river was cleaned.
(B) The number of customers increased.
(C) An anniversary was celebrated.
(D) Some windows were installed.

13. Where does Ms. Reed most likely work?

    (A) At a clinic
    (B) At a supermarket
    (C) At a catering company
    (D) At a cleaning company

14. What problem does the man mention?

    (A) He cannot leave the office.
    (B) His budget has been reduced.
    (C) He has misplaced a key.
    (D) His membership card has expired.

15. What does Ms. Watson say she can do?

    (A) Provide pictures
    (B) Reschedule a meeting
    (C) Obtain a certification
    (D) Come to work early

4

詳細

M 🇦🇺 W 🇺🇸 ♪ 164

Questions 1 through 3 refer to the following conversation.

M: Hi, Rose, it's Jeff. ❶Tomorrow, some new equipment will be delivered for the production line. We need to get it assembled and installed right away so that the line workers can start using it on Monday morning.

W: ❷I don't think any of the technical staff including me will be on duty tomorrow. It's a Saturday.

M: ❸I'm sorry. I should have requested this earlier. We really need to get this done tomorrow, though. Otherwise, the factory won't be able to meet its production requirements. We have a lot of orders to fill by the end of the month.

W: I understand. But unfortunately, I already have plans this weekend. ❹I'll see if someone else on the team can take care of it.

設問1-3は次の会話に関するものです。

M: こんにちは，Rose，Jeffです。明日製造ライン用の新装置がいくつか搬入されます。それらを早急に組み立てて設置する必要があります。そうすればライン作業者が月曜日の朝から使い始めることができます。

W: 私を含め，技術スタッフは誰も明日勤務になっていないと思います。土曜日ですし。

M: すみません。もっと早くこの依頼をすべきでした。それでもなんとか明日対応したいのです。そうしないと工場が生産条件を満たせなくなってしまいます。今月末までに対応しなくてはならない注文がたくさん入っています。

W: 分かりますよ。でも，残念ながら私は今週末予定がすでにあります。チーム内でほかに誰か対応できないか確認してみます。

語句 □ equipment 装置 □ production line 製造ライン □ assemble ～を組み立てる
□ right away すぐに □ on duty 勤務の，仕事中で
□ otherwise さもないと，そうでなければ □ meet requirements 要求を満たす
□ someone else 他の誰か

先読みポイント

1. 誰に→男性→電話している
2. なぜ→男性→謝る
3. 何を→女性→する

1. 詳細

Who is the man most likely calling?	男性はおそらく誰に電話をしていますか。
(A) An engineer	(A) エンジニア
(B) An auto mechanic	(B) 車の整備工
(C) A construction worker	(C) 建設作業員
(D) A delivery driver	(D) 配送運転手

正解 (A)

解説 男性が電話をしている相手，つまり女性が誰なのか，が問われています。❶で男性が「明日ある装置が搬入される。その装置を製造ラインに組み込む必要がある」と言っており，女性が❷で「明日は私を含め，対応できるスタッフがいない」と言っています。女性は，装置を組み込む仕事をしていることが推測できますので，(A)が正解だと分かります。車に関しては会話に出てこないので，(B)「車の整備工」は不正解です。

2.

詳細

Why does the man apologize?	男性はなぜ謝っているのですか。
(A) He provided the wrong information.	(A) 間違った情報を与えたため。
(B) His request was late.	(B) 依頼が遅くなったため。
(C) His sales have declined.	(C) 彼の売り上げが下がったため。
(D) He forgot to send an invitation.	(D) 招待状を送るのを忘れたため。

正解 (B)

解説 どうして男性が会話で謝っているのか，が問われています。❸で男性がI'm sorryと言っているので，前後の文脈を意識しましょう。女性が❷で「土曜はスタッフがいないと思う」と言ったのに対し，男性が❸で「すみません，もっと早く依頼をすべきだった」と謝っていますので，連絡が遅くなったことが分かります。よって正解は(B)となります。❸のshould＋現在完了形は，過去の事象に対して「～すべきだった」と後悔する表現です。

語句 □ apologize 謝る　□ wrong 違った，異なる　□ decline 減少する

3.

次の行動

What will the woman probably do next?	女性はおそらく次に何をしますか。
(A) Send an invoice	(A) 請求書を送る
(B) Hire an assistant	(B) アシスタントを雇う
(C) Speak with her coworkers	(C) 同僚と話す
(D) Schedule a vacation	(D) 休暇を計画する

正解 (C)

解説 女性がこの会話の後にするであろうことが問われています。女性は週末にエンジニアが対応しなくてはいけない状況を理解し，❹で「(自分は予定があるので) チーム内のほかのメンバーをあたる」と言っています。ここから同僚と相談することが予測されるため，(C)が正解となります。❹の直前で「ほかの予定がある」と述べていますが，(D)は「これから休暇の予定を立てる」という意味なので，会話の文意には合わず不正解となります。

言い換え see → speak with

語句 □ coworker 同僚

Questions 4 through 6 refer to the following conversation.

W: Thanks for coming on such short notice. ❶The gate of the garage at the north entrance is broken, and I've been sending all of the cars to the south entrance. It's causing a traffic jam, so I want to get this situation fixed as soon as possible.

M: I understand. ❷Is this the gate that's malfunctioning?

W: ❸Yes. Do you think you can fix it this morning?

M: I'll try, but I'm not very familiar with this model. ❹I'll call one of the other technicians from my company to come and take a look, too.

設問4-6は次の会話に関するものです。

W: こんなに急な依頼なのに来ていただきありがとうございます。北口の車庫のゲートが壊れてしまっているので，全ての車を南口に誘導しておりました。それにより渋滞を起こしておりまして，この状況をすぐにでも解決していただきたいのです。

M: 了解しました。このゲートが不調なのですか。

W: はい。午前中に修理可能でしょうか。

M: やってみますが，この型のものはあまりよく知りません。自社の他の技術者にも電話して，来て見てもらいます。

語句 □ short notice 急なお知らせ　□ garage 車庫　□ cause 〜を引き起こす
□ traffic jam 交通渋滞　□ fix 〜を解決する，修理する　□ malfunction 機能しない
□ *be* familiar with 〜 〜に精通している　□ model 型式，モデル
□ take a look 見る

先読みポイント

4. どこ→話し手たち

5. 何を→男性→頼まれる

6. 誰に→男性→電話する

4.　　　　　　　　　　　　　　　　　　　　　　　　　　　　　　詳細

Where most likely are the speakers?	話し手たちはおそらくどこにいますか。
(A) At an airport	(A) 空港
(B) In a parking lot	(B) 駐車場
(C) At a train station	(C) 電車の駅
(D) At a bus terminal	(D) バスターミナル

正解 (B)

解説 2人がどこにいるか，が問われています。❶で女性が「車庫のゲートが壊れている」と言うのに対し，男性が❷で「このゲートが不調か」と聞き返しています。ここから2人は車庫のゲートにいることが推測できますので，(B)が正解です。会話中のgarageと選択肢のparking lotが言い換えになっていましたね。会話でははっきりと場所を言っていないので難易度は少し高めですが，このような問題にも対応できるようになりましょう。空港，駅，バスターミナルの周辺にも駐車場があるかもしれませんが，いずれも会話にヒントとなる語がないので，ここでは不正解です。

言い換え　garage → parking lot
語句　□ parking lot 駐車場　□ bus terminal バスターミナル

5.

What is the man asked to do?	男性は何をするよう頼まれていますか。
(A) Fill out a form	(A) 書式に記入する
(B) Give an estimate	(B) 見積もりを出す
(C) Clean a room	(C) 部屋を掃除する
(D) Make a repair	(D) 修理をする

正解　(D)

解説　男性が頼まれていることが問われています。女性が❸で「午前中に修理可能か」と男性に質問していますので，男性は修理を依頼されたことが分かります。正解はそれを言い換えた(D)となります。❸のfix itのitはthe gateを指します。

言い換え　fix → make a repair

語句　□ fill out 記入する　□ estimate 見積もり

6.

詳細

Who does the man say he will call?	男性は誰に電話すると言っていますか。
(A) A driver	(A) 運転手
(B) A client	(B) 顧客
(C) A salesperson	(C) 営業担当者
(D) A colleague	(D) 同僚

正解　(D)

解説　男性が誰に電話すると言っているか，が問われています。修理を依頼された男性が❹で「自社のほかの技術者に電話して来て見てもらう」と言っていますので，ここから，同僚に電話連絡することが分かります。以上から(D)が正解となります。

言い換え　one of the other technicians from my company → a colleague

4

詳細

Questions 7 through 9 refer to the following conversation.

M: It's nice to meet you, Ms. Smith. I'm Val Morris. ❶Thank you for choosing to hold your event at the Jarling Hotel.

W: ❷Thanks for meeting with me to discuss our annual employee appreciation event. ❸I didn't expect the person in charge of this hotel to meet me.

M: Yes, usually our event organizer takes care of this kind of thing. Unfortunately, she called in sick today. Anyway, ❹I've been looking at your list of requirements, and we can handle everything except for the drapes you wanted to hang at the side of the stage.

W: I see. Well, I'll speak to a local supplier and arrange that myself, then.

設問7-9は次の会話に関するものです。

M: お会いできてうれしいです，Smith さん。Val Morris です。Jarling ホテルでのイベント開催をお選びくださりありがとうございます。

W: 弊社の毎年の従業員感謝イベントについて話し合うためにお会いいただき，ありがとうございます。ホテルの責任者の方とお会いできるとは思っておりませんでした。

M: はい，通常は弊社のイベント企画担当者がこういった案件を手掛けるようにしております。残念ながら，彼女は本日病欠との電話が入っておりました。ともかく，現在御社の必要事項リストを拝見しており，ステージの両端に吊るしたいと要望されておりましたカーテン以外，全て対応可能です。

W: 承知しました。それでは，地元の供給業者と話してそちらは当方で手配いたします。

語句　□ hold an event イベントを開催する　□ annual 年次の
　　　□ person in charge 責任者，担当者　□ organizer まとめ役
　　　□ unfortunately 残念ながら　□ call in sick 病気で（会社に）休みの電話を入れる
　　　□ requirement 必要要件　□ drapes 厚手のカーテン　□ supplier 供給業者

先読みポイント

7. 何→会話
8. 誰→男性
9. 何→男性→手に入らない

7. 概要

What is the conversation mainly about?	この会話は主に何に関するものですか。
(A) Attracting more clients	(A) より多くの顧客を引き付けること
(B) Reducing running costs	(B) 維持費を減らすこと
(C) Organizing a function	(C) 催しを企画すること
(D) A production deadline	(D) 製造の納期

正解　(C)

解説　会話が何に関するものか，が問われています。会話冒頭に男性が❶で「会場に選ばれ感謝」，女性が❷で「自社イベントの話し合い」と言っていますので，あるイベントが開催され，それについて話していることが分かります。このイベントを function という言葉に言い換えた (C)

が正解です。

言い換え　event→function

語句　□running cost 維持費　□function 催し, 会合, イベント　□deadline 納期, 締め切り

8.　　　　　　　　　　　　　　　　　　　　　　　　　　　　　　　　詳細

Who is the man?	男性は誰ですか。
(A) An advertising expert	(A) 広告の専門家
(B) A hotel manager	(B) ホテルの責任者
(C) An accountant	(C) 会計士
(D) A factory worker	(D) 工場の従業員

正解　(B)

解説　男性が誰か, が問われています。女性が❸で「ホテルの責任者とお会いできるとは」と述べていますので, 男性がホテルの責任者であることが分かります。ここから, hotel manager と言い換えた (B) が正解です。the person in charge は「責任者, 担当者」という意味になります。

語句　□expert 専門家　□accountant 会計士, 会計担当

9.　　　　　　　　　　　　　　　　　　　　　　　　　　　　　　　　詳細

What does the man say is unavailable?	男性は何が手に入らないと言っていますか。
(A) A voucher	(A) 引換券
(B) An air conditioner	(B) エアコン
(C) Some curtains	(C) カーテン
(D) A room	(D) 部屋

正解　(C)

解説　男性が何が手に入らないと言っているのか, が問われています。男性が❹で「ご要望のものはカーテン以外, 全て対応可能」と言っていますので, 正解は (C) となります。drape は厚めのカーテンを意味する語で少し難しいですが, 時折 Part 1 にも登場しますのでチェックしておきましょう。

言い換え　drapes→curtains

語句　□unavailable 入手できない　□voucher 引換券, クーポン

Questions 10 through 12 refer to the following conversation.

M: Good evening. ❶My name is George, and I'll be your server this evening. Please let me know when you're ready to order.

W: Thank you, George. Um… ❷I wonder if we could move to one of the tables by the balcony. We'd really like to enjoy the view.

M: I can arrange that. The table on the left has been reserved by another group, but you're welcome to sit at the one on the right.

W: Thank you so much. I don't remember seeing the river the last time I was here.

M: ❸No, last month we expanded the dining room and added those huge windows to take advantage of the scenery.

W: It looks amazing. I'll definitely be writing a positive review.

M: Thanks. We've already received a lot of compliments.

設問10-12は次の会話に関するものです。

M: こんばんは。Georgeと申しまして，今晩あなたの接客を担当します。注文がお決まりになりましたらお知らせください。

W: ありがとうございます，George。えーと…，バルコニーそばのテーブルに移動できるでしょうか。景色を楽しみたいんです。

M: 調整可能です。左側のテーブルはほかの団体が予約していますが，右側はお座りいただけます。

W: どうもありがとうございます。以前ここに来たときに川を見た覚えはありませんが。

M: はい，先月，食事スペースを拡張し，景色を生かすために大きな窓を付け加えました。

W: とても素晴らしいですね。絶対に前向きなレビューを書くことにします。

M: ありがとうございます。すでにたくさんのお褒めの言葉をいただいております。

語句   □ server 給仕係   □ I wonder if S could V SがVできれば，と思っている
□ expand 〜を拡張する   □ dining room 食堂，ダイニングルーム   □ huge 巨大な
□ take advantage of 〜 〜を生かす，利用する   □ scenery 景色
□ amazing 素晴らしい   □ definitely 絶対に   □ positive 前向きな
□ compliment 褒め言葉

先読みポイント

10. 誰→男性

11. 何を→女性→頼む→男性に→変更

12. 何→起きた→先月

10.

詳細

Who is the man?	男性は誰ですか。
(A) A waiter	(A) 給仕係
(B) A tourist	(B) 観光客
(C) An award-winning chef	(C) 受賞歴のある料理人
(D) A stylist	(D) スタイリスト

正解 (A)

解説 男性が誰か, が問われています。男性が❶で「今晩接客を担当する」と言っていますので, (A) が正解だと分かります。waitは動詞で「待つ」という意味で覚えている人が多いと思いますが, 自動詞で「給仕する」という意味もあり, 給仕する人はwaiter, wait staffと言います。

言い換え server → waiter

語句 □ stylist スタイリスト

4
詳細

11.

依頼・提案・勧誘・申し出

What does the woman ask the man to change?	女性は男性に何を変更するよう頼んでいますか。
(A) The seating location	(A) 座席の位置
(B) The date of an event	(B) イベント日
(C) The service contents	(C) サービスの内容
(D) The size of a sign	(D) 標識の大きさ

正解 (A)

解説 女性が男性に変更を頼んでいることが問われています。女性が❷で「バルコニーそばのテーブルに移動したい」と述べていますので, 座る場所を変更したいことが分かります。以上から正解は(A)となります。

語句 □ content 内容

12.

詳細

What does the man say happened last month?	男性は先月何が起きたと言っていますか。
(A) A river was cleaned.	(A) 川が清掃された。
(B) The number of customers increased.	(B) 客の数が増加した。
(C) An anniversary was celebrated.	(C) 記念日がお祝いされた。
(D) Some windows were installed.	(D) 窓が取り付けられた。

正解 (D)

解説 先月何が起きたと男性が言っているか, が問われています。❸で男性が「先月, 食事スペースを拡張し, 大きな窓を付けた」と言っていますので,「窓を付けた」という箇所に該当する(D)が正解となります。

言い換え add → install

語句 □ anniversary 記念日　□ celebrate ～を祝う

W1 🇺🇸 M 🇦🇺 W2 🇬🇧

Questions 13 through 15 refer to the following conversation with three speakers.

W1: Hi. I'm Katie Reed from Clurman Service. ❶I was asked to come and give you a price estimate for cleaning your office.

M: Oh, hi. Thanks for coming so quickly. ❷Um, the thing is, I've lost the key to the storage room. You're free to walk around the rest of the office, though.

W1: I really can't provide a quote unless I've seen and measured every room.

M: Well, let me talk to my manager — ❸Ms. Watson, this is Ms. Reed from Clurman Service, and she needs to know the exact size of the storage room.

W2: ❹I have the office floor plan, which shows the dimensions of the room, and I can also give you some photographs if you like.

W1: The dimension will help, but I'll have to make up my mind after I see the photographs.

W2: I'll go and get them now.

設問13-15は次の3人の会話に関するものです。

W1: こんにちは。Clurman Service社のKatie Reedです。お伺いして御社の事務所の清掃のお見積もりをお出しするように依頼を受けました。

M: ああ，こんにちは。こんなに早く来てくださりありがとうございます。えー，問題なんですが，保管庫の鍵を紛失してしまっています。事務所のその他の箇所はご自由に見て回れますが。

W1: 全ての部屋を見て測定しないとお見積もりを出せません。

M: では，マネージャーとお話しさせてください。Watsonさん，こちらはClurman Service社のReedさんです。保管庫の正確な寸法を知る必要があるそうです。

W2: 事務所の見取り図を持っております。そこには部屋の寸法が示されていますし，ご要望なら写真もお渡しできます。

W1: 寸法があれば役に立つかもしれませんが，お写真を拝見してから決めなくてはいけません。

W2: 今取りに行ってきますね。

語句 □ price estimate 価格の見積もり □ the thing is ～ 実は～である □ storage room 保管庫 □ *be* free to *do* 自由に～する □ quote 見積もり □ measure ～を測定する □ dimension 寸法，物の大きさや面積（米英で発音が異なるので注意）□ photograph 写真 □ make up *one*'s mind 決心する

先読みポイント
13. どこ→Reedさん→働く
14. 何→問題→男性→述べる
15. 何→Watsonさん→できる

13.

[詳細]

Where does Ms. Reed most likely work?	Reed さんはおそらくどこで働いていますか。
(A) At a clinic	(A) 診療所
(B) At a supermarket	(B) スーパーマーケット
(C) At a catering company	(C) ケータリング会社
(D) At a cleaning company	(D) 清掃会社

正解 (D)

解説 Reed さんの勤務地が問われています。会話の冒頭で女性が Reed と名乗り，❶で「清掃の見積もり依頼を受けた」と言っていますので，清掃会社で働いていることが分かります。ここから正解は (D) となります。

14.

[詳細]

What problem does the man mention?	男性はどんな問題について述べていますか。
(A) He cannot leave the office.	(A) 事務所を離れることができない。
(B) His budget has been reduced.	(B) 予算が削減された。
(C) He has misplaced a key.	(C) 鍵を置き忘れた。
(D) His membership card has expired.	(D) 会員カードが期限切れした。

正解 (C)

解説 男性が述べている問題が問われています。男性が❷で「鍵を紛失した」と言っていますので，男性が鍵をどこかに置き忘れたことが分かります。以上から正解は lost を misplaced に言い換えた (C) となります。質問の形から攻略法1「概要」なのではと思う方もいたかもしれませんが，2問目にあるため，会話全体の目的が問われているわけではないことが推測できます。実際，この問題は見積もりを作成するという会話全体のトピックを実行する際の問題点をピンポイントで聞き取って解答できることから，攻略法4「詳細」に該当します。1問目にあるときは先読みの段階で判断が難しいですが，2問目にある場合はたいてい「詳細」になります。

言い換え lost → misplaced

15.

[詳細]

What does Ms. Watson say she can do?	Watson さんは何ができると言っていますか。
(A) Provide pictures	(A) 写真を提供する
(B) Reschedule a meeting	(B) 打ち合わせの予定を変更する
(C) Obtain a certification	(C) 資格を得る
(D) Come to work early	(D) 職場に早く来る

正解 (A)

解説 Watson さんが何ができると言っているか，が問われています。❹で Watson さんが「事務所の見取り図と写真を提供可能」と言っていますので，これを言い換えた (A) が正解です。3人の会話の場合，誰がどの部分を話しているかをつかまないと混乱しますので，❸のように名前で呼びかけるなどのヒントを聞き逃さないようにしましょう。

言い換え give → provide, photographs → pictures

語句 □ reschedule ～を再計画する □ obtain ～を獲得する □ certification 資格

5 意図問題

What does the man mean when he says, ...? や，Why does the woman say, ...? のように，話し手の発言の意図を問う設問です。意図を知るためには，問われている表現の文字通りの意味だけではなく，会話の文脈を把握する必要があります。

POINT 先読みで「問われている表現の意味」を理解し，常に会話の流れを意識しながら聞く

例えば，「驚いた！」という発言でも，突然プレゼントをもらったときの**うれしい驚き**と，「配達が届かない…」などトラブルが起こったときの**残念な驚き**など，異なった意図があります。単なる「驚いた」からでは，どちらの感情かは分かりませんが，「驚いたわ！ こんな素敵なものをくれてありがとう」のように，前後の発言があることで，その意図を知ることができます。

先読みの段階で，問われている表現がどのような意味があるのかを考え，そのうえで，その表現の前後で話されていることを意識しながら聞く必要があります。具体的に例題の設問を確認しましょう。

例題 🎵 169

1. What does the woman imply when she says, "I'm on my way"?
   (A) She is going home.
   (B) She will help the man.
   (C) She knows who to tell.
   (D) She has found her keys.

ここで問われている表現は，I'm on my way. で，「今（どこかから）向かっている途中だ」という意味で，「もうすぐ着く」というニュアンスを持つ場合もあります。選択肢も簡略化して見てみましょう。

(A) 帰宅中である
(B) 手伝う→男性を
(C) 分かる→誰に話せばいいか
(D) 見つけた→鍵を

「I'm on my way, つまり…？」というふうに選択肢を当てはめてみると，(A), (B), (C) は合いそうです。(D) は一見合わなそうですが，鍵を見つけて戻ってきている

ところなど，文脈によっては正解になる可能性もあります。要はこの段階では全ての選択肢に可能性があるということです。今のように，先読みの段階で選択肢を見て分析できればベターですが，実際は時間がないので，選択肢を簡略化するくらいにとどめておくことをお勧めします。

それでは例題の音声を聞きましょう。

5
意図問題

スクリプトと訳 M 🇨🇦 W 🇬🇧　　　　　　　　🎵 169

Question 1 refers to the following conversation.

M: Can you give me a hand loading the equipment into the van?

W: I'm on my way. Give me a couple of minutes.

設問1は次の会話に関するものです。

M: バンに装置を積み込むのを手伝ってもらえないかな？

W: 向かっているわ。もう少し待って。

- - -

語句 □ load *A* into *B* AをBに積み込む　□ equipment 装置

手伝いを依頼している男性に対して「向かっているから待ってて」と言っていることから，女性がこれから手伝うつもりだということが分かりますね。ここから (B) が正解だと分かります。

設問の訳

1. 女性が"I'm on my way"と言う際，何を意図していますか。

(A) 帰宅中である。

(B) 男性を手伝うつもりだ。

(C) 誰に話せばいいか分かる。

(D) 自分の鍵を見つけた。

正解 **1.** (B)

意図問題は，問われている表現の意味を考えて選択肢がどのような文脈だったら正解になるかを想像し，会話を聞きながらその表現の前後の文脈をつかむということに尽きます。

そのほかの意図問題の発言の例をいくつか見ておきましょう。

◎ I've got to go.「行かなくちゃ」
　「イベントや会議に参加できない」「時間がない」もしくは「まもなく出番がある」
　という意味で使われる可能性があります。

◎ I'll take care of it.「私がその面倒を見ます」
　「誰かができないことを代わりにやってあげる」「あなたにはほかの作業をしてほ
　しい」という意味で使われる可能性があります。

◎ He turned down the offer.「彼は申し出を断った」
　「すでに何かを決めた」「用事があった」など，断った理由がある場合に使われる
　可能性があります。

会話のどの部分にその表現が出てくるか分からないので意図問題は難しいと感じ
ているかもしれません。しかし，先読みで**男性，女性どちらの発言かを判断**したり，
**設問の１問目，２問目，３問目のどこに意図問題があるかで何となく会話の冒頭，中
盤，終盤に来ると推測**できたりします。

ただし，先読みで文字通りの意図を把握し，会話を聞いて文脈を踏まえた意図を選
ぶ，とほかの問題タイプと比較して難しいのは確かです。ですので，ほかの問題タイ
プをしっかり解けるようになることを優先させてからじっくり取り組むことをお
勧めします。

攻略法まとめ　意図問題

・問われている表現の意味を考え，選択肢に見当をつける
・先読みで誰の発言か，どのあたりで出てくるかを推測する
・会話の流れを意識し，問われている表現が出てきたら前後の文脈を確認する

Practice 2人以上の会話を聞き，質問に対して最も適切な答えを(A)(B)(C)(D)の中から1つ選びなさい。 ♪ 170~174

1. Where most likely are the speakers?
   (A) At a convention center
   (B) On a boat
   (C) At a bank
   (D) In a public park

2. What does the man imply when he says, "It's Ted we're talking about"?
   (A) He would like to talk about another person.
   (B) He thinks the woman should contact Ted.
   (C) He believes a colleague will come soon.
   (D) He hopes Ted will accept a proposal.

3. What will the woman probably do next?
   (A) Make a phone call
   (B) Read an employee handbook
   (C) Go to the parking area
   (D) Check a staff directory

4. What does the man imply when he says, "I've been there"?
   (A) He has had the same experience as the woman.
   (B) He is familiar with the clients.
   (C) He would like to go somewhere different.
   (D) He will give a presentation.

5. What does the woman ask about?
   (A) Assigning a task
   (B) Hiring an assistant
   (C) Printing a brochure
   (D) Using an alternate computer

6. What does the man suggest?
   (A) Enrolling in an evening course
   (B) Providing an extension number
   (C) Installing a software update
   (D) Changing a deadline

5

意図問題

7. What are the speakers talking about?

(A) A fashion store
(B) A café
(C) A supermarket
(D) An appliance store

8. What does the woman imply when she says, "Their parking lot was full"?

(A) They should rent more parking spaces.
(B) The company has hired a lot of new employees.
(C) They should take public transportation.
(D) The café seems to be doing well.

9. What is the man going to do?

(A) Reserve some tickets online
(B) Call a local real estate agent
(C) Arrange a training workshop
(D) Visit the café's Web site

10. What does the woman mean when she says, "I know what you're saying"?

(A) She wants to get more information.
(B) She recognizes a risk.
(C) She has changed her opinion.
(D) She will not attend a talk.

11. What is the woman concerned about?

(A) The population
(B) The expense
(C) The distance
(D) The advertising

12. What does the woman suggest?

(A) Hiring a marketing manager
(B) Attending a convention
(C) Speaking with a specialist
(D) Developing a new product

13. Where most likely are the speakers?

(A) At a restaurant
(B) At a bus terminal
(C) At a taxi stand
(D) At a college

14. What does the woman mean when she says, "Let me get this"?

(A) She will take a bus.
(B) She will pay the bill.
(C) She can reach something.
(D) She has decided what to buy.

15. What will the woman most likely do next?

(A) Read a description
(B) Make a phone call
(C) Speak with a manager
(D) Check the time

5

意
図
問
題

W 🇬🇧 M 🇦🇺 🎵 170

Questions 1 through 3 refer to the following conversation.

W: ❶The conference is going to start in about twenty minutes, and we still don't have the posters to put up in our booth. Ted was supposed to deliver them here this morning.

M: He can't be far away now. I'm sure he'll be here soon.

W: ❷What if he doesn't get here in time?

M: It's Ted we're talking about. ❸If there was any doubt, he'd call us. Don't worry.

W: I guess you're right. ❹I'm going to wait for him in the parking garage. He might need help bringing up all the brochures and posters.

設問1-3は次の会話に関するものです。

W: 会議は約20分後に開始する予定ですが，いまだブースに掲示するポスターがありません。Ted が今朝こちらに届けてくれる予定だったのですが。

M: 彼は今そんな遠くにいるはずはありません。もうじきこちらに来ると思いますが。

W: もし彼が間に合わなかったらどうしましょうか。

M: Tedについて話しているんですよ。何か疑わしいことがあれば，電話してくるでしょう。心配しなくていいですよ。

W: おそらくそうですね。駐車場でTedを待つことにします。おそらくパンフレットやポスター類を全て上に持っていくのに手伝いがいるかもしれないので。

語句 □ poster ポスター □ put up ～ ～を掲示する □ booth ブース
□ *be* supposed to *do* ～することになっている □ far away 遠く離れて
□ What if S V? もしSがVならどうなる？ □ doubt 疑い
□ parking garage 駐車場 □ bring up ～ ～を上に持っていく
□ brochure パンフレット

先読みポイント

1. どこに→話し手たち

2. It's Ted we're talking about（Tedのことを話している）の意図

3. 何を→女性→する

---

1. 詳細

Where most likely are the speakers? 話し手たちはおそらくどこにいますか。
(A) At a convention center (A) コンベンションセンター
(B) On a boat (B) ボートの上
(C) At a bank (C) 銀行
(D) In a public park (D) 公園

正解 (A)

解説 会話をしている2人がどこにいるのか，が問われています。女性が❶で「会議がもうすぐ開始する。ブースに掲示するポスターがない」と言っていますので，会議・プレゼンや，ブースで

の展示などをする場所にいると推測できます。ここから(A)が正解だと分かります。

2.

What does the man imply when he says, "It's Ted we're talking about"?
(A) He would like to talk about another person.
(B) He thinks the woman should contact Ted.
(C) He believes a colleague will come soon.
(D) He hopes Ted will accept a proposal.

男性が"It's Ted we're talking about"と言う際, 何を意図していますか。
(A) ほかの人について話したい。
(B) 女性はTedに連絡すべきだと思っている。
(C) 同僚がすぐに来ると思っている。
(D) Tedが提案を受け入れてくれると望んでいる。

正解 (C)

解説 意図問題です。到着が遅れているTedについて, ❷で女性が「Tedが来なかったらどうしようか」, と言った後に男性が「今, Tedのことを話している」と言い, さらに❸で「何かあれば電話してくる」と続けています。「Tedに何かあれば連絡してくるはずなので, 連絡がないということはきっと来るだろう」という意図であることが分かります。それを言い換えた(C)が正解です。

語句 □ accept ～を受け入れる　□ proposal 提案

3.

What will the woman probably do next?
(A) Make a phone call
(B) Read an employee handbook
(C) Go to the parking area
(D) Check a staff directory

女性はおそらく次に何をしますか。
(A) 電話をする
(B) 従業員手引書を読む
(C) 駐車場に行く
(D) 従業員名簿を確認する

正解 (C)

解説 女性が次に何をするか, が問われています。❹で「駐車場でTedを待つ」と言っているので, 現在いる会議場から駐車場に行くことが考えられます。以上から正解は(C)となります。

言い換え parking garage → parking area

語句 □ handbook 手引書, ハンドブック　□ directory 名簿

Questions 4 through 6 refer to the following conversation.

W: ❶I've got to finish writing this report by five o'clock today, and my computer just crashed all of a sudden.

M: I've been there. ❷One time I lost about three hours' work. I save all of my files online now — just in case there's a technical problem.

W: ❸Is there another computer in the office that I can borrow to get this done?

M: I don't know about that, ❹but why don't you just ask Ms. Takayama for an extension? I'm sure she'll understand your situation.

設問4-6は次の会話に関するものです。

W: このレポートを今日の5時までに書き終えないといけない中で，パソコンが突然故障してしまいました。

M: かつてそれを経験しました。以前3時間ほどの仕事をロスしました。今ではオンラインで全てのファイルを保存しています。技術的な問題があることに備えてです。

W: これを終わらせるのに事務所に借りられるほかのパソコンはないでしょうか。

M: それは分かりません，でもTakayamaさんに期限延長を頼んでみてはどうでしょうか。彼女なら状況を理解してくれると思いますよ。

語句	□ crash（コンピューターが）故障して動かなくなる　□ all of a sudden 突然
	□ one time 以前　□ just in case 念のため　□ borrow ～を借りる
	□ get A done Aを終わらせる　□ extension（仕事の期限などの）延長

先読みポイント

4. I've been there（そこにいた，その場を経験した）の意図

5. 何を→女性→尋ねる

6. 何を→男性→提案する

4.　　　　　　　　　　　　　　　　　　　　　　　　　　　意図問題

What does the man imply when he says, "I've been there"?	男性が"I've been there"と言う際，何を意図していますか。
(A) He has had the same experience as the woman.	(A) 女性と同じ経験がある。
(B) He is familiar with the clients.	(B) その顧客のことをよく知っている。
(C) He would like to go somewhere different.	(C) 違う場所に行きたい。
(D) He will give a presentation.	(D) プレゼンテーションを行う。

正解　(A)

解説　意図問題です。女性の❶「パソコンが故障した」に対して，男性がI've been there.と言い，さらに❷「3時間無駄にした」と続けています。つまり，「そこにいた」はパソコンが故障した状況下にいたことを意味しています。ここから (A) が正解となります。I've been thereは「そこにいたことがある」という文字通りの意味のほか，口語では「同じ経験をしたことがある」という意味でも使われます。

語句　□ same A as B Bと同じA　□ be familiar with ～ ～をよく知っている

5.

What does the woman ask about?
(A) Assigning a task
(B) Hiring an assistant
(C) Printing a brochure
(D) Using an alternate computer

女性は何について尋ねていますか。
(A) 業務を割り当てること
(B) アシスタントを雇うこと
(C) パンフレットを印刷すること
(D) 代わりのパソコンを使うこと

正解 (D)

解説 女性は何を尋ねているか，が問われています。❸で「借りられるほかのパソコンはないか」と尋ねていますので，「代替のパソコンを使う」と言い換えた(D)が正解です。

言い換え another→alternate, borrow→use

語句 □assign ～を割り当てる □alternate 代わりの

6.

What does the man suggest?
(A) Enrolling in an evening course
(B) Providing an extension number
(C) Installing a software update
(D) Changing a deadline

男性は何を提案していますか。
(A) 夜間研修に登録すること
(B) 内線番号を教えること
(C) ソフトウェアの更新をインストールすること
(D) 締め切りを変更すること

正解 (D)

解説 男性が何を提案しているか，が問われています。男性は，パソコンが使えなく業務が滞っている女性に対して❹で「期限延長を頼んでみたら」と勧めていますので，それを言い換えた(D)が正解です。

語句 □enroll in ～ ～に登録する □deadline 締め切り

Questions 7 through 9 refer to the following conversation.

W: ❶Have you seen the new coffee shop on Harlow Street? I was thinking of going there for lunch today.

M: Yes. It just opened a couple of weeks ago. ❷I don't know if they'll get a lot of customers, though. There are already plenty of coffee shops around there.

W: Their parking lot was full. ❸I think they made a clever decision opening there.

M: That's a good sign. ❹I'm going to take a look at the lunch menu on their Web site.

設問7-9は次の会話に関するものです。

W: Harlow通りの新しいコーヒーショップを見た？　今日ランチに行ってみようかと思っていたの。

M: そうだね。ちょうど数週間前にオープンしたんだよね。でも, お客さんがたくさん入るのかどうかは分からないなあ。コーヒーショップはあの辺りにもうたくさんあるし。

W: 駐車場はいっぱいだったわ。彼らはそこにオープンするという賢い決定をしたようだわ。

M: いい兆候だね。ウェブサイトでランチメニューを見てみるか。

語句 □ a couple of weeks 数週間　□ plenty of ~ たくさんの~　□ clever 賢い
□ decision 決定　□ sign 兆候

先読みポイント

7. 何を→話している

8. Their parking lot was full（駐車場はいっぱい）の意図

9. 何を→男性→しようとする

7. 概要

What are the speakers talking about?	話し手たちは何について話していますか。
(A) A fashion store	(A) ファッション店
(B) A café	(B) カフェ
(C) A supermarket	(C) スーパーマーケット
(D) An appliance store	(D) 家電用品店

正解 (B)

解説 2人が何を話しているか, が問われています。❶で女性が「新しいコーヒーショップを見たか」と言っていますので, コーヒーショップをカフェに言い換えている(B)が正解です。

言い換え coffee shop→café

語句 □ appliance store 家電用品店

8.

意図問題

What does the woman imply when she says, "Their parking lot was full"?	女性が"Their parking lot was full"と言う際,何を意図していますか。
(A) They should rent more parking spaces.	(A) より多くの駐車スペースを借りるべきだ。
(B) The company has hired a lot of new employees.	(B) その会社はたくさんの新入社員を雇った。
(C) They should take public transportation.	(C) 公共交通機関に乗るべきだ。
(D) The café seems to be doing well.	(D) カフェが成功しているようだ。

正解 (D)

解説 意図問題です。❷の「コーヒーショップはたくさんあるので新店舗は人が入るか分からない」という男性の発言に対し,女性がTheir parking lot was full.と言っています。その後,❸で「賢い決定をした」と女性が述べていることから,駐車場がいっぱいになるくらいカフェが盛況なことが分かりますので,盛況であることを表現した(D)が正解となります。

語句 □ public transportation 公共交通機関

9.

次の行動

What is the man going to do?	男性は何をするつもりですか。
(A) Reserve some tickets online	(A) チケットをオンライン予約する
(B) Call a local real estate agent	(B) 地元の不動産業者に電話する
(C) Arrange a training workshop	(C) 教育研修を企画する
(D) Visit the café's Web site	(D) カフェのウェブサイトにアクセスする

正解 (D)

解説 男性が何をしようとしているか,が問われています。❹で男性が「ウェブサイトでメニューを見る」と言っているので,話題となっているカフェのサイトにアクセスすることが推測できます。(D)が正解となります。正解の根拠となる文で,質問と同じbe going to doが使われているので,そこに気づけば解きやすかったと思います。

語句 □ real estate agent 不動産業者　□ visit(ウェブサイトなど)にアクセスする

Questions 10 through 12 refer to the following conversation.

M: ❶I think it's time for us to open a new location. At the moment, all of our profit comes from this one store. ❷If something goes wrong at this store, we won't have any income. But I don't think we're ready to expand just yet. We'd have to divide our time between two locations.

W: I know what you're saying. ❷If something goes wrong at this store, we won't have any income. But I don't think we're ready to expand just yet. We'd have to divide our time between two locations.

M: We could hire assistants. I've already been looking at offices in Springfield.

W: ❸Springfield is three hours from here. It would mean driving for six hours every time we check on the new store.

M: I was thinking of moving there with my family.

W: I see. ❹Well, let's discuss the idea with an expert before we make any decisions.

M: That sounds fair. Do you know anyone good?

設問10-12は次の会話に関するものです。

M: そろそろ新しい場所に店舗をオープンするタイミングかと思っています。現在, 利益の全てがこの1店舗から来ていますね。

W: 言っていることは分かります。この店舗で何かうまくいかなければ, 収入が全くなくなってしまうわけですからね。でも, まだ拡大していく用意はできていないと思っています。2つの場所で時間を分配しなくてはいけなくなると思います。

M: アシスタントを雇うことができますよ。Springfieldにある事務所をすでに調査しています。

W: Springfieldはここから3時間かかります。つまり, 新店舗を確認に行くたびに6時間の運転となります。

M: 実は家族とそこに引っ越そうと考えていました。

W: なるほど。ではこの考えについては専門家と話してから決断することにしましょう。

M: それでいいと思います。誰かいい方を知っていますか。

語句 □ at the moment 現在 □ profit 利益 □ go wrong 物事がうまくいかない
□ income 収入 □ expand 拡張する □ divide 〜を分配する
□ every time S V SがVする際はいつでも □ sound 〜に思われる

先読みポイント

10. I know what you're saying（あなたの言っていることが分かる）の意図

11. 何を→女性→心配している

12. 何を→女性→提案する

---

10. 意図問題

What does the woman mean when she says, "I know what you're saying"?
(A) She wants to get more information.
(B) She recognizes a risk.
(C) She has changed her opinion.
(D) She will not attend a talk.

女性が"I know what you're saying"と言う際, 何を意図していますか。
(A) より多くの情報を得たい。
(B) リスクを認識している。
(C) 意見を変更した。
(D) 講演に参加しないつもりだ。

正解 (B)

解説 意図問題です。男性が❶で「新店舗をオープンするタイミングだ。利益の全てが1店舗からだ」と言ったことに対し，女性がI know what you're saying.と言い，さらに❷で「この店舗が失敗すると収入がなくなる」と言っています。つまり，男性が指摘した，1店舗依存の体制を女性も危惧していることが分かりますので，それを「リスク認識」と表現した(B)が正解となります。

語句 □ recognize ～を認識する □ risk 危険

11.

詳細

What is the woman concerned about? 女性は何を心配していますか。
(A) The population (A) 人口
(B) The expense (B) 支出
(C) The distance (C) 距離
(D) The advertising (D) 広告

正解 (C)

解説 女性が何を心配しているか，が問われています。女性は❸で新店舗候補地のことを往復6時間かかるくらい遠いと言っていますので，(C)が正解となります。質問の形から攻略法1「概要」なのではないかと思う方もいらっしゃるかもしれませんが，この問題は2問目であり，会話全体の問題が問われていないことが推測できます。実際，「時間がかかる＝距離が遠い」と心配している女性の発言をピンポイントで聞き取って解答できることから，実は攻略法4の「詳細」に該当します。

語句 □ concerned 心配している □ expense 支出

12.

依頼・提案・勧誘・申し出

What does the woman suggest? 女性は何を提案していますか。
(A) Hiring a marketing manager (A) マーケティング部長を雇うこと
(B) Attending a convention (B) 会議に参加すること
(C) Speaking with a specialist (C) 専門家と話すこと
(D) Developing a new product (D) 新商品を開発すること

正解 (C)

解説 女性が何を提案しているか，が問われています。❹で「専門家と話してから決定しよう」と提案しているので，それを言い換えた(C)が正解です。

言い換え expert → specialist

語句 □ convention 会議

Questions 13 through 15 refer to the following conversation with three speakers.

M1: ❶I hope you enjoyed your lunch. Would you like to order anything else?
M2: We're OK, thanks. The meal was excellent. Can we have the bill?
M1: Here you are.
M2: Thank you. Do you take credit cards?
W: ❷Hold on, Frank. Let me get this. ❸After all the great advice you've given me today, it's the least I can do.
M2: Thanks, Jennifer. I also enjoyed our talk, so I really don't mind paying half.
W: ❹Well, I'll let you pay for the taxi back to the office. Would you mind if I call one?

- -

設問13-15は次の3人の会話に関するものです。

M1: ランチは楽しんでいただけましたか。ほかにご注文はよろしいでしょうか。
M2: 大丈夫です，ありがとうございます。食事は素晴らしかったです。お会計をお願いします。
M1: こちらです。
M2: ありがとうございます。クレジットカードは使えますか。
W: ちょっと待って，Frank。これは私に持たせて。今日素晴らしいアドバイスをもらった後なので，これが私にせめてできることだわ。
M2: ありがとう，Jennifer。僕も会話を十分に楽しんだから，半分払ってもいいんだけど。
W: では，事務所までの帰りのタクシー代を払ってもらうわ。1台電話で呼んでも差し支えないかしら？

語句 □ bill 勘定，請求書 □ take credit cards クレジットカード利用を認める
□ hold on 待つ，保留する □ pay for 〜 〜の支払いをする
□ Would you mind if S V SがVしてもいいか

先読みポイント

13. どこ→話し手たち

14. Let me get this（これは私に持たせて）の意図

15. 何を→女性→する

13.

詳細

Where most likely are the speakers?	話し手たちはおそらくどこにいますか。
(A) At a restaurant	(A) レストラン
(B) At a bus terminal	(B) バスターミナル
(C) At a taxi stand	(C) タクシー乗り場
(D) At a college	(D) 大学

正解 (A)

解説 会話の3人がどこにいるのか，が問われています。❶でランチを提供され，さらに注文の有無を確認されていますので，レストランや，カフェのような場所にいると分かります。選択肢のうち当てはまるのは(A)です。

語句 □ terminal ターミナル □ taxi stand タクシー乗り場

14.

What does the woman mean when she says, "Let me get this"?
(A) She will take a bus.
(B) She will pay the bill.
(C) She can reach something.
(D) She has decided what to buy.

女性が"Let me get this"と言う際，何を意図していますか。
(A) バスに乗る。
(B) 勘定を払う。
(C) 何かに手が届く。
(D) 何を購入するか決めた。

正解 (B)

解説 意図問題です。カードで支払おうとしている男性に対し女性が❷で「待って」と止め，Let me get this.に続いて，❸で「今日はアドバイスをもらったので自分ができることをしたい」とお礼を申し出ています。ここから女性が男性の代わりに支払いをしようとしていることが分かります。以上より，(B)が正解となります。冒頭から男性2人の会話が続き，なかなか女性が出てきませんが，集中を切らさずに文脈を意識してリスニングを続ける必要があります。また，男性2人の関係は店員と客だと比較的すぐに分かりますが，女性が客の同行者ということだと素早く把握しましょう。

語句 □ reach ～に手が届く

15.

What will the woman most likely do next?
(A) Read a description
(B) Make a phone call
(C) Speak with a manager
(D) Check the time

女性はおそらく次に何をしますか。
(A) 記載事項を読む
(B) 電話をかける
(C) マネージャーと話す
(D) 時間を確認する

正解 (B)

解説 次に女性がとる行動，が問われています。女性は❹で「帰りのタクシー代を払ってほしい。1台電話で呼んでもいいか」と聞いていますので，女性はこの後に電話をかけることが分かります。正解は(B)です。

言い換え call→make a phone call

語句 □ description 記載事項

6 図表問題

図表問題では，聞こえてくる音と印刷された設問の文字を見るという情報に加えて，図表という情報も加わります。限られた時間で増えた情報量をどのように処理するのかを確認しましょう。

POINT 設問と図の先読みで「どこが問われそうか」を確認する

そもそも，図表問題というのは，図表を見て会話を聞かないと解けないように作られています。つまり，音を聞いただけでも，図表を見ただけでも解答はできません（仮にできてしまうと問題自体が成立しなくなってしまいます）。

ということは，図と選択肢を先読みするときに，**問われるポイントをおおよそ推測してから音声を聞けば解きやすくなる**，ということも言えます。コツをしっかり押さえておきましょう。

それではまずは例題を見て先読みしましょう。

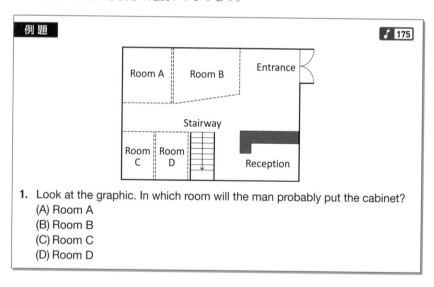

例題 ♪ 175

1. Look at the graphic. In which room will the man probably put the cabinet?
   (A) Room A
   (B) Room B
   (C) Room C
   (D) Room D

図表問題の質問はLook at the graphic. という表現から始まります。問われているのは，「どの部屋に男性がおそらくキャビネットを置くか」です。選択肢はルームA，B，C，Dとなっています。

次に図表を見ると，部屋の見取り図になっていて，各部屋にA，B，C，Dが振られています。このことから，A，B，C，Dのどの部屋に置くかは直接言及せず，「階段の横」「Aの隣」など，周辺の情報を手掛かりにして正解を導くのだと推測できます。そうしないと会話だけで問題が解けますからね。部屋以外の情報は，階段，入口，受付が見えます。これらの位置がヒントになる可能性もあると見当をつけて会話を聞きましょう。

スクリプトと訳 M 🇦🇺 W 🇬🇧 ♪ 175

Question 1 refers to the following conversation and floor plan.

M: I'm delivering a cabinet for Mr. Harper. Where would you like me to leave it?

W: Umm… Mr. Harper's office is the one across from the stairs.

設問1は次の会話と見取り図に関するものです。

M: Harper様へキャビネットを配送しております。どこに置きましょうか。

W: えーと…。Harperさんのオフィスは階段の向かい側です。

語句 □ floor plan 見取り図，平面図 □ cabinet キャビネット，飾り戸棚

会話からキャビネットは階段の向かい側の部屋に置くことが分かり，図から<u>**階段の向かいの部屋**</u>はRoom Bだと分かります。正解は (B) です。ちなみに，*A* across from *B* は「Bの向かい側のA」という意味です。もしこれがthe one next to the stairs「階段の隣」であれば，(D) が正解になります。

設問の訳

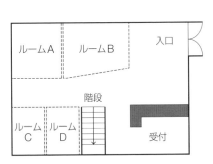

1. 図を見てください。男性はおそらくどの部屋にキャビネットを置きますか。

(A) ルームA
(B) ルームB
(C) ルームC
(D) ルームD

正解 **1.** (B)

語句 □ stairway 階段 □ reception 受付

図表問題は，見取り図や地図のほかに表形式や名刺など，さまざまなものがあります。ここでは，表と名刺の例を簡単に取り上げておきます。

▦ 表

<table>
<tr><td colspan="2" align="center">営業部掃除当番</td></tr>
<tr><td>火曜</td><td>John</td></tr>
<tr><td>水曜</td><td>Taro</td></tr>
<tr><td>木曜</td><td>Jennifer</td></tr>
<tr><td>金曜</td><td>Tomas</td></tr>
</table>

Q. 掃除ができないのは誰ですか。
(A) John
(B) Taro
(C) Jennifer
(D) Tomas

先読みの段階で，「○○さんが掃除をできない」と担当者の名前が会話で明言されることはなく，「火曜日の担当者が掃除できない」「水曜日の担当者を変更する必要がある」など，間接的に言われることが推測できます。また，「水曜日ではなく，その翌日（the following day）の担当者」というように，具体的な曜日のさらに次の日，というひっかけもあるので，注意してください。

会話の例：
M: 出張があるから火曜日の掃除ができないと言われたよ。
W: 他の部署のHanakoに頼もう。

✖ 名刺

www.tommyflowershop.com

店長

トム・ブラウン

トミーフラワーショップ
～いつも素敵な花をあなたに～

住所：ディクシーロード147番地
電話：555-1487

Q. どの情報を変更することになりそうですか。
(A) ウェブサイトのアドレス
(B) 役職
(C) 住所
(D) 電話

一方，こちらは名刺の中に「ウェブサイトのアドレス」「役職」「住所」「電話」と選択肢の情報が並んでいます。先ほどの表の「人名と曜日」のように対応した情報がないので，会話でどのように間接的に表現されるのか，推測しづらい問題です。よくあるのは，「最上段にある情報を最下段に移動したい」のように，位置入れ替えが会話で指示されるパターンです。このほか，「発注後に事務所を移転した」という表現から，「住所」を選ぶパターンもあります。

会話の例：
M: もらった名刺のデザイン案ですが，最上段の情報を最下段に持って行ってください。そのように依頼したはずです。
W: すみません。仕様はそうなっていました。至急修正します。送付先はいつもの住所でよいですか。

攻略法まとめ　図表問題

・先読みで設問から図で問われるポイントを推測する

2人以上の会話を聞き，質問に対して最も適切な答えを(A)(B)(C)(D)の中から1つ選びなさい。

🎵 176~179

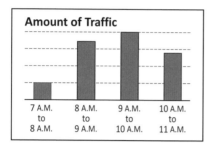

Amount of Traffic

7 A.M. to 8 A.M.	8 A.M. to 9 A.M.	9 A.M. to 10 A.M.	10 A.M. to 11 A.M.

Discount Coupon
Uskert Lawn Care

6-Week Plan·············· **5%** off
12-Week Plan ·········· **10%** off
18-Week Plan ·········· **15%** off
24-Week Plan ·········· **20%** off
(Residential Contracts Only)

1. What are the speakers mainly discussing?

(A) Interviewing job candidates
(B) Arranging a sporting event
(C) Going to see historical artworks
(D) Evaluating employee performance

2. What does the man say he will do tomorrow morning?

(A) Watch a television program
(B) Read a magazine
(C) Check a weather forecast
(D) Report to his workplace

3. Look at the graphic. When will the speakers probably drive into the city?

(A) Between 7:00 A.M. and 8:00 A.M.
(B) Between 8:00 A.M. and 9:00 A.M.
(C) Between 9:00 A.M. and 10:00 A.M.
(D) Between 10:00 A.M. and 11:00 A.M.

4. Who most likely is the man?

(A) A real estate agent
(B) A gardener
(C) A store clerk
(D) A city council member

5. Look at the graphic. Which plan will the woman probably choose?

(A) The 6-Week Plan
(B) The 12-Week Plan
(C) The 18-Week Plan
(D) The 24-Week Plan

6. What does the woman ask the man to do?

(A) Schedule an appointment
(B) Provide a price estimate
(C) Attend an event
(D) Suggest a service

Curtain Sizes List

70cm x 90cm	$28.00
120cm x 90cm	$36.00
180cm x 90cm	$44.00
220cm x 90cm	$60.00

7. Where do the speakers work?

   (A) At a publishing company
   (B) At a furniture store
   (C) At a medical institution
   (D) At a hotel

8. Look at the graphic. Which size curtains will the woman probably buy?

   (A) 70cm x 90cm
   (B) 120cm x 90cm
   (C) 220cm x 90cm
   (D) 180cm x 90cm

9. What is the woman asked to do?

   (A) Hand in a product catalog
   (B) Make a request for reimbursement
   (C) Use a discount card
   (D) Contact another office

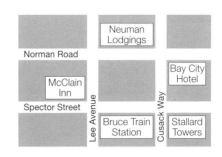

10. Who most likely are the speakers?

   (A) Architects
   (B) Doctors
   (C) Fashion designers
   (D) Tour guides

11. Look at the graphic. Where will the man probably stay?

   (A) At Neuman Lodgings
   (B) At Bay City Hotel
   (C) At McClain Inn
   (D) At Stallard Towers

12. What does the woman say she will do tomorrow?

   (A) Inspect a hotel
   (B) Travel by plane
   (C) Meet with a client
   (D) Go on vacation

6

図表問題

W 🇺🇸 M 🇨🇦   ♪ 176

Questions 1 through 3 refer to the following conversation and graph.

W: ❶I'd like to go and check out that exhibition of pieces from ancient Greece at the Verint Museum tomorrow morning.

M: Sounds great. ❷I have some work to do at the office from about eight A.M., but I should be back within an hour.

W: OK. Well, let's leave as soon as you get back. Shall we have lunch after we go to the museum? Actually, I've already made a reservation from twelve o'clock at a Chinese restaurant near the museum.

M: Good thinking. I'm just checking the traffic conditions. ❸Oh, it looks like we'll be driving into the city at the busiest time of day. I guess that can't be helped.

設問1-3は次の会話とグラフに関するものです。

W: 明日の朝はVerint美術館で古代ギリシャの展示作品を見に行きたいわ。

M: いいね。午前8時頃からオフィスで仕事があるけど，1時間以内で戻れるよ。

W: いいわ。では，あなたが戻ったらすぐに出発しましょう。美術館の後昼食を食べましょうか。実はもう12時に美術館近くの中華レストランを予約したの。

M: 名案だね。ちょうど交通状況を調べているんだ。おお，どうやら1日で一番混雑する時間帯に市街地に向かって運転するようだね。おそらくこればっかりはどうしようもないね。

語句   □ check out ~ ~を調べる   □ exhibition 展示   □ piece 作品
       □ ancient 古代の   □ traffic condition 交通状況
       □ at the busiest time of day 1日で一番混雑する時間帯に
       □ that can't be helped それは仕方がない

先読みポイント

1. 何を→話している

2. 何を→男性→明日の朝する

3. 図→いつ→話し手たち→街をドライブする

---

1.   概要

What are the speakers mainly discussing?	話し手たちは主に何を話していますか。
(A) Interviewing job candidates	(A) 仕事の志願者を面接すること
(B) Arranging a sporting event	(B) スポーツイベントを準備すること
(C) Going to see historical artworks	(C) 歴史的な美術作品を見に行くこと
(D) Evaluating employee performance	(D) 従業員の業績を評価すること

正解 (C)

解説 会話の2人が何を話しているか，が問われています。❶で女性が「美術館で古代ギリシャの展示作品を見たい」と要望しているので，歴史的な美術作品を見に行くことについて話をしていることが分かります。それを言い換えた(C)が正解です。

言い換え check out→see, pieces→artworks

□ job candidate 仕事の志願者　□ historical artwork 歴史的な美術作品
□ evaluate ～を評価する　□ performance 業績

2.

詳細

What does the man say he will do tomorrow morning?	男性は明日の朝，何をすると言っていますか。
(A) Watch a television program	(A) テレビ番組を視聴する
(B) Read a magazine	(B) 雑誌を読む
(C) Check a weather forecast	(C) 天気予報を確認する
(D) Report to his workplace	(D) 職場へ行く

正解 (D)

解説 男性が明日の朝何をするか，が問われています。女性が❶で明朝の美術館訪問を希望しているのに対し，男性は❷で「午前8時から事務所で仕事があるが，すぐ戻れる」と言っています。男性はいったん職場に行くことが分かりますので，正解は(D)となります。1問目・2問目で未来の行動を問われている場合は「詳細」に分類します。

言い換え office → workplace

語句 □ weather forecast 天気予報　□ report to ～ ～に行く　□ workplace 職場

3.

図表問題

Look at the graphic. When will the speakers probably drive into the city?	図を見てください。話し手たちはおそらくいつ市街地に向かって運転しますか。
(A) Between 7:00 A.M. and 8:00 A.M.	(A) 午前7時から午前8時の間
(B) Between 8:00 A.M. and 9:00 A.M.	(B) 午前8時から午前9時の間
(C) Between 9:00 A.M. and 10:00 A.M.	(C) 午前9時から午前10時の間
(D) Between 10:00 A.M. and 11:00 A.M.	(D) 午前10時から午前11時の間

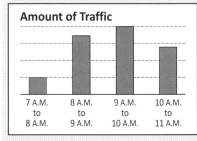

Amount of Traffic

7 A.M. to 8 A.M.　8 A.M. to 9 A.M.　9 A.M. to 10 A.M.　10 A.M. to 11 A.M.

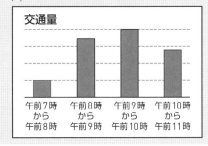

交通量

午前7時から午前8時　午前8時から午前9時　午前9時から午前10時　午前10時から午前11時

正解 (C)

解説 2人は何時頃市街地に向かって運転するか，が問われています。図表問題なので，具体的な時間は話されず，棒グラフから判断する必要があると推測できます。男性が❸で，「一番混雑する時間帯に市街地に向かって運転する」と述べています。次に図で一番混雑する時間帯を見ると，9:00から10:00だと分かるので，正解は(C)です。棒グラフから正解を探す場合は，「最多の［最低の］」，「一番悪い［いい］」，「一番高い［安い］」や，「○番目の」（the second largest「2番目の」など）といった表現が会話の中で出てきますので，その表現を待ち伏せておくことが重要となります。

Questions 4 through 6 refer to the following conversation and coupon.

M: Ms. Baker. ❶Thanks for trusting us with the sale of your house. I'm sure Kowalski Housing Agency will be able to show the property to a lot of potential buyers.

W: I hope so. Is there anything I should do to make the property ready for sale?

M: It's very nice inside, but the lawn needs some care. We usually use a company called Uskert Lawn Care. ❷I have a coupon from them here. This plan would probably suit you best. We should sell the house within that time and you'll get five percent off.

W: Great. Thanks for that. ❸I'm moving to another town, so I won't be able to clean the pool, either. Can you recommend someone?

設問4-6は次の会話とクーポンに関するものです。

M: Bakerさん，ご自宅売却でご用命いただき，ありがとうございます。必ずやKowalski不動産によりその不動産を見込みのあるたくさんのお客様に見ていただけると思います。

W: そうなるといいですね。物件の売却準備として何かすることはありますか。

M: 内装はとてもよいですが，芝生は少し手入れが必要ですね。弊社は通常Uskert芝生手入れ社に依頼しています。彼らのクーポンがこちらにあります。おそらくこのプランが一番合っていると思います。我々はこの期間内にご自宅の売却をしなければいけませんし，5%オフになります。

W: いいですね。どうもありがとう。ほかの町に引っ越す予定なのでプールも清掃できない予定です。誰か紹介してくれませんか。

語句 □ property 物件　□ potential buyer 見込みのある買い手　□ lawn 芝生
□ care 手入れ　□ suit ～に適している

先読みポイント

4. 誰→男性
5. 図表→どのプラン→女性→選ぶ
6. 何を→女性→男性に→頼む

4.　　　　　　　　　　　　　　　　　　　　　　　　　　　　　**詳細**

Who most likely is the man?	男性はおそらく誰ですか。
(A) A real estate agent	(A) 不動産業者
(B) A gardener	(B) 造園業者
(C) A store clerk	(C) 店員
(D) A city council member	(D) 市議会議員

正解 (A)

解説 男性が誰か，が問われています。男性が❶で自宅売却の依頼に対するお礼を述べ，不動産売却対応の満足を約束する旨の発言をしていますので，不動産取引に関する仕事をしていることが分かります。(A)が正解となります。

語句 □ real estate agent 不動産業者　□ gardener 造園業者　□ clerk 店員，事務員
□ city council 市議会

5.

Look at the graphic. Which plan will the woman probably choose?
(A) The 6-Week Plan
(B) The 12-Week Plan
(C) The 18-Week Plan
(D) The 24-Week Plan

図を見てください。女性はおそらくどのプランを選びますか。
(A) 6週間プラン
(B) 12週間プラン
(C) 18週間プラン
(D) 24週間プラン

Discount Coupon
Uskert Lawn Care

6-Week Plan·······················**5%** off
12-Week Plan ···············**10%** off
18-Week Plan ···············**15%** off
24-Week Plan ···············**20%** off
(Residential Contracts Only)

割引クーポン
Uskert 芝生手入れ社

6 週間プラン·······················5%オフ
12 週間プラン ···················10%オフ
18 週間プラン ···················15%オフ
24 週間プラン ···················20%オフ
(住宅契約の方限定)

正解 (A)

解説 図表問題です。女性がどのプランを選ぶか, が問われています。選択肢には期間が並んでいるので, ○% off の部分が音声で話されると推測できます。男性が❷で「クーポンがあり, このプランが合っている。この期間内に自宅を売却しなければいけないし, 5%オフになる」と言って, その後女性が「いいですね」と賛同の意を表明していることから, 5%オフになるプランを利用することが分かります。図表から, 5%オフのプランは6週間であることが分かりますので, (A)が正解となります。

6.

What does the woman ask the man to do?
(A) Schedule an appointment
(B) Provide a price estimate
(C) Attend an event
(D) Suggest a service

女性は男性に何をするように頼んでいますか。
(A) 会う約束をする
(B) 価格見積もりを提示する
(C) イベントに参加する
(D) サービスを提案する

正解 (D)

解説 女性が男性に頼んでいることが問われています。❸で女性が男性に「プールを清掃する時間がないから, 誰か紹介してほしい」と言っています。ここから清掃サービスをしてくれる人の紹介を頼んでいることが推察され, (D)が正解です。

語句 □ price estimate 価格見積もり

Questions 7 through 9 refer to the following conversation and list.

W: ❶I think we should get some new curtains for all the patient waiting rooms. We've had those gray ones since we opened the clinic.

M: We have to be careful with our budget. How much will they cost?

W: ❷I have this brochure from a local curtain store. The ones we need are just forty-four dollars each. We'll need ten sets, though.

M: ❸Fair enough. ❹Would you mind buying them and sending your receipt to accounting for reimbursement?

W: That's fine.

設問7-9は次の会話とリストに関するものです。

W: 全ての患者の待合室用のカーテンを新調した方がいいと思うの。グレーのものは診療所を開業したときからのものだから。

M: 予算に対しては慎重にならないとな。いくらになるんだい？

W: 地元のカーテン店のパンフレットがあるわ。必要なものはちょうどそれぞれ44ドルするの。10セットは必要なんだけどね。

M: それならいいよ。購入してレシートを返金用に経理部に送付してくれない？

W: 分かったわ。

語句 □ patient 患者 □ waiting room 待合室 □ gray グレー色（の） □ budget 予算
□ brochure パンフレット □ Fair enough. 同意だ。 □ accounting 会計（係）
□ reimbursement 返金

先読みポイント
7. どこで→話し手たち→働く
8. 図表→どのカーテンサイズ→女性→買う
9. 何を→女性→頼まれる

7.

詳細

Where do the speakers work?
(A) At a publishing company
(B) At a furniture store
(C) At a medical institution
(D) At a hotel

話し手たちはどこで働いていますか。
(A) 出版社
(B) 家具店
(C) 医療施設
(D) ホテル

正解 (C)

解説 2人がどこで働いているか，が問われています。会話の冒頭で女性が❶で「患者の待合室」，「診療所を開業してから」と言っており，医療施設で働いていることが分かります。それに続く男性の発言でカーテンの予算を気にしていることから，男性は女性の同僚であることが分かりますので，正解は(C)となります。

言い換え clinic→medical institution

語句 □ medical institution 医療施設，病院

8.

Look at the graphic. Which size
curtains will the woman probably buy?
(A) 70cm x 90cm
(B) 120cm x 90cm
(C) 220cm x 90cm
(D) 180cm x 90cm

図を見てください。女性はおそらくどのサイズ
のカーテンを購入しますか。
(A) 70cm × 90cm
(B) 120cm × 90cm
(C) 220cm × 90cm
(D) 180cm × 90cm

Curtain Sizes List

70cm x 90cm	$28.00
120cm x 90cm	$36.00
180cm x 90cm	$44.00
220cm x 90cm	$60.00

カーテンサイズ一覧

70cm × 90cm	28 ドル
120cm × 90cm	36 ドル
180cm × 90cm	44 ドル
220cm × 90cm	60 ドル

正解 (D)

解説 図表問題で，女性がどのカーテンを購入するか，が問われています。選択肢にはカーテンサイ
ズが並んでいますので，価格についての言及がヒントになると推測できます。女性が❷で「必
要なカーテンが44ドルする。10セット必要」と言い，男性が❸で異論ないと言っているので，
44ドルに相当するカーテンを買うことが分かります。ここから図を参照するとサイズが180
×90cmだと分かりますので正解は(D)だと分かります。表の44ドルに相当する部分は上から
3番目ですが，選択肢は上から4番目になっていますので，並びには注意しましょう。

9.

What is the woman asked to do?
(A) Hand in a product catalog
(B) Make a request for reimbursement
(C) Use a discount card
(D) Contact another office

女性は何をするよう頼まれていますか。
(A) 商品カタログを提出する
(B) 返金の要求をする
(C) 割引カードを使う
(D) ほかの事務所に連絡する

正解 (B)

解説 女性が頼まれていることが問われています。男性が❹で「カーテン購入後，レシートを返金用
に経理部に送付してほしい」と女性に依頼しているので，購入後の対応を言い換えた(B)が正
解となります。

語句 □ hand in ～　～を提出する，提案する

Questions 10 through 12 refer to the following conversation and map.

M: ❶I have to go to Portland next week and meet with representatives from Heighton National Bank. They want me to come up with a design for their new headquarters.

W: That's great. ❷We designed their new office in New York City. They must have been happy with it if they're inviting us to submit a design again. Where are you staying?

M: ❸I found a nice hotel right across the road from Bruce Train Station. It's on Cusack Way.

W: That should be very convenient.

M: Yes. The price was reasonable, too.

W: By the way, ❹I'm taking some time off from tomorrow, so send me a text to let me know how it goes.

M: Understood. When are you coming back?

W: I'll be back at work in two weeks.

設問10-12は次の会話と地図に関するものです。

M: 来週Portlandに行ってHeighton国立銀行の代表者と会う必要があります。彼らの新本社屋のデザイン考案を依頼されております。

W: それは素晴らしいですね。私たちはNew York市にある彼らの新しい事務所をデザインしましたね。再びデザインの提出の依頼をもちかけてくるとはよほど満足していたに違いありません。どこに宿泊の予定ですか。

M: Bruce駅のちょうど向かい側にいいホテルを見つけたんです。Cusack通りにあります。

W: そこはとても便利でしょうね。

M: はい。価格もお値打ちでした。

W: ところで, 私は明日から休暇を取る予定だから, メールで進捗を送ってもらえますか。

M: 了解しました。お戻りはいつですか。

W: 2週間後に職場に戻ります。

語句 □ representative 代表者　□ come up with ～ ～を考案する
　　　 □ must have *done* ～したに違いない　□ convenient 便利な
　　　 □ reasonable 値段があまり高くない　□ Understood. 了解した。

先読みポイント

10. 誰→話し手たち

11. 図表→どこ→男性→泊まる

12. 何を→女性→する→明日

10.　　　　　　　　　　　　　　　　　　　　　　　　　　　　詳細

Who most likely are the speakers?　　　　話し手たちはおそらく誰ですか。

(A) Architects　　　　　　　　　　　　　(A) 建築家

(B) Doctors　　　　　　　　　　　　　　(B) 医者

(C) Fashion designers　　　　　　　　　(C) ファッションデザイナー

(D) Tour guides　　　　　　　　　　　　(D) 旅行ガイド

正解 (A)

解説 会話の2人が誰なのか，が問われています。❶，❷より，2人の会社は「顧客から新規デザインを依頼されている」，「以前ニューヨークの事務所をデザインした」ことが分かります。つまり，建築物のデザインに関する仕事，(A)が正解だと分かります。

語句 □ architect 建築家　□ tour guide 旅行ガイド（案内人）

11.

Look at the graphic. Where will the man probably stay?
(A) At Neuman Lodgings
(B) At Bay City Hotel
(C) At McClain Inn
(D) At Stallard Towers

図を見てください。男性はおそらくどこに宿泊しますか。
(A) Neuman Lodgings
(B) Bay City Hotel
(C) McClain Inn
(D) Stallard Towers

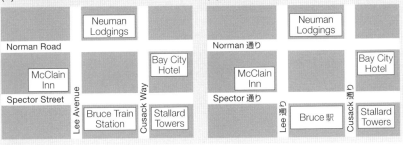

正解 (D)

解説 図表問題で，男性はどこに宿泊するか，が問われています。地図なので，位置関係に注意して音声を聞きましょう。❸で男性は「Bruce駅の向かい側でCusack通りにあるホテル」と言っているのでこの情報を参考に地図を見ると，正解は(D)となります。

語句 □ lodging 宿泊施設　□ inn 宿泊施設，小旅館

12.

次の行動

What does the woman say she will do tomorrow?
(A) Inspect a hotel
(B) Travel by plane
(C) Meet with a client
(D) Go on vacation

女性は明日，何をすると言っていますか。
(A) ホテルを視察する
(B) 飛行機で旅行する
(C) 顧客と会う
(D) 休暇に出かける

正解 (D)

解説 女性が明日何をすると言っているか，が問われています。❹で女性が「明日から休暇を取る予定」と言っているので，これを言い換えた(D)が正解となります。この問題は「次の行動」に分類しており，会話の結果を受けての行動を待ち伏せして解くこともできます。しかし，女性の I'm taking off "tomorrow" をピンポイントで聞き取る，「詳細」タイプの問題と捉えて解くこともできます。こういったものがあることは覚えておいてください。

言い換え take some time off → go on vacation

語句 □ inspect ～を調査する，検査する　□ by plane 飛行機で

Part 4
説明文問題

自分が出来る！伸びる！達成する！
その気持ちを持って前に進もう。
Let's go!

Part 4（説明文問題）の攻略法

問題数	10セット30問（No. 71〜100）
出題内容	1人の人物によるトークを聞き，その話についての質問に答える。質問と選択肢は印刷されている。
解答時間	1問8秒（図表を見て答える設問は12秒）

◳ 解く際の流れ

Part 4は，基本的にはPart 3と同じで，会話やトークが流れる前に設問を先に読む，すなわち「先読み」が有効です。先読みの仕方や，解く際の流れはPart 3の攻略法を参照してください。ただし，Part 3は「2，3人の会話」，Part 4は「1人の話し手のトーク」なので，先読みの際は以下の点が異なります。

Part 3の設問では，話し手は常に性別に合わせて the man「男性」, the woman「女性」と記載されますが，Part4では話し手は the speaker「話し手」と記載されます。

また，Part 4では the listeners（the listener）「トークを聞いている人」の行動などを問われることもあります。この場合，トークの中で you「あなた」と言われている部分が正解の根拠になります。What are the listeners asked to do？という質問があれば，トークの中で話し手が聞き手にお願いする表現が出てくると予想できます。

先読み以外の違いとしては，Part 3は登場人物の会話を聞く形式ですが，Part 4は，聞いている私たちに向けて speaker が話しかけてくるイメージであることです。listeners のことを you と表現するので，あたかも自分たちに話しかけてきているような雰囲気があります。加えて，会話独特の「間」がないため，1セットのトークは会話と比較して密度が濃く，Part 3と比較して集中する必要があります。

◳ 場面のタイプ

Part 3と決定的に異なるのが，トークの前にDirectionsでナレーターが，Questions 71-73 refer to the following announcement.「設問71-73は次のアナウンスに関するものです」というように会話の場面を言ってくれることです。

これを大きなヒントとして，それぞれの場面をイメージしておくと，ストーリーを推測しながら聞くことができます。それぞれのタイプについて攻略法を詳しく書いているので，特徴をつかんでおけるようにしておきましょう。

- タイプ①アナウンス (announcement)　例：買い物客へのアナウンスなど
- タイプ②スピーチ (speech)　例：社員向けの社長就任のスピーチ
- タイプ③広告・宣伝 (advertisement)　例：家電製品店のオープン記念，割引の
  お知らせ
- タイプ④ニュース・ラジオ (news report, radio broadcast)　例：ある地方の交
  通情報
- タイプ⑤会議 (excerpt from a meeting)　例：来年の予算会議
- タイプ⑥電話メッセージ (telephone message)　例：旅行会社から予約が取れた
  というメッセージ

「ラジオ」や館内「アナウンス」から「広告」が流れたり，「会議」中に企業の合併
の「アナウンス」がされたりするなど，厳密にタイプに分けられなかったり，予想
外の展開をしたりするものもあります。また，Directions では talk となっていて，場
面を判断できないこともあります。本書では基本的に，Directions や 1 文目を基準
に問題を分類しました。まずはこの形で場面を判断し，展開を推測しながら音声を
聞くトレーニングをしましょう。そして，さまざまな展開のパターンを身に付け，
タイプを意識しなくても推測をしながら聞けるようになりましょう。

なお，Part 4 でも，各設問に設問タイプを表示しています。自分が苦手なタイプが
あればピックアップして解いたり，あるいは，Part 4 で苦手な設問タイプを探した
りするときにご活用ください。

1 アナウンス

アナウンスは，複数の人に向けて**お知らせ**を話すタイプです。**誰に何を知らせたい**のかを早い段階で把握できると，その後の情報を予測しながら聞くことができ，設問に関する情報を待ち伏せしやすくなります。

POINT 誰に，何を知らせているかを素早く把握する

アナウンスの聞き手は，ある会社の社員，買い物客，乗客などの場合が多いです。聞き手が分かると話の展開や提供される情報を推測できることが多いので，聞き手が会社のどのようなチームか，どういった店舗の買い物客か，どんな乗り物の乗客なのか，など，**誰に向けられたものか**を注意して聞きましょう。

次に，**何を知らせているか**も重要です。例えば，清掃員のチームに向けたアナウンスでschedule changeが聞こえたら，作業予定の変更を知らせていることが分かり，「今日は窓を清掃する予定だったが，機材が届かないので1階の清掃をする」といった具体的な情報が出てくることが推測できます。ツアーガイドが参加者に今日の予定を説明する場面だと把握できたら，「最初に◎◎に，その後△△に行く」といった具体的な行程が話されると予測できます。アナウンスではこういった具体的な情報が設問で問われる場合が多いので，何を知らせているのかを素早く把握し，正解の根拠となる情報を待ち構えることが重要です。

なお，3問目はアナウンスの次に何が起こるかや，聞き手にどういった行動を促しているかを問われることが多いです。

例題　♪ 180

1. What is the main purpose of the announcement?
(A) To promote an event
(B) To introduce a policy
(C) To find a volunteer member
(D) To inform people of a closing time

2. What can the listeners do on the first floor?
(A) Purchase artworks
(B) Meet a tour guide
(C) Receive a map
(D) Pick up a lost item

3. What will happen next?
(A) Some staff will take a day off.
(B) Some books will be introduced.
(C) A new section will be made.
(D) A movie will be screened.

設問から分かる待ち伏せポイント

1. What + purpose　　　　　→　目的を聞き取る
2. What + listeners + first floor　→　聞き手が1階でできることを聞き取る
3. What + happen + next　　　→　次の展開＝最後の情報を聞き逃さない

次にスクリプトを見ながら，このトークの流れを確認しましょう。

スクリプト　🎵 180

Questions 1 through 3 refer to the following announcement.
　　　　┌ 常連客への呼びかけ！　何かを知らせるときに使う表現だ。┐　┌ 閉館，閉店前のアナウンスか！┐
❶ Attention, patrons. It is now four-forty P.M. and I regret that we'll be closing in
　　　　　　　┌ 図書館利用者向けの案内か！┐
twenty minutes. If you'd like to borrow any of the books, I suggest you make
┌ さらに注意を呼びかけている！　1階でできることはまだか？┐
your way to the front desk by four-fifty. Moreover, please be reminded that

we'll be closed next week. This is due to the renovations that will expand our
　　　　　　　　┌ ほかの話題が始まるのかな？┐
reading area. ❷ Also, we've just had a mobile phone handed in at the front desk.

It was found in the fiction section. ❸ The owner may pick it up at the front desk
┌ 1階の情報が来た！　落とし物をここで受け取るのか。┐
on the first floor. ❹ Until closing, I'm going to introduce some recommended
　　　　　　　　　┌ これからすることが話されるのかな？┐
novels by the library staff. How about giving them a look when you visit us

next time?

Attention, patrons.から，客に向けて何か知らせていることが分かったかと思いま
す。「本を借りる」という表現から図書館という場面だと分かれば，本の貸出時間
や次週の臨時休館という案内はイメージしやすいでしょう。さらに続く，落とし物
の案内は，設問のポイントになっていますね。そして次の行動が設問で問われてい
るので，最後の閉館まで推薦図書を読み上げること，まで集中して聞きましょう。

では，各設問の解説です。

1. アナウンスの主な目的が問われています。❶から，利用している人に対して閉館
時間を知らせることが分かります。(D) が正解となります。選択肢にあるclosing
がトークでもそのまま出てきているので，ここを確実に聞いて答えを選べたか確
かめてください。

2. 聞き手が1階でできることが問われています。❷で「受付カウンターに携帯電話
が届けられた」と言った後で，❸で「1階の受付カウンターで受け取れる」と言っ
ていますので，正解は (D) だと分かります。トークと選択肢でpick upが使わ

れているので比較的易しい問題ですが，❸だけを聞き取れても，何を取りに行く
のか分からないので，全体を整理しながら聞く必要があります。

3. トークの後に起きることが問われています。❹で「図書館スタッフお勧めの小説
を紹介する」と言っていますので，(B) が正解です。トーク中のI'm going を聞
いたときに次に起きることが説明される，つまり，**3.** のヒントが話されると推測
できると，選択肢にあるintroduce が聞き取れ，確実に正解を選べます。

訳 設問1-3は次のアナウンスに関するものです。

来館者の皆様にお知らせします。現在午後4時40分で，申し訳ございませんが，20分後には閉館
いたします。本の貸し出しをご希望の場合，4時50分までに受付カウンターにお越しになるよう
お願いします。加えてご承知おきいただきたいのですが，来週は閉館いたします。これは読書エリ
アを拡大する改装を行うためです。また，ただ今受付カウンターに携帯電話のお届けがございまし
た。フィクションコーナーで発見されたものです。持ち主は1階受付カウンターにてお受け取りい
ただけます。閉館までの間，図書館スタッフのお勧めの小説をご紹介します。次回のご訪問の際に
お読みになってはいかがでしょうか。

1. アナウンスの主目的は何ですか。
  (A) イベントを促進すること
  (B) 政策を導入すること
  (C) ボランティアメンバーを見つけること
  (D) 人々に閉館時間を知らせること

2. 聞き手は1階で何ができますか。
  (A) 美術作品を購入する
  (B) ツアーガイドに会う

  (C) 地図を受け取る
  (D) 落とし物を受け取る

3. 次に何が起きますか。
  (A) スタッフが休暇を取る。
  (B) 何冊かの本が紹介される。
  (C) 新たなセクションが作られる。
  (D) 映画が上映される。

正解 **1.** (D) **2.** (D) **3.** (B)

語句 □ patron 常連客 □ regret 〜を申し訳なく思う □ moreover さらに
□ *be* reminded that 〜 〜を承知する □ due to 〜 〜が原因で
□ renovations 改装 □ expand 〜を拡大する
1. □ promote 〜を促進する □ closing time 閉館時間，閉店時間
2. □ artwork 美術作品 □ tour guide（見学などの）案内人 □ lost item 落とし物
3. □ take a day off 1日休暇を取る □ screen 〜を上映する

アナウンスは，ほかに以下のような場面があります。流れをチェックしましょう。

✂ 社員に向けたアナウンス

今週末に皆さんのパソコンに新しいソフトウェアを入れます。金曜日の夜からはパソコンをつ
社内に新しいソフトウェア導入を知らせる ┘ 具体的な情報（作業に伴う依頼，作業時間，注意点）┘
けっぱなしにしておいてください。作業は金曜の夜中から日曜の夕方になります。月曜日にパソ
コンを使って何か不具合がありましたら私の携帯に連絡をください。

この例では，IT部門の管理者が社内に向けて新しいソフトウェア導入を知らせてい
ます。聞き手への依頼，作業日時，注意点といった具体的な情報が続くため，設問
を先読みし，正解の根拠となる情報を待ち伏せして聞き取りましょう。

:: 乗客に向けたアナウンス

乗客の皆さん，当機は間もなく離陸しますが，途中天候が乱れるところがあります。到着が1時間
└ 乗客に　　　　└ 離陸と途中の天候不良の可能性を知らせる
ほど遅れるか，予定されている以外の空港に到着することもあります。予定外の空港に到着した場
　　　　　　└ 具体的な情報（天候不良の影響と対応）
合，お詫びとしてミールクーポンを差し上げます。

この例では，天候不良を知らせた後に，具体的な情報として，その影響と，予定外
の空港に到着した場合の対応を知らせています。「乗り継ぎ便がある場合は係員にお
申し出を」などといった説明が続き，そこが設問のポイントとなることもあります。

:: 買い物客に向けたアナウンス

いつも◎◎ストアでお買い上げありがとうございます。皆さんにお知らせがございます。来月当ス
└ 買い物客に
トアには映画館が新設されます。それに伴って，○日〜○日は通路がせまくなるのでご注意くださ
　　└ 映画館新設の案内　　　　　　　　└ 具体的な情報（増設に伴う影響）
い。なお当ストアは映画館増設に伴い，閉店が午後9時から10時まで延長になります。

店での買い物客に向けて，新しい映画館新設の案内を店内アナウンスしています。
具体的な情報としては，増設に伴う影響を話していますが，このほかに拾得物や駐
車に関するルール周知といったことを話す可能性があります。

:: ツアー参加者に向けたアナウンス

○○ツアーにご参加いただき，ありがとうございます。ここを出発したら，森を散策します。とき
└ ツアー参加者に　　　　　　　　　　└ 行程の説明
どき小休憩をしますので，写真を撮ったり，落ち葉を拾ったり，ご自由にお過ごしください。ただ
し，あまり遠くまで行かないようにご注意ください。広場でランチ休憩を取った後，再びここに戻
　　　　　　　　　　　┌ 変更点
ります。本来ならコースに入っている川は，先日の雨で道がぬかるんでいるので行きません。

ツアーガイドの案内の場合，行程が順番に話されることが多いです。いつ何をする
のか，注意点は何かを整理して聞き取りましょう。変更点が話されることもあります。

| 攻略法まとめ | アナウンス |

- 「誰に」「何を」知らせているのかを素早く把握する
- 終盤の次に起こることや聞き手へ促す行動も集中して聞き取る

トークを聞き，質問に対して最も適切な答えを (A)(B)(C)(D) の中から1つ選びなさい。

🎵 181~183

1. What is the announcement mainly about?

(A) An art competition
(B) A museum exhibition
(C) An athletic meet
(D) An outdoor concert

2. What does the speaker imply when he says, "There're only a few tickets left for Sunday"?

(A) None of the listeners can attend.
(B) The listeners should act soon.
(C) The organizer sells discount tickets.
(D) The sales goal will be met.

3. What will Mr. Johnson talk about?

(A) A description of the venue
(B) The price of the tickets
(C) The estimated number of visitors
(D) The history of the event

4. Who most likely are the listeners?

(A) City hall employees
(B) Cleaning crew members
(C) Building inspectors
(D) Construction workers

5. What will take place next Monday?

(A) A financial audit
(B) Cleaning of windows
(C) Replacement of some equipment
(D) Landscaping around the building

6. What does the speaker ask the listeners to do?

(A) Fill out an evaluation form
(B) Arrive at work early
(C) Order new material
(D) Park in a different location

This Year's Winners

👑 First Prize	Rob Smith
👑 Second Prize	Mel Holmes
👑 Third Prize	Jay Ng
👑 Fourth Prize	Sophie Law

7. Where does the announcement most likely take place?

(A) At a photography studio
(B) At an art gallery
(C) At a health club
(D) At a shopping center

8. Look at the graphic. Who will receive tickets to a movie?

(A) Rob Smith
(B) Mel Holmes
(C) Jay Ng
(D) Sophie Law

9. What does the speaker ask the listeners to do?

(A) Watch a promotional video
(B) Explain some rule changes
(C) Read out some rules
(D) Stop by the front desk

🎵 181

Questions 1 through 3 refer to the following announcement.

Thank you for coming to the Canalletto Art Center today. ❶This Saturday and Sunday, our annual Park Summer Music Concert will be held. There's only a few tickets left for Sunday. ❷Just visit our Web site to reserve a seat. The event has taken place in our grounds every year for the past 25 years. Unfortunately, this year will be the last time it's held here. Because of its scale, it's being moved to Hanson Park from next year so this really will be your last opportunity to experience the event in its traditional location. ❸From 3 P.M., Mr. Johnson, who is the organizer of the event, will be explaining the origins of this concert and how it has developed over the years in the Green Room on the third floor.

設問1-3は次のアナウンスに関するものです。

本日，Canallettoアートセンターにお越しいただきありがとうございます。今週の土日に，毎年恒例のPark Summer Musicコンサートが開催されます。日曜日に若干数のチケットが残っております。ぜひウェブサイトで座席をご予約ください。イベントは，これまで過去25年間毎年私たちの敷地内で開催されてきました。残念ながら，ここで開かれるのは今年で最後となります。イベントの規模が理由で，来年からHanson公園で行うこととなっており，つまり今回が伝統的な開催地でのイベントを経験する本当に最後の機会となります。午後3時から，3階のグリーンルームで，イベント主催者のJohnsonさんがこのコンサートの始まりと，どのように長年にわたって発展していったかについて説明します。

語句　□ reserve ～を予約する　□ take place 開催される　□ opportunity 機会
□ organizer 主催者

トークのポイント

アートセンターでのイベントについてのアナウンスです。話し手はアートセンターの管理者，聞き手はアートセンターの来場者ということをすぐに把握できると聞きやすくなるでしょう。チケットの案内，イベント会場の説明といった具体的な情報の後，今後の予定で締めくくられています。

1.

概要

What is the announcement mainly about?

(A) An art competition
(B) A museum exhibition
(C) An athletic meet
(D) An outdoor concert

アナウンスは主に何についてのものですか。

(A) 美術コンテスト
(B) 博物館の展示
(C) 運動会
(D) 野外コンサート

正解　(D)

解説　何についてのアナウンスか，が問われています。❶「週末にPark Summer Musicコンサートがある」より，野外で行われるコンサート，つまり(D)が正解となります。公園にも屋根付きのものがあるかもしれませんが，原則park＝野外（outdoor）と考えることができます。

語句　□ competition コンテスト，競技会　□ exhibition 展示　□ athletic meet 運動会

2.

What does the speaker imply when he says, "There're only a few tickets left for Sunday"?
(A) None of the listeners can attend.
(B) The listeners should act soon.
(C) The organizer sells discount tickets.
(D) The sales goal will be met.

話し手が"There're only a few tickets left for Sunday"と言う際，何を意図していますか。
(A) 聞き手は誰も参加できない。
(B) 聞き手はすぐに行動を起こすべきだ。
(C) 主催者は割引チケットを販売する。
(D) 売上目標は達成される見込みだ。

正解 (B)

解説 意図問題です。話し手は，❶で「週末にコンサートがある」と述べた後に，この発言をしています。そして，その直後に❷「ウェブサイトで予約を」と続けています。つまり，男性は聞き手に向けて「早くチケットを予約する必要がある」という意図でこの発言をしたと考えられるので，正解は(B)となります。チケットがまだ残っているわけですから，(A)は不正解。また，(C)(D)は割引や売り上げ目標の言及がなく，いずれも不正解となります。

語句 ☐ discount ticket 割引チケット ☐ sales goal 売上目標
☐ meet（要求，目標）を達成する，満たす

3.

What will Mr. Johnson talk about?
(A) A description of the venue
(B) The price of the tickets
(C) The estimated number of visitors
(D) The history of the event

Johnsonさんは何について話しますか。
(A) 開催場所の説明
(B) チケットの価格
(C) 予想来訪者数
(D) イベントの歴史

正解 (D)

解説 Johnsonさんがこれから話す内容が問われています。❸で「午後3時からイベント主催者のJohnsonさんがコンサートの始まりと，どのように発展したかについて説明する」と述べていますので，これをthe history of the event「イベントの歴史」と言い換えた(D)が正解です。

語句 ☐ description 説明 ☐ estimated 予想の

Questions 4 through 6 refer to the following announcement.

I'm sorry to interrupt your lunch break, but I'd just like to make a brief announcement. ❶With the construction deadline so close at hand, we've been letting the work site get a little untidy. Before you leave today, I'd like you to make sure there is no garbage and there are no other materials around the foot of the building. ❷Also on Monday, a team of window cleaners will be here to clean the windows for the building inspection. They'll park their crane trucks near the building. ❸So, when you come to work on Monday morning, please leave your cars in the vacant lot on the other side of the road instead of the usual place.

設問4-6は次のアナウンスに関するものです。

お昼休みにお邪魔してすみませんが，簡単なお知らせをさせてください。工事の納期がもうすぐのところに差し迫っている中で，現場を少し散らかしておりました。本日この場所を立ち去る前に建物周辺にごみや資材等がないことをご確認いただきたいのです。そして，月曜には窓の清掃チームがここに来て建物検査に向けて窓の清掃を行います。彼らはクレーン車を建物近くに駐車します。ですので，月曜日の朝出勤する際に，普段の場所ではなく道路の向かい側の空いている場所に車を停めてください。

語句	
☐ interrupt ～を邪魔する ☐ brief 簡単な ☐ deadline 納期	
☐ close at hand（物事が）差し迫っていて ☐ let *A* get ～ Aが～になる状態にする	
☐ untidy 散らかっている ☐ garbage ごみ ☐ inspection 検査	
☐ crane truck クレーン車 ☐ vacant 空いている ☐ lot スペース	

> **トークのポイント**
>
> 工事現場での作業員に向けたアナウンスです。今日の注意点に続いて，月曜日についての連絡，それを受けた注意事項が話されています。いつ，何が起こるか，何をしなければならないかを整理して聞き取る必要があります。

4.　　　　　　　　　　　　　　　　　　　　　　　　　　　　　　　詳細

Who most likely are the listeners?	聞き手はおそらく誰ですか。
(A) City hall employees	(A) 市役所の職員
(B) Cleaning crew members	(B) 清掃チームのメンバー
(C) Building inspectors	(C) 建物の検査員
(D) Construction workers	(D) 建設作業員

正解 (D)

解説 このアナウンスを聞いているのは誰か，が問われています。❶からこの工事現場で作業を行っている人が聞き手になりますので，(D)が正解です。(B)の清掃チームは月曜日に来ると言っているので，このアナウンスの聞き手ではありません。

語句 ☐ city hall 市役所

5. 　　　　　　　　　　　　　　　　　　　　　詳細

What will take place next Monday?	次の月曜日に何が行われますか。
(A) A financial audit	(A) 会計監査
(B) Cleaning of windows	(B) 窓の清掃
(C) Replacement of some equipment	(C) 装置の入れ替え
(D) Landscaping around the building	(D) 建物周辺の造園

正解 (B)

解説 次の月曜日に何が行われるか, が問われています。❷で「月曜日に清掃チームが来て窓の清掃を行う」と言っていますので, (B)が正解となります。クレーン車が来ると言ってはいますが, クレーン車を新しいものと入れ替えるわけではないので, (C)は不正解となります。

語句 □ financial audit 会計監査　□ replacement（設備, 機械の）入れ替え
□ equipment 装置　□ landscaping 造園

6. 　　　　　　　　　　　　　　依頼・提案・勧誘・申し出

What does the speaker ask the listeners to do?	話し手は聞き手に何をするよう頼んでいますか。
(A) Fill out an evaluation form	(A) 評価用紙に記入する
(B) Arrive at work early	(B) 早く職場に来る
(C) Order new material	(C) 新しい材料を注文する
(D) Park in a different location	(D) 異なる場所に駐車する

正解 (D)

解説 話し手が聞き手に頼んでいることが問われています。❸で「いつもの場所ではなく, 道路向かいの空き場所に駐車するように」と依頼しています。これを,「異なる場所に駐車する」と表現した(D)が正解です。

語句 □ fill out ～　～に記入する, ～を埋める　□ evaluation 評価

Questions 7 through 9 refer to the following announcement and list.

❶Thank you for your continued use of our gym. Today, we posted a list of award winners who have attended the gym most often over the year. The winner of first prize gets a year of free membership. Second prize is a year's membership at half price. The person who takes third prize will receive a voucher for one hundred dollars' worth of gym gear. ❷Finally, fourth prize is tickets for two to watch a film at Excelsior Cinemas next door. The awards ceremony will be held here next Saturday. ❸Don't forget to fill in an application form, available at the reception desk, if you want to attend.

設問7-9は次のアナウンスと表に関するものです。

皆様，平素より当ジムをご利用いただき，誠にありがとうございます。本日，今年1年間にわたって一番頻繁にジムに通っていただいた受賞者の方々のリストを掲示いたしました。第1位の方は1年間年会費無料となります。第2位の方は1年間の年会費が半額となります。第3位の方はジム用品の100ドル相当の金券を受け取ることになります。最後に第4位の商品はお隣にありますExcelsior劇場での映画鑑賞チケット2名様分となります。表彰式が次の土曜日にここで行われます。参加したい方は，受付で手に入れられる申込用紙に記入するのを忘れないようにしてください。

語句 □ award 賞　□ first prize 1等賞　□ membership 会員であること
　　　□ *A* worth of *B* Aの価値があるB　□ gear 用具

トークのポイント

来館者に向けたジムでのアナウンスです。内容はジムから授与される賞についてです。図表の先読みができていれば，何位の人が何をもらうという情報が話されるだろうと推測し，映画のチケットをもらえる順位を待ち伏せできるはずです。

7.

詳細

Where does the announcement most likely take place?	アナウンスはおそらくどこで流れているものですか。
(A) At a photography studio	(A) 写真スタジオ
(B) At an art gallery	(B) 画廊
(C) At a health club	(C) スポーツクラブ
(D) At a shopping center	(D) ショッピングセンター

正解 (C)

解説 このアナウンスがどこで流れているか，が問われています。❶で「ジムをご利用いただき…」と言っているので，それを言い換えた(C)が正解です。health club「ヘルスクラブ」というと，温泉やスパのイメージがあるかもしれませんが，英語ではスポーツジムのような施設に対してもこのような表現をします。

言い換え gym → health club

8.

Look at the graphic. Who will receive tickets to a movie?
(A) Rob Smith
(B) Mel Holmes
(C) Jay Ng
(D) Sophie Law

図を見てください。映画チケットを受け取るのは誰ですか。
(A) Rob Smith
(B) Mel Holmes
(C) Jay Ng
(D) Sophie Law

This Year's Winners	
♛ **First Prize**	Rob Smith
♛ **Second Prize**	Mel Holmes
♛ **Third Prize**	Jay Ng
♛ **Fourth Prize**	Sophie Law

本年の受賞者	
♛ 第1位	Rob Smith
♛ 第2位	Mel Holmes
♛ 第3位	Jay Ng
♛ 第4位	Sophie Law

正解 (D)

解説 図表問題で，誰が映画チケットを受け取るか，が問われています。選択肢には人物の名前が図の順番で並んでいますので，"○位の人に映画チケット"というヒントが流れるのではと予想し，トークを聞いていきましょう。❷で「第4位の賞品は映画チケット」と言っています。リストから，第4位はSophie Lawであることが分かり，(D)が正解だと分かります。

9.

What does the speaker ask the listeners to do?
(A) Watch a promotional video
(B) Explain some rule changes
(C) Read out some rules
(D) Stop by the front desk

話し手は聞き手に何をするよう頼んでいますか。
(A) 販売促進用ビデオを見る
(B) ルール変更を説明する
(C) ルールを読み上げる
(D) 受付に立ち寄る

正解 (D)

解説 話し手が聞き手に頼んでいることが問われています。❸で「受付で手に入る申込用紙に記入するように」と話し手が述べていますので，ここから聞き手に受付に行くよう頼んでいることが分かります。以上からこれを言い換えた(D)が正解です。

言い換え reception desk → front desk

語句 □ promotional 販売促進用の

2 スピーチ

スピーチは，アナウンスと同様に，多数の聞き手に向けて話すタイプのトークです。アナウンスが事実・情報の「お知らせ」に重きを置いているのに対し，スピーチは歓迎会でのゲストの紹介や，送別会での本人のあいさつなど，「気持ち」が入ります。

POINT 話し手がポジティブかネガティブかを捉えながら音声を聞く

スピーチとは，ある特定のテーマについて，複数の対象メンバーに向けて話すものを言います。例えば，歓送迎会・イベントなどでのゲストの紹介やあいさつなどです。スピーチは，事実のみではなく，話し手の気持ちが入っていることが多いのが特徴です。例えば，退職するゲストを迎える場合，以下のような流れが考えられます。

- 集まったことへの「感謝」…ポジティブ
- 退職者を紹介する「残念な気持ち」…ネガティブ
- 退職者との「楽しい」経験，退職者の「素晴らしい」業績の紹介…ポジティブ
- 退職者の今後を「期待する」…ポジティブ

スピーチには，あいさつ，紹介など，一定の型がありますが，**話し手の感情がポジティブなのか，ネガティブなのかを意識する**と，話の流れを把握し，その後の話題を推測しやすくなります。

ほかのタイプのトークにも共通することですが，聞き手や話し手がどういう立場なのかを設問とスピーチの冒頭から素早く把握することが大切です。今回のスピーチは誰に向けたものかをつかみ，「ああ，この人の気持ちはポジティブ（もしくはネガティブ）なんだな」ということを意識しながら聞きましょう。

例題　　　🎵 184

1. What problem does the speaker mention?
   (A) The venue is remote from the office.
   (B) A celebration has been canceled.
   (C) The rent of the venue has increased.
   (D) A hiring plan is not going well.

2. Who is Haydn Wypych?
   (A) A shop owner
   (B) A consultant
   (C) A new employee
   (D) A manager

3. Why does the speaker say, "Can you believe it"?
(A) To encourage discussion
(B) To express disappointment
(C) To praise a person
(D) To raise some questions

設問から分かる待ち伏せポイント

1. What problem＋mention → 問題を聞き取る
2. Who＋Haydn Wypych
→ Haydn Wypych がどういう人かを聞き取る
3. 意図問題 Can you believe it?
→ ポジティブでもネガティブでも驚くべき情報が来る

次にスクリプトを見ながら，このトークの流れを見ていきましょう。

スクリプト ▮✦▮　　　　　　　　　　　　　　♪ 184

Questions 1 through 3 refer to the following excerpt from a talk.
┌ パーティーで，司会者が参加者に話しかけているな。
I'd like to thank all of you for coming to the company anniversary party at
┌ 不便？　不便ということは何か問題かな？
Hamilton Hotel. ❶It's a bit inconvenient for us to meet so far from the office,
┌ 人を紹介するんだな！ これが Haydn Wypych？ ┐
but as you know, our usual venue is being refurbished. ❷Today, I'd like to

introduce our new colleague to everyone. This is Haydn Wypych and he's
┌ ポジティブなことを言っているんだな。 ┐
going to be working with us on product development. ❸We are happy to have

Mr. Wypych join our company as he has come up with concepts for many
┌ However でネガティブな流れになるかと思いきや，まだ褒めている！
successful new products. However, it is only one year since he moved to this
┌ ポジティブな流れの中での Can you believe it? だ！　　┌ 自己紹介を促しているな。
field. Can you believe it? Now, I'll ask him to introduce himself.

冒頭から，話し手は司会者，聞き手は参加者だと分かります。It's a bit inconvenient
for us ... でネガティブな感情となりますが，これはこのスピーチのテーマではな
く，その後すぐに人の紹介に移ります。これが**2.**で問われている Haydn Wypych
という人物です。その人のポジティブな経歴の紹介の流れの中で，**3.**で問われる
Can you believe it? が出てきます。最後に自己紹介を促す，という流れになってい
ます。新しく入る社員の紹介は，このような流れになることが多いです。

問題の解説と訳をチェックしましょう。

1. 話し手が言及している問題が問われています。❶で会場が遠いことが分かりますので, (A) が正解です。質問にある problem を❶の冒頭で It's a bit inconvenient と切り出した時点で,「不便＝問題発生？」と考えることがこの問題を解くカギになります。

2. Haydn Wypych さんが誰なのか, が問われています。❷より (C) が正解だと分かります。この問題は, our new colleague という表現の後に問われている名前が出てきましたので, Haydn Wypych を待ち伏せできていれば, あまり悩まずに解けます。

3. Can you believe it? は「それを信じられるか」, つまり, 指示代名詞 it が指す（ポジティブまたはネガティブな）出来事を信じることができますか？ と少し驚かせる表現です。ということは, この表現を頭に置きつつ, it が指すものが何かを聞き取ることが重要になります。❸より, まだ新しい分野に移って短期間ながら商品開発に長けたパフォーマンスを発揮していることが it の内容だと分かります。ここからある人（＝Wypych さん）を褒めていることが分かり, (C) が正解となります。

訳 設問1-3は次のトークからの抜粋に関するものです。

Hamilton ホテルでの会社記念パーティーにお越しいただき皆さんありがとうございます。会社から遠いところで集まることは少々不便ですが, ご存じの通り, いつもの会場は改装中です。本日は, 新しく入った同僚を皆さんにご紹介したいと思います。こちらは Haydn Wypych で, 彼は我々と商品開発部門で働くこととなります。彼の入社は非常にうれしいことです。というのも彼は多くのヒットした新商品のコンセプトを考案しているのです。しかしながら, 彼がこの分野に移ってまだ一年しか経過していません。信じられますか。それでは彼に自己紹介していただきたいと思います。

1. 話し手はどんな問題について述べていますか。
   (A) 会場が会社から遠い。
   (B) 祝賀会がキャンセルになった。
   (C) 会場の賃料が上がった。
   (D) 採用計画がうまくいっていない。

2. Haydn Wypych は誰ですか。
   (A) 店のオーナー
   (B) コンサルタント
   (C) 新入社員
   (D) 部長

3. 話し手はなぜ "Can you believe it" と言っていますか。
   (A) 議論を奨励するため
   (B) 落胆を表すため
   (C) 人を褒めるため
   (D) 問題を提起するため

正解 **1.** (A) **2.** (C) **3.** (C)

語句 □ inconvenient 不便な □ refurbish ～を改装する
□ product development 商品開発 □ come up with ～ ～を考案する
1. □ hiring plan 採用計画
3. □ encourage ～を奨励する □ disappointment 落胆 □ praise ～を褒める
□ raise some questions 問題を提起する

スピーチの流れとしては，このほかに，以下のようなものがあります。

人を紹介するタイプのスピーチ

- 受賞者・新入社員・ゲストを紹介する場合

  賞や集まりの主旨の説明

  →名前を告げる

  →経歴・業績の紹介

  →本人にスピーチを促す

  基本的にポジティブですが，経歴の中に苦境などネガティブな要素が入ることもあります。

- 退職者・長期不在とする人の紹介

  →経歴・功績

  →今後のプラン

  →スピーチを促す

  退職ということでネガティブな始まりですが，今後のプランでポジティブになることが多いです。

あいさつをするタイプのスピーチ

- 受賞のあいさつの場合

  受賞できた感想

  →賞を取るまでの困難

  →賞を取るにあたって共同したチームメンバーや過去の恩師へのお礼

  →今後のプラン

  困難のところでネガティブになりますが，全体的にポジティブです。

- 退職・長期不在とする人が話す場合

  →経緯

  →気持ちの表明

  →退職日，長期不在期間

  →後任，もしくは代行者

  →聞き手に理解を求めるお願い

  本人からのあいさつということで，不在や退職によりネガティブなことを触れつつ，これからの門出で予定に期待を寄せるポジティブな面もあります。

攻略法まとめ スピーチ

- 話し手と聞き手の立場を素早く把握する
- 話し手の気持ちがポジティブなのか，ネガティブなのかを常に意識する

トークを聞き，質問に対して最も適切な答えを(A)(B)(C)(D)の中から1つ選びなさい。

🎵 185~187

1. What is the talk mainly about?

(A) The accomplishments of the guest speakers

(B) The strategy for an upcoming game

(C) The results of a customer survey

(D) The history of a well-known newspaper

2. Who is Roberta West?

(A) A financial advisor

(B) An event planner

(C) A journalist

(D) A company spokesperson

3. What will the listeners most likely do next?

(A) Attend a competition

(B) Receive an award

(C) Listen to some speakers

(D) Make a speech

4. Who most likely is Colin Mosby?

(A) A new programmer

(B) A section manager

(C) A guest speaker

(D) A company president

5. What does the speaker say about SDR Fishing Equipment?

(A) It has improved its reputation.

(B) It sells its products online.

(C) It has won an award.

(D) It is advertising positions.

6. What does the speaker ask the listeners to do?

(A) Take a seat

(B) Read a document

(C) Test a product

(D) Watch a video

7. What is the purpose of the event?

(A) To show appreciation to some volunteers
(B) To launch a range of products
(C) To announce the winner of a competition
(D) To celebrate a retirement

8. What does the speaker mean when she says, "I don't know where to start"?

(A) She would like some help.
(B) She has many people to thank.
(C) She cannot remember some instructions.
(D) She does not have a schedule.

9. According to the speaker, what happened recently?

(A) An important guest paid a visit.
(B) A positive review was published.
(C) A sales goal was reached.
(D) A business expanded.

Questions 1 through 3 refer to the following talk.

Good evening everyone. I'm sure you're all excited to hear what Mr. Jones has to say. ❶During his career as a professional baseball player, Mr. Jones helped his team win many tournaments. As captain, he led his team to more than forty victories. ❷We also have Ms. Roberta West here from the *Cleveland Times*. She's writing an article on Mr. Jones' career and his work as a motivational speaker. Just last week she won a literary award for an article on the history of professional baseball. ❸I hope you'll make both her and Mr. Jones feel exceedingly welcome.

設問1-3は次のトークに関するものです。

こんばんは，皆さん。Jonesさんの話を聞くのを楽しみにしていることと思います。プロ野球選手のキャリアの間は，Jonesさんはチームがたくさんのトーナメントを勝ち抜くことに貢献しました。主将として，Jonesさんはチームを40回以上も優勝に導いています。Cleveland Times紙のRoberta Westさんにもこちらにお越しいただいております。彼女はJonesさんの経歴と人をやる気にさせる演説者としての彼の仕事に関する記事を執筆中です。先週，Westさんはプロ野球史に関する記事で文学賞を受賞しました。お2人に歓迎ムードを感じてもらえますよう，皆さんよろしくお願いいたします。

語句	□ career 仕事のキャリア，経歴　□ win ～に勝つ
	□ motivational やる気を起こさせる　□ exceedingly 非常に

トークのポイント

2文目でI'm sure you're all excitedという言葉が聞こえたら，話し手が聞き手が楽しみにしていることを確信しているのが分かるので，ポジティブなスピーチだと想像できるでしょう。また，ここからゲストの紹介のパターンだと分かります。Jonesさんという野球選手と，Robertaさんという記者の2人の経歴が話された後，2人を呼び込んでいます。

1.

概要

What is the talk mainly about?	トークは主に何についてのものですか。
(A) The accomplishments of the guest speakers	(A) ゲストスピーカーの功績
(B) The strategy for an upcoming game	(B) 今度の試合の戦略
(C) The results of a customer survey	(C) 顧客調査の結果
(D) The history of a well-known newspaper	(D) 有名新聞紙の歴史

正解 (A)

解説 このトークが何についてのものかが問われています。❶，❷でJonesさん，Westさんの2人のこれまでの業績が述べられていますので，これをaccomplishmentsと言い換えた(A)が正解です。❷でWestさんの勤務している新聞社が登場しますが，会社の歴史は述べられていませんので，(D)は不正解です。

語句　□ accomplishment 功績　□ strategy 戦略　□ upcoming 今度の
　　　□ well-known 有名な

2.

詳細

Who is Roberta West?	Roberta Westは誰ですか。
(A) A financial advisor	(A) 金融アドバイザー
(B) An event planner	(B) イベント企画者
(C) A journalist	(C) ジャーナリスト
(D) A company spokesperson	(D) 企業の広報担当者

正解　(C)

解説　Roberta Westさんが誰か,が問われています。❷でRoberta Westさんのことが述べられており,Cleveland Times紙に勤めていること,現在記事を執筆中であること,そして自らの記事で受賞歴があることが分かります。ここから(C)のジャーナリストが正解です。

語句　□ financial 金融の,財政の　□ journalist（新聞）報道記者
　　　□ spokesperson 広報担当者

3.

次の行動

What will the listeners most likely do next?	聞き手はおそらく次に何をしますか。
(A) Attend a competition	(A) 競技会に参加する
(B) Receive an award	(B) 賞を受け取る
(C) Listen to some speakers	(C) 何人かの話し手に耳を傾ける
(D) Make a speech	(D) スピーチをする

正解　(C)

解説　聞き手が次にする行動が問われています。❸で「皆さんが2人を歓迎ムードに」と話し手が言っていますので,これから2人を迎え,トークを聞こうとしていることが推測できます。(C)が正解だと分かります。(D)はJonesさんとWestさんが行うと思われることですので,勘違いのないように注意しましょう。

語句　□ competition 競技会

186

Questions 4 through 6 refer to the following speech.

Good evening, everyone. ❶I am Colin Mosby. I feel honored to be invited to speak at your new year kickoff party. I'm really looking forward to working with you as a production technology consultant. I promise I will not let you down. Last year, I was awarded for my achievements working as a consultant for SDR Fishing Equipment. ❷SDR used to be known as a manufacturer of cheap but fragile equipment. ❸Now, they're the industry leader with a reputation for excellent quality and reliability. You may wonder how this was possible. ❹I have a short video which summarizes the project I was working on, so please look at the screen behind me first. After that, I'm going to explain in detail.

設問4-6は次のスピーチに関するものです。

こんばんは，皆さん。Colin Mosbyと申します。皆さんの新年度始めのパーティーでのゲストスピーカーとしてご招待いただき光栄に思います。生産技術コンサルタントとして皆さんと働くことをとても楽しみにしております。皆さんの期待は決して裏切りません。昨年，私はSDR釣具社のコンサルタントとして働いた実績で賞をいただきました。SDR社はかつて，安いものの壊れやすい釣具の製造会社として知られておりました。しかし今や，優秀な品質と信頼性で評判の，業界を牽引する存在となっております。どのようにしてそれが可能だったのかについて疑問に思っていることでしょう。私が取り組んできたプロジェクトについてまとめたビデオを流しますので，後ろのスクリーンをまずご覧ください。その後で詳細にご説明します。

語句 ☐ kickoff 〜始めの ☐ achievement 実績 ☐ used to *be* 〜 かつて〜であった ☐ manufacturer 製造業者 ☐ fragile もろい，壊れやすい ☐ industry leader 業界を牽引する存在 ☐ reputation 評判 ☐ reliability 信頼性

トークのポイント

会社の新年度パーティーに招かれたコンサルタントによる，自己紹介のスピーチです。設問で問われているColin Mosbyの名前が登場したら，その後ろを特に注意して聞きましょう。自分が関わった案件を実績として紹介していますが，その中でSDR Fishing Equipmentが出てきます。この会社の評価が，ネガティブなものからポジティブなものに変わったという流れを把握しましょう。その後，話し手が聞き手に依頼していることが出てくるまで，気を抜かずに音声を聞きましょう。

4. 詳細

Who most likely is Colin Mosby? / Colin Mosbyはおそらく誰ですか。
(A) A new programmer / (A) 新しいプログラマー
(B) A section manager / (B) 担当課長
(C) A guest speaker / (C) ゲストスピーカー
(D) A company president / (D) 会社社長

正解 (C)

解説 Colin Mosbyさんは誰か，が問われています。❶で「パーティーのゲストスピーカーとして招かれた」と言っていますので，ここから(C)が正解となります。

語句 ☐ guest speaker ゲストスピーカー，来賓講演者

2

スピーチ

5.

What does the speaker say about SDR Fishing Equipment?	話し手はSDR釣具社について何と言っていますか。
(A) It has improved its reputation.	(A) 評判を改善した。
(B) It sells its products online.	(B) インターネットで商品を販売している。
(C) It has won an award.	(C) 賞を獲得した。
(D) It is advertising positions.	(D) 求人広告を出している。

正解 (A)

解説 話し手がSDR釣具社について何を話しているか，が問われています。❷「SDR社はかつて格安だが壊れやすい製造会社として知られていた」が，❸「今や優秀な品質と信頼性で評判の業界を牽引する存在」となったと分かります。つまり，以前よりも評判がよくなっているということなので，(A)が正解となります。

6.

What does the speaker ask the listeners to do?	話し手は聞き手に何をするよう頼んでいますか。
(A) Take a seat	(A) 座席に座る
(B) Read a document	(B) 文書を読む
(C) Test a product	(C) 商品を試す
(D) Watch a video	(D) ビデオ鑑賞をする

正解 (D)

解説 話し手が聞き手に頼んでいることが問われています。❹で「ビデオを流すのでスクリーンを見てほしい」と言っています。(D)が正解となります。

Questions 7 through 9 refer to the following speech.

❶It's a real honor to have so many people here to wish me well at my retirement party. ❷I have so many people to thank for their support over the years. I don't know where to start. ❸It's a good thing I made a list. I suppose I should begin by mentioning Mr. Truman, who gave me a job here at Flander's Chicken about forty years ago. Back then, there were only three other employees. ❹It makes me so proud to think that just last week, we opened our 200th location. ❺Flander's Chicken is now the largest barbecue chicken chain in the country.

設問7-9は次のスピーチに関するものです。

私の退職パーティーにたくさんの方にお越しいただき，幸運を願っていただくことは大変光栄に存じます。長年にわたってサポートいただいた，感謝すべき方々が本当に多くいらっしゃいます。どこから話し始めようか分かりません。リストを作っておいてよかったです。まずはTrumanさんのお話から始めるのがよいと思っております。彼はおよそ40年前にここFlander's Chickenで私に仕事を与えてくださいました。そのときはほかにたった3人しか従業員がいませんでした。先週，200番目の店舗をオープンしたことを考えると，本当に私は誇らしく感じております。Flander's Chickenは今やこの国で最大手のバーベキューチキンチェーンとなっております。

> **語句** □ wish *A* well Aの幸福を願う
> □ over the years 長年にわたり，何年にもわたり □ suppose 〜だと思う
> □ back then 当時は □ chain チェーン店

トークのポイント

冒頭で退職パーティーでの本人のあいさつだと分かったら，これまでの感謝，これまでの仕事などが話されると推測できます。最初は規模の小さかった会社が，大きくなったという流れをつかみましょう。設問先読みで意図問題があると分かったら，この表現がどの文脈で話されるかに注意して聞きましょう。最後に今後のプランなどが話されることもありますが，このトークは「最近起こったこと」で終わっています。

7.

詳細

What is the purpose of the event?	イベントの目的は何ですか。
(A) To show appreciation to some volunteers	(A) ボランティアの人に感謝を示すこと
(B) To launch a range of products	(B) さまざまな製品を発売すること
(C) To announce the winner of a competition	(C) 競技会の優勝者を発表すること
(D) To celebrate a retirement	(D) 引退をお祝いすること

正解 (D)

解説 イベントの目的が問われています。話し手は冒頭❶で「私の退職パーティーにたくさんの方に来てもらい光栄」と言っていますので，このイベントが話し手の退職パーティーだと分かります。以上から正解は(D)です。

語句 □ appreciation 感謝 □ a range of 〜 さまざまな〜

8.

意図問題

What does the speaker mean when she says, "I don't know where to start"?
(A) She would like some help.
(B) She has many people to thank.
(C) She cannot remember some instructions.
(D) She does not have a schedule.

話し手が"I don't know where to start"と言う際，何を意図していますか。
(A) 助けが欲しい。
(B) 感謝したい人がたくさんいる。
(C) 指示のいくつかを思い出せない。
(D) 予定がない。

正解 (B)

解説 意図問題です。話し手は❷で「長年にわたってサポートいただいた感謝すべき人が本当に多くいる」と述べています。そして，問われている発言「どこから話し始めようか分からない」があり，その後に❸で「リストを作っておいてよかった」と続けています。つまり，「リストを作るほど感謝したい人がたくさんいるため，どこから話せばいいのか分からない」という文脈だと分かりますので，これを言い換えた(B)が正解です。

語句 □ instruction 指示

9.

詳細

According to the speaker, what happened recently?
(A) An important guest paid a visit.
(B) A positive review was published.
(C) A sales goal was reached.
(D) A business expanded.

話し手によると，最近何が起きましたか。
(A) 重要な客が訪問した。
(B) 肯定的なレビューが公開された。
(C) 売上目標を達成した。
(D) 事業が拡大した。

正解 (D)

解説 最近何が起きたと話し手が言っているか，が問われています。話し手は，自分のキャリアを回想しつつ，❹で「先週，200店目をオープンした」ことに触れています。つまり彼のいる会社が事業を広げていることが分かりますので，ここから(D)が正解です。❺でも事業の話をしていますが，売り上げや利益については言及がないので(C)は不正解です。

語句 □ pay a visit 訪問する　□ positive review 肯定的なレビュー　□ publish ～を公開する
□ reach ～を達成する，～に到達する　□ expand 拡大する

3 広告・宣伝

広告・宣伝は，モノを購入したりサービスを利用したりする客に発信する情報です。多くの場合，購入や利用の動機につなげるという目的があるので，全般的に明るく，広告・宣伝するモノ・サービスを<u>推し</u>て話すことが多いです。

POINT 推しポイント，付加価値に注意して聞く

最初に「◎◎を探していませんか」「△△でお困りではないですか」という質問がくることが多いです。慣れていない方は「どうしていきなり質問を？」と思うかもしれませんが，多くの場合「それなら当社の◎◎を」と宣伝したいものの紹介につながりますので，最初の質問は聞き流し，その次に話される**推している商品やサービス**を把握しましょう。そして，誰が話しているのかを把握するのも重要です。通常は**製造会社**，**販売店の店員**が宣伝していることが多いです。

誰が，何を，をまず把握する点はほかのタイプと同じですが，広告・宣伝では**他社にはない差別化された内容（＝推しポイント）**が続きます。例えば，「安い」「遠隔操作可能」「処理が高速」などです。さらに「今購入すれば20％オフ」「次回割引クーポン付き」「ウェブサイトにプロモーションコードがある」といった，**おトクな情報（＝付加価値）**が続くこともあります。推しポイントや付加価値は設問で問われることが多いので，待ち構えて聞き取れるようにしましょう。

具体的な店の場所や，「詳細はウェブサイトをご覧ください」といった情報が最後に登場し，設問で問われることもあります。締めくくり方にも注意しておきましょう。

例題
♪ 188

1. What is being advertised?
(A) A product release
(B) An annual sale
(C) A grand opening
(D) A training program

2. Why are the listeners encouraged to arrive early?
(A) Items are likely to sell out.
(B) The store will be less crowded.
(C) There will be refreshments.
(D) A famous person will attend.

3. What is provided with a purchase?
   (A) An extended warranty
   (B) A discount coupon
   (C) Free home delivery
   (D) A chance to win free travel

3

広告・宣伝

【質問から分かる待ち伏せポイント】
1. What + advertised　　　→ 宣伝されているものを聞き取る
2. Why listeners + arrive early → 聞き手が早く着く理由を聞き取る
3. What provided + purchase　→ 買い物をしたらもらえるものを聞き取る

次にスクリプトを見ながら，このトークの流れを見ていきましょう。

スクリプト 🎵 188

Questions 1 through 3 refer to the following advertisement.

┌ スポーツ用品店のセールだな！

❶This weekend Hammond Sports is having its yearly summer sale. There'll be

a lot going on so bring the whole family and take advantage of the amazing

┌ 対象商品の説明か？

savings. We'll be offering discounts on all of our exercise equipment as well as

早く来ることを勧めている。理由はこの続き？┐

the latest tennis, football, and golf apparel. ❷Get in early! Doors open at

eight A.M., and we'll be welcoming the first fifty people through the door with a

free sausage breakfast with tea or coffee. ❸People who buy any products will

┌ 購入者には抽選があるのか。対象，賞品は？

automatically be entered into a draw for a trip to France courtesy of Hammond

Sports.

スポーツ店が年1回のセールを行うということで，特典が次々と話されていました。割引のほか，早く来ることで食べ物・飲み物の提供を受けられる特典や，フランス旅行が当たるという購入者が対象の抽選です。こういう畳みかける展開が，TOEIC L&Rテストに出題される広告・宣伝の頻出パターンです。

1. 何が宣伝されているか，が問われています。❶で「今週末，年に1度のセールを行う」と言っていますので，(B) が正解です。トーク中でのits yearly summer sale が選択肢ではAn annual sale と言い換えられていますね。

2. 聞き手が早い到着を勧められている理由が問われています。❷でGet in early! に

続き，「開店後，先着で無料のソーセージの朝食をドリンク付きで提供」と言っていますので，(C) が正解です。refreshmentsは，軽食やドリンク等で「元気を回復させるもの」というような意味があります。

3. 購入することで何が提供されるか，が問われています。❸で「何らかの購入で無料の旅行が当たる」と言っていますので，これを言い換えた (D) が正解です。「あれ？　無料と言っていたっけ？」という方もいるかもしれませんが，❸で courtesy of Hammond Sports（会社の優待）と言っていますので，それがfree と同義になる，というのが正解を導くポイントです。

訳　設問1-3は次の広告に関するものです。

今週末Hammond Sports社では，年に1度のサマーセールがあります。たくさんの催しがございますので，家族全員でお越しいただき，大きな節約の機会をご利用ください。私どもが今回割引をご提供するのは，エクササイズ機器全てと最新のテニス，フットボール，そしてゴルフウェアになります。早めに来てください！　お店は午前8時に開店し，最初の50名のお客様を無料のソーセージの朝食と，紅茶もしくはコーヒーとともに歓迎します。何らかの商品をお買い上げのお客様は自動的にHammond Sports社の優待のフランス旅行の抽選対象者となります。

1. 宣伝されているのは何ですか。
(A) ある製品の新発売
(B) 年1回の売り出し
(C) グランドオープン
(D) 訓練プログラム

2. 聞き手が早く到着するよう推奨されているのはなぜですか。
(A) 商品が売り切れる可能性があるため。
(B) 店が比較的混雑していないため。
(C) 軽食が提供されるため。
(D) 有名人が出席するため。

3. 購入で何が提供されますか。
(A) 延長された保証書
(B) 割引クーポン券
(C) 無料自宅配送
(D) 無料の旅行が当たるチャンス

正解 **1.** (B)　**2.** (C)　**3.** (D)

語句　□ yearly 毎年の，年次の　□ bring ～を連れてくる
□ take advantage of ～ ～を有効活用する　□ saving(s) 節約　□ equipment 機器
□ as well as ～ ～と同様に　□ latest 最新の　□ automatically 自動的に
□ enter into ～ ～に参入する　□ draw くじ　□ courtesy 優待の
1. □ product release 製品の新発売　□ annual 毎年の
2. □ *be* likely to *do* ～しそうな，ありそうな　□ sell out 売り切れる
□ crowded 混雑した　□ refreshment 軽食，飲み物
3. □ extended 延長された　□ warranty 保証書　□ win ～を勝ち取る

広告・宣伝のうち，よく出題される「製品」と「開店」の流れをチェックしましょう。

▓ 製品

> スーツケースが壊れて旅行が台無しになったことはありませんか。それならぜひ当社のスーツケ
> └─ メーカーがスーツケースを宣伝 　　　　　└─ 推しポイント
> ースをどうぞ。信頼できるこの道30年の職人が手掛けた軽くて丈夫なデザインは，多くのビジ
> 　　　　　　　　　　　　　　　　　└─ 付加価値
> ネスマンに愛用されています。そして，来年は当社の50周年につき，購入の際には素敵なプレ
> └─ 購入できる場所
> ゼントもあります。直接お店に来るほか，オンラインショッピングもあります。

> スケジュール管理で頭を悩ませたりしていませんか。それならぜひ当社のバージョンアップし
> └─ メーカーがソフトウェアを宣伝 　　　　└─ 推しポイント
> た，「スケジュールソフト10」をお試しください。無料版がオンラインでダウンロードでき，あ
> 　　　　　　　　　　　　　　　└─ 付加価値
> なたの忙しいスケジュールを効率的に管理します。新バージョンはスマホに予定が自動送信さ
> 　　　　　　　　　　　　　　　└─ 次の行動
> れますので，どこでも予定の入力，閲覧が可能になります。ぜひウェブサイトでお客様のレビュ
> ーをご確認ください！

いずれも，メーカーが自社製品を紹介しています。推しポイントを紹介するのは共通ですが，最後は「購入できる場所」を紹介したり，「オンラインレビューを見てほしい」と次の行動を促したりするなど，バリエーションがあります。Get in early!「早めに来てください！」のように，聞き手の注意を引いて特典をアピールする表現が広告には出てきます。

▓ 開店

> 新しいイタリアンレストランがオープンします。川のほとりにあり，都会の喧騒を避けた心地よ
> └─ レストランの宣伝 　　　　　　　　　└─ 推しポイント
> い雰囲気の中で，受賞歴のあるシェフがこの地方で取れた新鮮な野菜をふんだんに使い，季節に
> 　　　　　　　　　　　　　　　　└─ 付加価値
> 合ったメニューを提供します。そして週末には生演奏ライブもあり，ぜひリピートで来たくなる
> └─ 次の行動
> こと間違いなし！ 今すぐ555-1892にお電話ください！

「開店」の場合，推しポイントは，ロケーションのほか，レストランは味のよさ，シェフの経歴が紹介されることが多いです。ここで挙げた例のように，シェフは何かの賞を受賞していることも多いです！ ホテルの場合は設備のよさが紹介されます。次の行動の案内のほか，注意点で締めくくられることもあります。

> **攻略法まとめ** 広告・宣伝
> ・誰が，何を推しているかに注目
> ・「おトクなものは？」などの付加価値に注意して聞こう

1. What is the main purpose of the advertisement?

(A) To describe an employment opportunity

(B) To announce the opening of a camp

(C) To recommend a device

(D) To seek assistance from volunteers

2. What does the speaker mean when she says, "The job's not for everyone"?

(A) Few people are qualified for the position.

(B) The position is not being offered to the general public.

(C) Some people will find the conditions too challenging.

(D) The costs of taking part can be too high.

3. What does the speaker suggest doing?

(A) Attending a seminar

(B) Accessing a Web page

(C) Reading a magazine article

(D) Listening to a radio documentary

4. Who most likely is the speaker?

(A) A computer repair technician

(B) A shop owner

(C) A chef

(D) An announcer on television

5. What does the speaker suggest?

(A) Making reservations early

(B) Downloading a software update

(C) Purchasing a certain item

(D) Consulting with an accountant

6. What will the speaker most likely do tomorrow?

(A) Read out some statistics

(B) Introduce a guest

(C) Present an award

(D) Set up a product

Expansion Plans — Important Dates	
Markellos Store	Opens May 12
Bradman Store	Opens June 17
Hamilton Store	Opens July 9
Sanders Store	Opens August 3

3

広告・宣伝

7. Look at the graphic. Which store does the advertisement refer to?

(A) The Markellos Store
(B) The Bradman Store
(C) The Hamilton Store
(D) The Sanders Store

8. What does the speaker say about camping items?

(A) They have been discounted.
(B) Some models have been discontinued.
(C) They will sell out soon.
(D) Demonstrations will be performed.

9. What does the speaker recommend the listeners do?

(A) Join a local sports team
(B) Consider a career change
(C) Join a membership program
(D) Purchase an extended warranty

Questions 1 through 3 refer to the following advertisement.

❶If you're looking for a career out of the ordinary, Barton Industries may have the perfect position for you. We're looking for energetic young people to work on our cattle farms in the American outback. We'll teach you the skills to carry out general farm maintenance, cattle herding, and animal care. We'll even teach you how to ride a horse. ❷The pay is higher than the industry standard and we include an excellent health insurance package. The job's not for everyone, though. ❸The hours are long and you'll be required to camp out in the wild several nights a week. ❹To learn more about this unique opportunity, visit our Web page at www.farmersfriend.com.

設問 1-3 は次の広告に関するものです。

もし,普通ではないキャリアをお探しであれば,Barton 産業には最適な職があるかもしれません。アメリカ奥地にあります畜牛農場で働く精力的な若い人を探しております。全般的な農場メンテナンス,牛の牧畜,そして動物の世話を実行するためのスキルを教えます。乗馬の方法もお教えします。給料は業界標準以上で,充実した健康保険プランも含んでおります。しかしながら,この仕事は万人向けではありません。就業時間は長く,1週間に何度かは野外でキャンプすることも必要となります。この独特な機会についてもっと知りたい場合は,当社ウェブページwww.farmersfriend.com をご覧ください。

> **語句** □ ordinary 普通の状態 □ energetic 精力的な □ cattle 畜牛 □ outback 奥地
> □ herding 牧畜 □ pay 給料 □ insurance package パッケージ型の保険プラン

トークのポイント

1・2文目ですぐに農場の求人案内だと把握することができれば,その業務内容やここで働くメリット・条件が話されると推測できます。さらに,設問を先読みして,話し手が聞き手に提案していることを待ち伏せできるようにしておきましょう。

1.

概要

What is the main purpose of the advertisement?	広告の主な目的は何ですか。
(A) To describe an employment opportunity	(A) 雇用機会を説明すること
(B) To announce the opening of a camp	(B) キャンプ場のオープンを発表すること
(C) To recommend a device	(C) 装置を推奨すること
(D) To seek assistance from volunteers	(D) ボランティアからの援助を求めること

正解 (A)

解説 広告の目的が問われています。❶で「普通ではないキャリアが当社にある」と述べており,就職・転職に関わることだと分かりますので,それを言い換えた(A)が正解です。

言い換え career → employment opportunity

語句 □ employment opportunity 雇用機会 □ device 装置 □ seek ~を求める

2.

意図問題

What does the speaker mean when she says, "The job's not for everyone"?
(A) Few people are qualified for the position.
(B) The position is not being offered to the general public.
(C) Some people will find the conditions too challenging.
(D) The costs of taking part can be too high.

話し手が"The job's not for everyone"と言う際，何を意図していますか。
(A) ほとんどの人がその職への資格がない。
(B) その職は一般の人向けには募集されていない。
(C) その条件が厳しすぎるという人もいるだろう。
(D) 参加費が高くなりすぎるかもしれない。

正解 (C)

解説 意図問題です。話し手は問われている発言「この仕事は万人向けではない」の前後で，❷「給料がよく，健康保険もついてくる」，❸「長時間労働で，勤務中に野外生活もある」と，仕事の待遇のプラス面とマイナス面について触れています。このことから，話し手は，「条件が厳しいと思う人もいる」という意図で発言したと考えられますので，(C)が正解です。(A)，(D)に関してはそれぞれ職への資格，参加費については言及がなく，(B)に関しては，一般の人以外に向けた広告かは分からないので，いずれも不正解です。

語句 □ *be* qualified for ~ ～に対して資格がある　□ general public 一般の人
□ challenging 厳しい，難しい

3.

依頼・提案・勧誘・申し出

What does the speaker suggest doing?
(A) Attending a seminar
(B) Accessing a Web page
(C) Reading a magazine article
(D) Listening to a radio documentary

話し手は何をすることを提案していますか。
(A) セミナーに参加すること
(B) ウェブページにアクセスすること
(C) 雑誌記事を読むこと
(D) ラジオドキュメンタリーを聞くこと

正解 (B)

解説 話し手が提案していることが問われています。❹で「もっと知りたかったらウェブページへ」と言っていますので，(B)が正解です。

言い換え visit→accessing

語句 □ documentary ドキュメンタリー

190

Questions 4 through 6 refer to the following advertisement.

❶This is Bob Alban, of Alban Discount Store. I'm pleased to announce that our prices are still as low as ever, and our selection of goods continues to grow. ❷Just for today and tomorrow we'll be offering big discounts on some exciting new products in our gardening section. ❸Buy our new solar-powered pathway lights, and you'll never trip over things on your garden path again. They're easy to install and come with a five-year warranty. ❹For the next two days, I'll be at the store in the garden section, demonstrating the simple setup procedure myself. So, if you are interested, please come on down.

設問4-6は次の広告に関するものです。

こちらはAlbanディスカウント店のBob Albanです。当店の価格は依然として低価格であり，そして品揃えは引き続き増え続けていることを喜んでお知らせします。本日と明日のみ，ガーデニングコーナーで魅力的な新商品の大幅値下げを提供しています。太陽光発電の通路灯を購入すれば，庭園の小道にあるものにつまずき転ぶようなことは二度とないでしょう。設置は容易で，5年間の保証もついてきます。今日から2日間，私が店内のガーデニングコーナーにおります。そして私が単純な組み立て手順を披露させていただきます。ですので，もしご興味がおありでしたらどうぞお越しくださいませ。

語句
- □ be pleased to announce that 〜 〜を喜んでお知らせする
- □ as low as ever 依然として低い □ offer discounts on 〜 〜の値下げを提供する
- □ solar-powered 太陽光発電の □ trip over 〜 〜につまずく □ warranty 保証書
- □ setup 組み立て □ procedure 手順

トークのポイント

1文目で店名と自分の名前を名乗っているので，ある店舗に関する話を店舗関係者がする，と分かります。店舗関係者なので，売っている商品やサービスの提供に関する内容が次に来ることが多いです。その点を意識して，推しポイントや付加価値を整理して聞きながら，話し手が明日取る行動を待ち構えましょう。

4.

Who most likely is the speaker? | 話し手はおそらく誰ですか。
(A) A computer repair technician | (A) コンピューター修理士
(B) A shop owner | (B) 店のオーナー
(C) A chef | (C) シェフ
(D) An announcer on television | (D) テレビアナウンサー

正解 (B)

解説 話し手はおそらく誰か，が問われています。❶からある小売店舗で働いていることが分かります。(B)が一番正解としてふさわしいです。ほかの選択肢は，小売店舗で働いている人とは考えにくいのでいずれも不正解です。

5.

What does the speaker suggest?
(A) Making reservations early
(B) Downloading a software update
(C) Purchasing a certain item
(D) Consulting with an accountant

話し手は何を提案していますか。
(A) 早めの予約をすること
(B) ソフトウェアの更新をダウンロードすること
(C) ある商品を買うこと
(D) 会計士に相談すること

正解 (C)

解説 話し手が何を提案しているか，が問われています。❷，❸で「新商品が割引になる」「太陽光発電の通路灯を購入するとメリットがある」と述べていますので，ある商品を買うように提案していることが分かります。以上からこれに当てはまる選択肢は(C)だと分かります。

言い換え buy→purchasing

語句 □ make a reservation 予約する　□ download ～をダウンロードする
□ consult with ～ ～に相談する

6.

What will the speaker most likely do tomorrow?
(A) Read out some statistics
(B) Introduce a guest
(C) Present an award
(D) Set up a product

話し手は明日おそらく何をしますか。
(A) 統計データを出力する
(B) 客を紹介する
(C) 賞を贈る
(D) 製品を組み立てる

正解 (D)

解説 話し手がおそらく明日何をするか，が問われています。❹で「今日から2日間，店舗にいて新商品の設置手順を披露する」と言っていますので(D)が正解だと分かります。

語句 □ read out ～ ～を出力する　□ statistics 統計，統計学
□ present ～を贈呈する　□ award 賞

3

広告・宣伝

Questions 7 through 9 refer to the following advertisement and list.

Coleman Sports Supplies is proud to announce that it's opening its tenth store. ❶On Monday, July 9, our new store at the Greenways Shopping Mall will have its grand opening. To celebrate, we're offering huge discounts on every item we have in stock. ❷That's twenty percent off baseball gear and soccer gear, a thirty percent discount on camping gear, and a huge fifty percent off on all running shoes. ❸These discounts are only available to people who are in our membership program, and the only way to join is by visiting our Web site, www. colemansports.com. I suggest you do so quickly because it takes a couple of days to process the application and send out your membership card.

設問7-9は次の広告と表に関するものです。

Colemanスポーツ用品店は，10番目の店舗の開店を発表することを誇りに思います。7月9日月曜日，Greenwaysショッピングモールに新店舗がグランドオープンします。お祝いとして，在庫品の全ての商品の大きな割引を行います。野球及びサッカー用品が20%オフ，キャンプ用品は30%オフ，そして全てのランニングシューズがなんと50%オフとなります。これらの割引は会員プログラムメンバーのみが対象となり，ご加入方法は弊社ウェブサイトwww.colemansports.comへのアクセスのみとなっております。お申し込みを処理し，会員カードを発行するのに数日かかるため，お早めにご加入いただくことをお勧めいたします。

語句 ☐ proud 誇りを持って ☐ celebrate 祝う ☐ stock 在庫 ☐ gear 用具，道具 ☐ available 利用可能な ☐ join 加入する，参加する ☐ process ～を処理する ☐ application 申し込み

トークのポイント

冒頭でColeman Sports Suppliesという会社名を出しており，新規開店を発表しているため，スポーツ用品店，かつ新店舗宣伝だと分かります。図表から，日にちが**7.**のキーワードになると推測して，日にちを注意して聞き取りましょう。具体的な割引の内容が紹介された後，それを受けるための条件が説明されているので，割引対象商品→受ける条件と整理して聞きましょう。最後の，行動の促しまで注意して聞き取りましょう。

7.　　　　　　　　　　　　　　　　　　　　　　　　　**図表問題**

Look at the graphic. Which store does the advertisement refer to?
(A) The Markellos Store
(B) The Bradman Store
(C) The Hamilton Store
(D) The Sanders Store

図を見てください。広告はどの店について言及していますか。
(A) Markellos店
(B) Bradman店
(C) Hamilton店
(D) Sanders店

Expansion Plans — Important Dates	
Markellos Store	Opens May 12
Bradman Store	Opens June 17
Hamilton Store	Opens July 9
Sanders Store	Opens August 3

拡張計画 — 重要な日程	
Markellos店	5月12日開店
Bradman店	6月17日開店
Hamilton店	7月9日開店
Sanders店	8月3日開店

正解 (C)

解説 図表問題で，この広告がどのお店について言及しているかが問われています。選択肢には店名が並んでいますので，日付がヒントとして話されることが推測できます。❶で「7月9日月曜日に新店舗がオープンする」と言っています。次に表を見ると，7月9日開店がHamilton店となっていますので，(C)が正解となります。

語句 □ expansion plan 拡張計画

8.

What does the speaker say about camping items?
(A) They have been discounted.
(B) Some models have been discontinued.
(C) They will sell out soon.
(D) Demonstrations will be performed.

話し手はキャンプ用品について何と言っていますか。
(A) 割引されている。
(B) いくつかの商品は製造終了となっている。
(C) もうすぐ売り切れる。
(D) 実演が行われる。

正解 (A)

解説 話し手がキャンプ用品について何と言っているか，が問われています。❷からキャンプ用品が割引対象になっていることが分かりますので，(A)が正解となります。(B)のdiscontinued（製造終了）はパッと見るとdiscounted（割引）だと思ってしまいそうですが，スペルが異なります。先読みで選択肢を拙速に読んだ場合，このような類似した語にはだまされやすいので気を付けましょう。

語句 □ model（商品などの）型　□ discontinue（生産など）を廃止する
□ demonstration 実演

9.

What does the speaker recommend the listeners do?
(A) Join a local sports team
(B) Consider a career change
(C) Join a membership program
(D) Purchase an extended warranty

話し手は聞き手に何をするよう勧めていますか。
(A) 地元のスポーツチームに加入する
(B) 転職を考える
(C) 会員プログラムに加入する
(D) 延長保証を購入する

正解 (C)

解説 話し手が聞き手に推奨していることが問われています。❸で「開店記念の割引は会員プログラムメンバーのみが対象で，発行に数日かかるので，早めの加入を！」と言っていますので，これを言い換えた(C)が正解です。

語句 □ extended 延長した，延ばした

4 ニュース・ラジオ

ニュース・ラジオとは，メディアを媒体として伝える情報全般を指します。TOEIC L&Rテストの Part 4 に登場するのは，ビジネスニュース，天気予報，交通情報，イベント情報，トーク番組などです。

POINT どういう種類の情報かを把握し，リスナーに求めるもの，ゲストの有無に注意する

This is Taro Yamada from ABC radio などで始まることが多いです。この次にどういう種類の情報かが話されることが多いので，この部分が聞こえたら次の情報を待ち構えるようにしましょう。

Part 4 に出てくるニュース・ラジオ番組の種類としては，ビジネスニュース（business news），天気予報（weather report[forecast]），交通情報（traffic report[update]），イベント情報（local event），トーク番組（talk show, interview）が頻出で，前半でどの種類かを明確にされることが多いです。

天気予報・交通情報は，情報が並列的に説明されることが多いので，いつ・どこの情報なのかを把握しながら聞く必要があります。一方，ゲストがいるトーク番組では，ゲストへの質問を募集したり，クイズを行ったりするなど，リスナーへの呼びかけがあることもあります。

例題では，ニュースの流れをチェックしましょう。

例題 🎵 192

1. What is the topic of the news report?
(A) Rush hour traffic
(B) The opening of a new road
(C) The cutting of local taxes
(D) An upcoming election

2. What change is mentioned?
(A) The expansion of a city
(B) The introduction of a charge
(C) The widening of a road
(D) The goals of a politician

3. What does the speaker mean when she says, "Time will tell"?
(A) It is difficult to predict a result.
(B) She will announce the time in a moment.

(C) Time will affect the severity of the situation.

(D) Listeners should wait for an update.

設問から分かる待ち伏せポイント

1. What＋topic　→　トピックを聞き取る

2. What＋change　→　何か変わったことを聞き取る

3. 意図問題　Time will tell.　→　ポジティブもしくはネガティブな出来事が将来分かる

次にスクリプトを見ながら，このトークの流れを見ていきましょう。

スクリプト　🇬🇧　♪ 192

Questions 1 through 3 refer to the following news report.

Good morning, listeners. It's Paula Jones with the morning news for July

┌ 通勤時の渋滞がテーマのニュースかな？

twenty first. ❶The congestion on the roads during the morning commute has

┌ 解決策か。これが**2.**の変化かな？

become a serious issue recently. The city council has just announced a

solution that's likely to be very unpopular with drivers. ❷People who use their

cars within five kilometers of the city center will be charged a daily toll. The toll

will be ten dollars in the first year, but that may increase in future years. ❸It's

hoped that the toll will encourage people to use the train and bus services

┌ Time will tell.だ！　　┌ 解決策の影響を話すのか？

more. Time will tell. ❹This unpopular decision may affect the mayor's chances

of reelection. On the other hand, fewer traffic jams may be worth the cost.

どんなニュースか分かればその後の展開が何となく読めてきます。今回は道路の交通渋滞→その対策方法→考えられる影響という流れでした。例えば「市が対策を発表した」を聞いた段階で「問題発生→対策→影響の予測」という構造を推測できれば，問われている情報も聞き取りやすくなるでしょう。

1. このニュースのトピックが問われています。❶で「朝の通勤中の道路渋滞が最近深刻化している」と言っていますので，これを言い換えた (A) が正解です。トーク中のThe congestion on the roads during the morning commuteが選択肢でRush hour trafficとなっており，1語も一致していませんので少し難しかった

かもしれません。間違えた方はしっかり復習しておきましょう。

2. どんな変化が述べられているか, が問われています。❷で「市中心部からの距離により車の使用者に課金する」と言っていますので, (B) の「課金の導入」が正解です。(A) や (C) の「市」や「道路」はトーク内の表現に出てきますが, 拡大, 拡張には言及していないので不正解です。

3. 話し手がTime will tell.と言っている意図が問われています。問われた表現の前後の文脈は, ❸人々がもっと公共交通機関を使うことが期待される→Time will tell.→❹市長再選への影響の予測・効果への期待となっており, 現時点で何が起こるか定かではないことが分かります。以上から正解は (A) となります。

訳 設問1-3は次のニュースレポートに関するものです。

リスナーの皆さん, おはようございます。Paula Jonesが7月21日の朝のニュースをお伝えします。朝の通勤中の道路渋滞が最近深刻な課題と化しています。市議会がこの度解決策を発表しましたが, 運転手の間では不人気が予想されます。市中心部から5キロ圏内で車をお使いの方は日ごとに通行料金を課せられることとなります。通行料金は初年度が10ドルとなりますが, その後は上昇する可能性があります。この通行料により人々が電車やバスなどの公共交通機関をもっと使うようになることが狙いです。時間が経過すればいずれ分かることでしょう。この不人気な決断は市長の再選の可能性にも影響を及ぼすかもしれません。他方で, 交通渋滞の減少には犠牲を払った分だけの価値があるかもしれません。

1. ニュースレポートのトピックは何ですか。
   (A) 忙しい時間帯の交通
   (B) 新しい道路の開通
   (C) 地方税の減額
   (D) 来るべき選挙

2. どんな変化が述べられていますか。
   (A) 市の拡大
   (B) 課金の導入
   (C) 道路の拡張
   (D) 政治家の目標

3. 話し手が"Time will tell"と言う際, 何を意図していますか。
   (A) 結果の予測が難しい。
   (B) 間もなくその時刻を発表する。
   (C) 時間はその状況の厳しさに影響する。
   (D) 聞き手は最新情報を待つべきである。

正解 1. (A) **2.** (B) **3.** (A)

語句 □ congestion 渋滞 □ commute 通勤 □ serious 深刻な □ issue 課題
□ city council 市議会 □ solution 解決策 □ unpopular 不人気な □ daily 毎日の
□ toll 通行料金 □ It's hoped that S V SがVすることが望まれる
□ encourage *A* to *do* ～ Aに～するように仕向ける, 奨励する
□ affect ～に影響する □ mayor 市長 □ reelection 再選
□ on the other hand 一方で □ traffic jam 交通渋滞 □ worth ～の価値がある
1. □ rush hour 混雑する時間帯 □ upcoming 来るべき
2. □ expansion 拡大 □ charge 課金 □ widening 拡張 □ politician 政治家
3. □ predict ～を予測する □ in a moment 間もなく □ severity 厳しさ
   □ update 最新情報

ニュース・ラジオは，ほかに以下のような場面があります。それぞれの流れをチェックしましょう。

:: ビジネスニュース

新店舗開店や事業拡大のニュースがよく出題されます。この場合，その事業の特長や経歴に加えて，今後の予測が説明されることが多いです。

:: 交通情報

交通情報では，どの時間帯の情報かが紹介され，そして，それぞれの道路の状況の説明があります。通常は事故やイベントなどの影響で渋滞，といったケースです。リスナーへの行動の促しとしては迂回，時間調整等が求められるときがあります。

:: 天気予報

天気予報は，時系列順や地域別の天気と，それぞれの日・場所における注意点が話されることが多いです。整理して聞き取りましょう。ほかの種類のラジオ・トークと同様，最後に次のコーナーを紹介して終わるパターンもあります。

:: トーク番組

トーク番組ではゲストの経歴・活動が詳しく説明されます。経歴の紹介と，あいさつの促しというスピーチと似た流れとなることが多いですが，「質問を電話で受け付ける」「当選者に電話をかけるから待っていてほしい」など，リスナーへの行動を促すことがあるのも特徴です。経歴・リスナーに促している行動をきちんと聞き取りましょう。

:: イベント

イベントの場合は，どういったイベントなのかという説明（アウトドアマーケット，展覧会など）の後に，「駐車場に限りがある」などの注意点や，「こういう特典がある」といったことが付け加えられることがあります。また，主催者のインタビューが続くこともあります。

攻略法まとめ ニュース・ラジオ

- どのパターンの番組かを把握する
- ニュース番組・天気予報・交通情報は並列された情報と時系列を整理して聞き取る
- トーク番組は，ゲストの経歴・リスナーに求められている行動に注意

1. When is the report being given?

(A) In the morning
(B) At noon
(C) In the evening
(D) At midnight

2. What is causing traffic delays in Dunhill?

(A) Construction work
(B) Bad weather conditions
(C) A sporting event
(D) Road closures

3. What does the reporter recommend?

(A) Leaving early
(B) Driving carefully
(C) Taking a detour
(D) Using public transportation

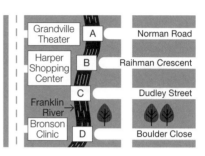

4. Look at the graphic. Where most likely is the proposed location for the bridge?

(A) Location A
(B) Location B
(C) Location C
(D) Location D

5. What are some people concerned about?

(A) Protecting an important building
(B) Harming the natural environment
(C) Reducing the amount of traffic
(D) Paying for expensive projects

6. According to the speaker, what are local people recommended to do?

(A) Sign a petition
(B) Write a letter to the council
(C) Vote in an upcoming election
(D) Fill out a survey

7. According to the speaker, what is scheduled for this weekend?

(A) An athletic competition
(B) A trade show
(C) A leader election
(D) A local event

8. What are the listeners advised to do?

(A) Reserve some books
(B) Make restaurant reservations
(C) Pick up an event program
(D) Purchase tickets online

9. What will the speaker do next?

(A) Read some rules
(B) Announce a contest winner
(C) Provide a traffic update
(D) Speak with a guest

🎵 193

Questions 1 through 3 refer to the following news report.

❶This is Greg Barlow with the five P.M. traffic update for Radio 5GK. ❷The city is hosting a youth soccer tournament this year and this seems to be causing a lot of congestion in and around Dunhill. Dunhill Stadium is where most of the main games are being played, so that's to be expected. The games will be held every day this week so we anticipate similar traffic conditions right up until the finals on Friday evening. ❸I strongly recommend that you take the train if you plan to travel between four P.M. and eight P.M. this week.

設問1-3は次のニュースレポートに関するものです。

こちらはGreg Barlowです。5GKラジオの午後5時の交通情報をお伝えします。市は本年、サッカーの青年トーナメントを開催しており、これにより多くの交通渋滞がDunhillとその周辺で起きています。Dunhill競技場はほとんどの主要試合が開催される場所なので、これは想定内のことです。試合は今週毎日開催されるため、同様の交通状況が金曜夜の決勝戦までずっと続くことになります。今週午後4時から8時に移動される方は電車のご利用を強くお勧めいたします。

語句 □ host ～を開催する　□ congestion 渋滞　□ in and around ～ ～とその周辺

トークのポイント

1. でこのニュースの放送時間を聞かれています。時間は最初に言われることが多いので、冒頭を聞き逃さないようにしましょう。交通情報だと分かったら、「渋滞」「閉鎖」「事故」などのうち、どの情報か整理しましょう。今回はイベントによる渋滞情報ですので、どこがいつ混むのかなどの情報をきちんと整理しながら聞きましょう。最後にリスナーへ行動を促しているので、ここも何を促しているか聞き逃さないようにしましょう。

1.

詳細

When is the report being given?	レポートはいつ行われていますか。
(A) In the morning	(A) 午前中
(B) At noon	(B) 正午
(C) In the evening	(C) 夕方
(D) At midnight	(D) 真夜中

正解 (C)

解説 このニュースレポートがいつ行われているのか、が問われています。❶から午後5時に放送していることが分かりますので、(C)が正解だと分かります。eveningというと時間帯はあいまいですが、おおよそ「日が暮れ始めてから夜寝るまでの時間」を指します。

2.

詳細

What is causing traffic delays in
Dunhill?
(A) Construction work
(B) Bad weather conditions
(C) A sporting event
(D) Road closures

Dunhillでの交通渋滞を起こしている原因は何
ですか。
(A) 建設工事
(B) 悪天候
(C) スポーツイベント
(D) 道路閉鎖

正解 (C)

解説 Dunhillの交通渋滞の原因が問われています。❷で「サッカーのトーナメントが開催されてお
り，Dunhill及びその周辺で交通渋滞が起きている」と述べていますので，正解は(C)だと分か
ります。交通規制によって通行止めなどを行うかもしれませんが，このトークでは述べられて
いないので(D)は不正解です。

語句 □ construction 建設　□ closure 閉鎖

3.

依頼・提案・勧誘・申し出

What does the reporter recommend?
(A) Leaving early
(B) Driving carefully
(C) Taking a detour
(D) Using public transportation

レポーターは何を勧めていますか。
(A) 早めに出発すること
(B) 注意して運転すること
(C) 迂回をすること
(D) 公共交通機関を利用すること

正解 (D)

解説 レポーターが推奨していることが問われています。❸で「今週特定の時間帯に移動する場合は
電車の利用を強く勧める」と言っていますので，電車をpublic transportationと言い換えた
(D)が正解です。

言い換え take the train → using public transportation

語句 □ detour 迂回　□ public transportation 公共交通機関

Questions 4 through 6 refer to the following news report and map.

❶In local news, the city council is considering a plan to construct a new bridge over the Franklin River. To carry out the plan, it'll be necessary to demolish the Grandville Theater. As you know, it won't be an easy decision. ❷A group of local residents has been speaking out against the plan because they'd like to preserve the historical building. ❸Due to the important nature of the issue, the council would like to get feedback from as many people as possible before the decision is announced in two weeks.

設問4-6は次のニュースレポートと地図に関するものです。

地元のニュースですが，市議会はFranklin川への新しい橋を建設する計画について検討しています。この計画の実行にあたり，Grandville劇場を取り壊す必要があります。ご存じの通り，決して容易な決断ではありません。地域住民の団体は歴史的建造物を保存するためこの計画にはっきりと反対しています。これはとても重要な課題であるため，市議会は，決定が2週間後に発表される前に1人でも多くの方からの意見をもらいたいとしています。

語句 □ carry out 〜 〜を実行する　□ demolish 〜を取り壊す
　　　 □ speak out 堂々と意見を述べる　□ preserve 〜を保存する，保護する
　　　 □ historical 歴史的な　□ nature of 〜 〜の性質，種類

トークのポイント

図表が地図なので，「交通情報かな？」と思った方もいるかもしれませんが，よく聞いてみると，建設計画についてのニュースだと分かります。先読みは大切ですが，「地図だから交通情報」などと先入観を持ちすぎないことも大切です。計画についてのニュースの場合，概要を説明した後，反応や影響が話されることが多いです。このトークでは，反応について話した後で，住民に求められていることを話しています。

4.

図表問題

Look at the graphic. Where most likely is the proposed location for the bridge?
(A) Location A
(B) Location B
(C) Location C
(D) Location D

図を見てください。おそらくどこが橋の候補地ですか。
(A) 候補地A
(B) 候補地B
(C) 候補地C
(D) 候補地D

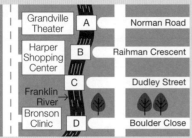
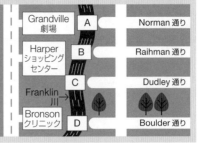

正解 (A)

解説 図表問題で，橋の候補地が問われています。選択肢の候補地の周りには建物や通りが並んでいますので，いずれかが正解のヒントとして話されることが推測できます。❶から「Franklin川への新しい橋の建設計画を検討している」ということが分かるので，この劇場から一番近い通りが候補地の通りであることが推察されます。ここから(A)が正解だと分かります。

語句 □ crescent，close（固有名詞に付いて）〜通り

5. 　　　　　　　　　　　　　　　　　　　　　　　　　　　　　　　　　　　**詳細**

What are some people concerned about?	一部の人たちは何を心配していますか。
(A) Protecting an important building	(A) 重要な建物を保護すること
(B) Harming the natural environment	(B) 自然環境を害すること
(C) Reducing the amount of traffic	(C) 交通量を減少させること
(D) Paying for expensive projects	(D) 高価なプロジェクトにお金を出すこと

正解 (A)

解説 一部の人たちが心配していることは何か，が問われています。❷で「地域住民が歴史的建造物を保護するため，計画に反対している」と言っていますので，トーク中のpreserve the historical buildingをProtecting an important buildingに言い換えた(A)が正解だと分かります。preserveとprotectはPart 7の言い換え問題でも登場します。このような文脈の場合は同じ意味だと考えてください。また，この設問は形だけ見ると「概要」のようにも思われますが，2問目であることから会話全体の問題について聞いている可能性は低いと判断できます。実際，この設問は橋の建設に対して人々が心配していることをピンポイントで解答できますので，「詳細」に該当します。

言い換え preserve → protecting，historical building → important building

語句 □ be concerned about 〜 〜を心配する　□ harm 〜に害を及ぼす
　　　 □ environment 環境

6. 　　　　　　　　　　　　　　　　　　　　　　　　　**依頼・提案・勧誘・申し出**

According to the speaker, what are local people recommended to do?	話し手によると，地元の人々は何をするよう勧められていますか。
(A) Sign a petition	(A) 嘆願書に署名する
(B) Write a letter to the council	(B) 議会に手紙を書く
(C) Vote in an upcoming election	(C) 今度の選挙に投票する
(D) Fill out a survey	(D) 調査票に記入する

正解 (B)

解説 地元の人々が勧められていることは何か，が問われています。❸で「これはとても重要な課題であるため，市議会は多くの方からの意見をもらいたいと考えている」と述べていますので，(B)が正解です。

語句 □ petition 嘆願（書）

Questions 7 through 9 refer to the following news report.

This is Patti Adams from KFSS News. ❶This Saturday, we have the annual Harper Valley Apple and Grape Festival. It's a huge event for our local food industry, and has been attracting more and more visitors in recent years. ❷The restaurants taking part in the festival are likely to be extremely crowded. So, I strongly recommend booking a table as early as possible. In a few minutes I'll be giving you the traffic report, ❸but first I have Taylor Baartz in the studio with me this morning. She's one of the festival organizers, and I'm going to ask her what we can look forward to at the festival this year.

設問7-9は次のニュースレポートに関するものです。

こちらはKFSSニュースのPatti Adamsです。今週の土曜日，毎年恒例のHarper峡谷リンゴ・ブドウ祭があります。地元の食品業界にとってとても大きなイベントで，ここ数年ますます多くの来訪者を引き付けてきました。その祭りに参加するレストランは相当混雑しそうです。ですので，できるだけ早いお座席のご予約を強くお勧めします。数分後に交通情報をお知らせしますが，まずは，私とともに今朝のスタジオにはTaylor Baartzがおります。彼女は祭りの主催者の1人ですので，これから本年度の祭りの目玉についてお尋ねしようと思います。

語句 □ *be* likely to *do* ～しそうな　□ extremely 非常に
　　 □ book a table（レストラン等の）座席を予約する

> **トークのポイント**
>
> 主に地元の祭りの紹介をするニュースです。祭りの特徴や注意点が話されているので，整理しながら聞きましょう。後半ではがらっと話が変わり，スタジオゲストを紹介しています。このように，ニュースの場合，ゲストが突然出てくるなど途中で大きく話題転換することもあるので，落ちついて情報を整理しましょう。

7.

詳細

According to the speaker, what is scheduled for this weekend?	話し手によると，今週末何が予定されていますか。
(A) An athletic competition	(A) 運動競技大会
(B) A trade show	(B) 展示会
(C) A leader election	(C) 指導者選挙
(D) A local event	(D) 地域のイベント

正解 (D)

解説 今週末に何が予定されているか，が問われています。❶で「今週土曜日に毎年恒例の祭りがあり，（それは）地元の大イベント」と言っていますので，それを言い換えた(D)が正解です。

語句 □ trade show 展示会

8.

What are the listeners advised to do?	聞き手は何をするように助言されていますか。
(A) Reserve some books	(A) 本を予約する
(B) Make restaurant reservations	(B) レストランを予約する
(C) Pick up an event program	(C) イベントのプログラムを受け取る
(D) Purchase tickets online	(D) チケットをインターネットで購入する

正解 (B)

解説 聞き手が助言されていることは何か, が問われています。❷で「その祭りに参加するレストランは混雑するので早めに席の予約を」と言っていますので, これを言い表した(B)が正解です。このトーク中のbookは「予約する」の意味で使われています。同じ音を含む(A)を選ばないように注意しましょう。

言い換え　booking a table → make restaurant reservations

語句　□ pick up　～を受け取る

9.

What will the speaker do next?	話し手は次に何をしますか。
(A) Read some rules	(A) ルールを読み上げる
(B) Announce a contest winner	(B) コンテスト優勝者をアナウンスする
(C) Provide a traffic update	(C) 最新の交通情報を伝える
(D) Speak with a guest	(D) ゲストと話す

正解 (D)

解説 話し手が次に何をするか, が問われています。❸で「スタジオにはTaylor Baartzがいるので, これから祭りについて尋ねる」と言っていますので, これを言い換えた(D)が正解です。

言い換え　ask → speak with

5 会議

TOEIC L&Rテストでは, ビジネスシーンでの打ち合わせなどの会議が登場します。Part 4は1人のトークなので, 会議を開催する司会者か, プレゼンテーターが話すシーンが多いです。

POINT 情報・結果を受けての課題を聞き取る

ほかの場面タイプ同様, まずは話し手の立場を把握します。そして, テーマが何かを把握しましょう。司会者が議題や進行の変更を伝えたり, プレゼンテーターが売上調査の報告, 何かしらの提案をしたりするパターンが多いです。

例えば, 新商品の売り上げの報告の場合, その報告や調査結果が示している情報から,「販売を促進する必要がある」という課題を洗い出す, というような, **情報や結果を受けて課題を抽出する**というストーリーが多いです。そして, その後課題を受けた改善案を提起するという流れになるのが定番です。そのため,「情報や結果を受けての課題は何か?」という点に絞ると聞きやすくなります。

会議のテーマはさまざまなので, これに当てはまらないパターンもあります。例えば, 議題や進行の場合は時系列を整理しましょう。人の紹介の場合は, スピーチと似た部分もありますが, どういった経歴の人なのかを特に注意して聞きましょう。

そして, トークの最後に次の流れが話されることが多いです。「それではビデオをご覧ください」,「まずは自己紹介しましょう」,「ランチブレイクにしてからディスカッションに入りましょう」等, このトークが終わったら何が起こるか, が話されるのでは, と思いながら待ち構えましょう。

例題　　　　　　　　　　　　　　　　　　　　🎵 196

1. What is the talk mainly about?
(A) Cutting costs
(B) Speeding up client processing
(C) Improving customer reviews
(D) Teaching the staff new skills

2. Why does the speaker say, "I'm very impressed"?
(A) The staff has found cheaper suppliers.
(B) Paper usage has been reduced.
(C) Sales have improved.
(D) The new clients were very satisfied.

---

3. What is scheduled for this Saturday?
   (A) A computer system will be introduced.
   (B) A press release will be published.
   (C) A product will be launched.
   (D) A training session will be held.

| 設問から分かる待ち伏せポイント |

1. What + talk　　　　　　　　　　→ テーマを聞き取る
2. 意図問題 I'm very impressed.　→ 感動した理由が話されるはず
3. What + scheduled + this Saturday → 今週土曜日に何がある？

次にスクリプトを見ながら，このトークの流れを見ていきましょう。

| スクリプト 🏳️ |　　　　　　　　　　　　　　　　　　♪ 196

Questions 1 through 3 refer to the following excerpt from a meeting.
┌─ 部長会議で話しているな
Thanks for coming to the weekly meeting of department heads. ❶As you
　　　　　　　　　　　　　　　　　┌─ コスト削減がテーマか！
know, we're doing a few things differently to reduce spending this quarter.
　　　　　┌─ 誰かを褒めているな。理由が続くか？
First, I'd like to praise our administration department. They've already

managed to cut spending by eighteen percent. ❷Our goal of cutting paper
　　　この前の部分での成果を受けての I'm very impressed だ！
usage in half has also been accomplished. I'm very impressed. One way to

reduce it even further is to store documents electronically. In the past, this was
　　　　　　　　　次の土曜日ということは，先の行動を示しているな ┐
dangerous because hard drives sometimes fail. ❸This Saturday however, a

new computer system will be installed. It'll store files in two locations, making

it much more dependable.

今回のテーマはコスト削減で，一定の成果が上がった部署が褒められ，その理由が
説明された後で，今後の展開という流れでした。例題の設問では問われていません
が，「よい」，「悪い」という情報に続いてその理由や内容が説明され，そこが設問
で問われるポイントとなることがあります。1つの起点となる情報があったら**その
内容や理由がある**と思って対応しましょう。

1. このトークの主題が問われています。❶で「現在支出を減らす対策実施中」と言
　　っていますのでこれを言い換えた (A) が正解です。トーク中の to reduce

spendingが選択肢でCutting costsという形に言い換えられていることに注目です。

2. 話し手がI'm very impressedと話した理由が問われています。問われている表現の直前の❷で「目標の紙使用半減がすでに実行済み」と言っていますので、すでに実行されたことに対する称賛の辞を述べていることが分かります。以上から(B)が正解となります。

3. 今週土曜日に予定されているものが問われています。❸で「今週土曜日に新しいコンピューターシステムが導入される」と言っていますので、これを言い換えた(A)が正解です。この問題はThis Saturdayを待ち伏せしておくと比較的解きやすかったのではないでしょうか。トーク中のinstalledと選択肢のintroducedが言い換えられていましたのでこちらもチェックしておきましょう。

訳 設問1-3は次の会議からの抜粋に関するものです。

週例部門長会議にお越しくださりありがとうございます。ご存じの通り、今四半期は支出を減らすべくいくつかのことをこれまでと異なるやり方で実施しています。まず、管理部を称賛します。すでに支出を18％削減できています。目標としている紙の使用量半減についてもすでに実行いただきました。とても感銘を受けております。さらなる削減策として文書を電子化して保管することがあります。過去にこの行為は危険だと考えられていました。というのもハードディスクドライブが時折故障してしまうためです。しかし、今週土曜日に新しいコンピューターシステムが導入されます。これは2つの場所にファイルを保管し、信頼性が向上することとなります。

1. トークは主に何についてのものですか。
(A) コストを削減すること
(B) 顧客対応スピードを向上させること
(C) 顧客のレビューを改善させること
(D) スタッフに新しいスキルを教えること

2. 話し手はなぜ"I'm very impressed"と言っていますか。
(A) スタッフが安い供給先を見つけたため。
(B) 紙の使用量が削減されたため。
(C) 売り上げが向上したため。
(D) 新しい顧客がとても満足したため。

3. 今週土曜日に予定されているものは何ですか。
(A) コンピューターシステムが導入される。
(B) 報道発表がされる。
(C) 製品が新発売される。
(D) 研修が開催される。

正解 **1.** (A) **2.** (B) **3.** (A)

語句 □ head（部門などの）長 □ as you know ご存じの通り
□ differently 異なる方法で □ reduce ～を減少させる □ spending 支出
□ quarter 四半期 □ praise ～を褒める □ administration department 管理部
□ manage to *do* なんとか～する □ usage 使用量 □ accomplish ～を達成する
□ further さらに □ store ～を保管する □ electronically 電子的に
□ fail 故障する □ dependable 信頼できる
1. □ speed up ～ ～のスピードを上げる □ processing 処理
3. □ press release 報道発表 □ launch ～を発売する

会議は，ほかに以下のような場面があります。それぞれの流れをチェックしましょう。

⁑ 話し手が司会者の場合

皆さん本日はお集まりいただきありがとうございます。本日の地区部長会議ですが，10:00から
└ トピックは会議の流れと推測
最初の議題である売り上げ速報を共有したら，以前からお願いしていた改善案をプレゼンいただ
└ 会議の流れ
きます。昼食の後に，グループに分かれてもらい一つ一つの改善案を評価してもらいます。その

後最終的にどのアイディアを優先するか決定するのが今日のゴールです。夕方はディナーがあり

ますのでどうぞ楽しみにしてください。ご質問はありますか。ないですね。では始めます。

司会が話す場合，「変更点」，「人の紹介」などがトピックになることが多いです。ただし，「今日の会議の流れ」などは最後まで聞いて改めて分かる場合もありますので，トピックが分からなくても時系列で確認する必要があります。その後は，変更の場合は変更点の理由に続いて変更した結果が，紹介の場合は経歴に続いてその人が参加することによって生じる結果などが話されることが多いです。**誰が何を**，を把握するのはほかの場面タイプと同じですが，**影響や結果**に意識を置くとよいでしょう。

⁑ 話し手がこれからプレゼンする場合

では，資料に目を通してください。第2四半期の売り上げは，昨年よりも電子書籍が10%ほど上
└ プレゼンテーター └ 呼びかけ └ 実績とその要因
昇しました。オンラインショッピングを強化した効果の表れかと思います。一方，書店での売り
└ 懸念点 └ 今後のプラン
上げが落ちているため，今後強化する必要があります。別の資料に，今後の回復プランを掲載し

てあります。1つは，書店での読み合わせ企画です。すでに有名作家に声をかけているため，予
└ 次の行動
算が承認されれば実行できます。それでは休憩の後，質疑に入りたいと思います。

話し手がプレゼンする場合，いきなり話題に入ることもあります。あわてずにトピックを把握しましょう。売上実績や調査報告の後，懸念点，提案とつながることが多いです。

攻略法まとめ 会議

・トピックをつかむ
・議題などの場合は時系列を，報告の場合は，結果を受けた課題を意識して聞き取る

Practice トークを聞き，質問に対して最も適切な答えを(A)(B)(C)(D)の中から1つ選びなさい。　♪ 197~199

BRIGHTINGS CIRCUS

● **Performing at** 589 Flinders Road
● **From** May 18 **to** May 27
● **Show times** 6:00 P.M. (Weekdays)
　10:00 A.M., 1:00 P.M., and 8:00 P.M.
　(Weekends and holidays)

1. What are the listeners asked to do?

(A) Check the leaflets
(B) Write a review
(C) Clean some equipment
(D) Read a safety report

2. Look at the graphic. Which time will be changed?

(A) 10:00 A.M.
(B) 1:00 P.M.
(C) 6:00 P.M.
(D) 8:00 P.M.

3. What most likely will the listeners do next?

(A) Rehearse for a new performance
(B) Discuss the price of tickets
(C) View a competitor's show
(D) Choose the next venue

4. Why has the speaker called a meeting?

(A) To try out some product samples
(B) To discuss the problems with a product
(C) To take cost-cutting measures
(D) To talk about how to brand a new product

5. What did the focus group say about the juice?

(A) The price was too high.
(B) The advertisements were entertaining.
(C) The flavor should be improved.
(D) The packaging was very attractive.

6. What will the listeners most likely do next?

(A) Try a sample
(B) Watch a video
(C) Create a survey
(D) Meet with a consultant

7. According to the speaker, what will be changed?

(A) A Web site
(B) An employment policy
(C) A safety procedure
(D) Reporting requirements

8. What is the speaker's company planning to do?

(A) Improve its products
(B) Offer professional training
(C) Transfer some workers
(D) Evaluate staff performance

9. What should interested staff members do as they leave?

(A) Collect some equipment
(B) Submit a survey
(C) Rearrange the furniture
(D) Register for an event

5
会議

🔊 197

Questions 1 through 3 refer to the following excerpt from a meeting and flyer.

Thank you for taking the time to be here today. I know you're all very busy. I think we're just about ready to start printing our new flyers. Before printing and handing them out around town next Friday, ❶I'd just like everyone here to take a look at them later and see if there's anything that needs changing. ❷I'm already planning to change the show time in the evenings on weekdays to an hour later. I doubt people will be able to finish work and get to the venue in time otherwise. Now, ❸I think we should talk about ticket prices. Our running costs have been increasing and I think it's about time we raised our prices to cover them.

設問1-3は次の会議からの抜粋とチラシに関するものです。

忙しい中時間を作ってお集まりいただきありがとうございます。皆さんとても忙しいのは分かっております。ちょうど我々の新しいチラシを印刷し始める準備が整ったことと思います。印刷して来週金曜日に町中で配る前に，ここの皆さんに後程ご覧いただいて変更が必要な箇所があるかご確認をお願いします。私の中ではすでに平日夕刻からの開始時間を1時間後ろにずらそうと考えています。そうしないと，人々が仕事が終えて時間通り会場に到着できると思えないためです。それでは，チケット料金について議論した方がよいと思います。ランニングコストが上昇してきており，そろそろコストを埋め合わせるため価格を上げる時期だと考えています。

語句 □ flyer チラシ □ hand ～ out ～を配る □ take a look at ～ ～を見る
□ see if S V SがVかどうかを確認する □ doubt ～ではないと思う
□ venue 開催場所 □ it's about time＋仮定法過去 もう～してもよいころだ
□ cover ～を埋め合わせる，負担する

トークのポイント

会議の進行役があいさつに続いてチラシについて説明しています。参加者への依頼，現状の変更点，これから議論したいこと，とどんどん話が切り替わりますので，情報をしっかり整理しながら聞きましょう。またこのタイプの図表では，場所，開催日，時間等が手がかりとなりますので，それらを整理して聞くようにしましょう。

1.

依頼・提案・勧誘・申し出

What are the listeners asked to do?	聞き手は何をするよう頼まれていますか。
(A) Check the leaflets	(A) チラシを確認する
(B) Write a review	(B) 評価を書く
(C) Clean some equipment	(C) 装置を清掃する
(D) Read a safety report	(D) 安全報告書を読む

正解 (A)

解説 聞き手が何をするよう頼まれているか，が問われています。冒頭でチラシの完成に触れ，その後❶で「それぞれチラシを確認し要変更な箇所があるか確認してほしい」と言っていますので，(A)が正解です。

言い換え flyers → leaflets

語句 □ leaflet チラシ, 小冊子, 手引書

2.

図表問題

Look at the graphic. Which time will be changed?
(A) 10:00 A.M.
(B) 1:00 P.M.
(C) 6:00 P.M.
(D) 8:00 P.M.

図を見てください。変更される時間はどれですか。
(A) 午前10時
(B) 午後1時
(C) 午後6時
(D) 午後8時

BRIGHTINGS CIRCUS

● **Performing at** 589 Flinders Road
● **From** May 18 **to** May 27
● **Show times** 6:00 P.M. (Weekdays)
10:00 A.M., 1:00 P.M., and 8:00 P.M.
(Weekends and holidays)

BRIGHTINGS サーカス

● 589Flinders通りで上演
● 5月18日から5月27日まで
● 上演時間 午後6時(平日)
午前10時, 午後1時, 午後8時
(週末と祝日)

正解 (C)

解説 図表問題で, どの時間が変更されるか, が問われています。❷で「平日夕方の開始時間を1時間後ろにずらそうと考えている」と述べています。チラシの上演時間を見ると, 平日の開始時刻は午後6時だと分かりますので, (C)が正解です。開始時間は平日, 週末で異なりますので, 情報の聞き逃しや見間違いがないように注意しましょう。

3.

次の行動

What most likely will the listeners do next?
(A) Rehearse for a new performance
(B) Discuss the price of tickets
(C) View a competitor's show
(D) Choose the next venue

話し手はおそらく次に何をしますか。
(A) 新しい公演のリハーサルをする
(B) チケットの価格について話し合う
(C) 競合のショーを観る
(D) 次の開催場所を選出する

正解 (B)

解説 聞き手が次にすることは何か, が問われています。❸で「チケット料金について議論した方がよいと思う」と言っていますので, これからチケット価格について議論することが分かります。以上から(B)が正解となります。

言い換え talk about → discuss

語句 □ rehearse リハーサルをする □ competitor 競合相手

Questions 4 through 6 refer to the following excerpt from a meeting.

Hello everyone. ❶First, I'd like to take a look at the sales figures for the Mondo Juice brand. They're nowhere near as high as we'd hoped. ❷I commissioned a focus group to help find out why sales are so slow and I was informed that the flavors needed work. The problem is that many people have already expressed disappointment with the product. So, our job is not only to fix the flavor, but also to consider a new name and label. ❸To help us do this, I've asked a marketing expert from Boston Advertising to offer some advice. He will be here soon.

設問4-6は次の会議からの抜粋に関するものです。

こんにちは，皆さん。まずMondoジュースブランドの売上高について確認したいと思います。当初見込んだほど高くはありませんでした。フォーカスグループに委託してどうして売り上げがそんなに低迷しているのかを突き止めるのを手伝ってもらったところ，味の手直しが必要だということでした。問題は多くの方がすでに商品が期待外れだと述べているということです。以上から，するべきことは味を改善させることだけではなく，新たな名前やラベルを検討する必要もあります。我々がこれを行う際の手助けとして，Boston広告社のマーケティングの専門家に依頼し，アドバイスを受けることとしました。彼は間もなくこの場にいらっしゃいます。

語句	□ commission 〜に委託する
	□ focus group フォーカスグループ（市場調査を行う際に抽出された消費者の集まり）
	□ flavor 味　□ need work 作業が必要である　□ fix 〜を改善する

トークのポイント

短いあいさつに続いて本題に入っていますが，会議からの抜粋のシーンだとよくあります。慌てずにキーワードを拾いながら，何がトピックかをつかみましょう。ここでは，売上高の確認をしたいと言っています。調査結果の報告に続いて，自分たちがするべきことを説明し，最後は次に話す人を紹介するという，典型的なパターンです。設問にもあるfocus groupやJuiceというワードが出てきたら，それについて何と言っているか，にも注目しましょう。

4.　　　　　　　　　　　　　　　　　　　　　　　　　　　　　　詳細

Why has the speaker called a meeting?	話し手が会議を招集したのはなぜですか。
(A) To try out some product samples	(A) 商品サンプルを試すため
(B) To discuss the problems with a product	(B) 商品についての問題を議論するため
(C) To take cost-cutting measures	(C) コスト削減策を講じるため
(D) To talk about how to brand a new product	(D) 新商品のブランディングの方法について話すため

正解 (B)

解説 なぜ話し手が会議を招集したか，が問われています。❶で「Mondoジュースブランドの売上高を確認したい。当初見込んだほど高くなかった」と特定の商品の問題点に対して触れていますので，それを言い換えた(B)が正解です。

言い換え take a look at → discuss

語句 □ call a meeting 会議を招集する　□ cost-cutting コスト削減の

□ brand ～のブランドづくりを行う

5.

What did the focus group say about the juice?	フォーカスグループはそのジュースについて何と言いましたか。
(A) The price was too high.	(A) 価格が高すぎた。
(B) The advertisements were entertaining.	(B) 広告が楽しいものだった。
(C) The flavor should be improved.	(C) 味を改善すべきである。
(D) The packaging was very attractive.	(D) パッケージがとても魅力的だった。

正解 (C)

解説 フォーカスグループがジュースについて言っていたことは何か,が問われています。❷に「委託したフォーカスグループは,味の手直しが必要と言っていた」とありますので,(C)が正解になります。

語句 □ entertaining 楽しませる,面白い

6.

What will the listeners most likely do next?	聞き手はおそらく次に何をしますか。
(A) Try a sample	(A) サンプルを試す
(B) Watch a video	(B) ビデオを見る
(C) Create a survey	(C) 調査票を作成する
(D) Meet with a consultant	(D) コンサルタントに会う

正解 (D)

解説 聞き手は次に何をするか,が問われています。❸で話し手が「アドバイスを依頼したBoston広告社のマーケティング専門家が間もなく到着する」と述べていますので,ここから聞き手はこの専門家と会うことが考えられます。以上から専門家をconsultantに言い換えた(D)が正解となります。

言い換え marketing expert → consultant

Questions 7 through 9 refer to the following excerpt from a meeting.

Next, ❶I have a couple of messages from upper management. They've informed me that they're going to be implementing a new hiring policy from next month. Basically, we'll only be accepting people whose experience is with companies outside the state. We don't want anyone who has strong connections with any of our local competitors. ❷The other thing was that they are planning on restructuring the company so some people may be asked to transfer to different departments. ❸If you'd like more information, you're welcome to attend an information session on May nineteenth. There will be a sign-up sheet at the door as you leave this meeting.

設問7-9は次の会議の抜粋に関するものです。

次ですが，経営幹部からいくつか伝言を承っております。来月から新しい雇用指針を施行しようとしていると伺いました。基本的に当社は州外の会社経験のある人材のみ受け入れることになります。地元の競合会社と強い関係を持った方は必要としません。また，幹部メンバーは会社の再編を計画しており，一部の人には他部署への異動をお願いすることになるかもしれない，とのことでした。もしさらに情報が欲しいということであれば，ぜひ5月19日の説明会にご参加ください。この会議からお帰りになる際にドア付近に登録用紙がございます。

語句 □ upper management（会社の）経営幹部 □ implement ～を施行する
□ hiring policy 雇用方針 □ connection 関係 □ restructure ～を再編する
□ information session 説明会 □ sign-up sheet 登録用紙

トークのポイント

会議の冒頭からではなく，途中からの抜粋です。「雇用に関する新しい指針」という主題を明示したうえで，さらに具体的な内容，その影響が話されています。最後に聞き手へ行動の促しがあります。

7. 　詳細

According to the speaker, what will be changed?
(A) A Web site
(B) An employment policy
(C) A safety procedure
(D) Reporting requirements

話し手によると，何が変更されますか。
(A) ウェブサイト
(B) 雇用方針
(C) 安全に関する手順
(D) 報告要件

正解 (B)

解説 話し手が言及している中で，何が更新されるのか，が問われています。❶で「（経営幹部が）雇用に関する新指針を施行しようとしている」と言っているので，(B)が正解です。

言い換え hiring → employment

語句 □ employment 雇用 □ procedure 手順 □ reporting requirement 報告要件

8.

What is the speaker's company planning to do? (A) Improve its products (B) Offer professional training (C) Transfer some workers (D) Evaluate staff performance	話し手の会社は何をする計画をしていますか。 (A) 商品を改良する (B) 専門的な研修を提供する (C) 従業員を異動させる (D) 従業員の業績を評価する

正解 (C)

解説 話し手の会社が何をする計画か，が問われています。❷で，「会社を再編し他部署への異動もお願いすることになる」と言っていますので，ここから(C)が正解となります。

語句 □ transfer ～を異動させる　□ evaluate ～を評価する　□ performance 業績

9.

What should interested staff members do as they leave? (A) Collect some equipment (B) Submit a survey (C) Rearrange the furniture (D) Register for an event	興味のある従業員は帰り際に何をすべきですか。 (A) 装置を集める (B) 調査票を提出する (C) 家具を再配置する (D) イベントに登録する

正解 (D)

解説 興味のある従業員は帰り際に何をすべきか，が問われています。❸「一連の件でもっと情報を知りたければ5月19日の説明会に参加できる，この会議後帰り際にドア付近に登録用紙がある」と言っていますので，興味がある従業員は，帰る前に説明会の参加登録をすることが推察できます。ここから(D)が正解だと分かります。会社の説明会でもeventと表現します。

言い換え information session → event

語句 □ rearrange ～を再配置する，再調整する　□ register 登録する

5
会議

6 電話メッセージ

電話メッセージは，留守番電話のメッセージです。今でこそメールやテキストメッセージでのやりとりが主流ですが，TOEIC L&Rテストでは留守電メッセージが出題されます。電話メッセージの場合は，**顧客と取引先なのか，同僚同士かという関係で，ある程度話題と流れを絞ること**ができます。

POINT 話し手と聞き手の関係を素早く把握し，問題・課題は何かを察知する

電話メッセージの場合，話し手と聞き手の関係である程度流れを絞ることができます。最初のあいさつで分かることが多いので，注意して聞きましょう。

次に，トークの話題の中で，**問題**，もしくはプラスに物事が働くことで生じた**新たな課題**が何かというのを探っていきましょう。トピックやテーマが分かった時点でこれらについての情報もほぼ必ず出てきます。そして最終的にどういうような流れ，シメになるかという部分も押さえておきましょう。

例題 ♪ 200

Contract Term	Monthly Charges
3 Months	$120
6 Months	$110
1 Year	$100
2 Years	$90

1. According to the speaker, when does the supplier charge an extra fee?
  (A) When extra visits are required
  (B) When equipment is not supplied
  (C) When a contract is canceled early
  (D) When a payment is overdue

2. Look at the graphic. How much will the company most likely pay per month?

(A) $120
(B) $110
(C) $100
(D) $90

3. What most likely will the speaker do next?
  (A) Send a document
  (B) Attend a gardening seminar
  (C) Make some phone calls
  (D) Negotiate a contract

設問から分かる待ち伏せポイント

1. When supplier＋charge fee　→　課金のタイミングを聞き取る
2. 図表問題，選択肢はお金　→　契約期間を待ち伏せして聞く
3. What＋speaker＋do＋next　→　話し手の次の行動

次にスクリプトを見ながら，このトークの流れを見ていきましょう。

スクリプト 🇺🇸 ♪200

Questions 1 through 3 refer to the following telephone message and list.

同僚同士の会話かな？

契約に関する話。theが使われているから継続案件かな？

Hi, Greg. It's Holly speaking. The contract with the gardener is about to expire and I'm considering how long to sign up for. We'll only be at this office for

契約期間が課題か？

another seven months. ❶If we sign up for longer than that, we'll be charged

やっぱり継続案件か！

extra when we terminate the contract early. As I told you before, ❷I was

図表にある内容が出てきた。ひっかけがないか注意しよう。

originally planning to pay 100 dollars per month. However, considering the total cost, I have decided to sign up for the six-month contract and do the gardening ourselves in the final month. ❸I'll e-mail you the price list now so that you can think about my idea.

今回の電話メッセージは，同僚同士の会話で，「契約が切れるが，どう対処するか」といった内容でした。今のオフィスにずっといるわけではないので，どの期間の契約で更新すると決めたかがポイントです。そして最後にリストをメールで送ると言っています。問題と解決策，次の展開という流れをつかめれば，先読みがうまくできていなくても展開を予測しながら聞くことができ，内容を把握しやすくなります。その結果，問題も解きやすくなるでしょう。

1. 供給業者が追加料金を課すタイミングが問われています。❶で「早期に契約終了した場合追加料金が発生」と言っていますので，これを言い換えた (C) が正解です。打ち切る，終了する，という表現がトーク中ではterminateで，選択肢ではcancelとなっていましたね。この言い換えは出現率が高いです。

2. 図表問題で，会社は1カ月にいくら払うかが問われています。❷で「もともと月100ドル払う予定だったが，6カ月契約することに決めた」と言っていますので，6カ月に相当する額である (B) が正解です。❷の冒頭だけで拙速に (C) を選ばな

いでください。そもそも (C) が正解だと図を見なくても正解できてしまいます。図を見なくても音声だけで正解できる図表問題は出題されません。

3. 話し手が次にするであろうことが問われています。❸で「価格表をメールする」と言っていますので，価格表（price list）を document と言い換えた (A) が正解です。list 以外にも，contract（契約書），draft（下書き）など，資料になりえるものは TOEIC L&R テストの場合 document と言い換えられることが多いので，慣れておきましょう。

［訳］ 設問 1-3 は次の電話メッセージとリストに関するものです。

こんにちは，Greg。Holly よ。庭師との契約が終了しようとしていて，どれくらいの期間で更新しようかと考えているの。もう 7 カ月ほどしかこのオフィスにいないということもあるし。もしそれ以上の期間で更新したら，早期に契約終了した場合追加料金が発生してしまうわ。以前話したように，もともと月 100 ドル払う計画でいたんだけど，コスト総額を考えて，6 カ月間の契約をして最後の月は自分たちで庭の手入れをやることに決めたわ。価格表をメールするので私の案について考えてみてね。

1. 話し手によると，供給業者はいつ追加料金を課しますか。
(A) 追加訪問が必要になったとき
(B) 設備が供給されないとき
(C) 契約が早期に打ち切られたとき
(D) 支払いが滞ったとき

2. 図を見てください。会社はおそらく月にいくら払いますか。
(A) 120 ドル
(B) 110 ドル
(C) 100 ドル
(D) 90 ドル

3. 話し手はおそらく次に何をしますか。
(A) 文書を送る
(B) 庭の手入れのセミナーに参加する
(C) 電話をする
(D) 契約を交渉する

契約期間	月額
3 カ月	120 ドル
6 カ月	110 ドル
1 年	100 ドル
2 年	90 ドル

正解　**1.** (C)　**2.** (B)　**3.** (A)

［語句］
□ speaking（電話などで）私です　□ gardener 庭師
□ *be* about to *do* これから〜しようとする　□ expire 期限が切れる
□ sign up for 〜 〜の契約をする　□ terminate 〜を終わらせる，打ち切る
□ As I told you before 以前お話しした通り　□ price list 価格表
1. □ supplier 供給業者　□ extra fee 追加料金　□ visit 訪問
　　□ require 〜を要求する　□ supply 〜を供給する　□ contract 契約
　　□ overdue 支払期限が過ぎている
2. □ per month 1 カ月あたり
3. □ negotiate a contract 契約を交渉する

それぞれの電話メッセージの流れの例を見てみましょう。

▮▮ 顧客と取引先

◎不具合の連絡

あいさつに続いて具体的にどういった不具合かの説明が続きます。客からの電話メッセージの場合は「いつまでに直してほしい」という要望，客へのメッセージの場合は代替手段が話されます。

◎商品の予約

商品を知ったきっかけや用途に続き，「いつまでに購入したい」という要望が続きます。なお，「予約の変更」の場合，変更の理由と代替の候補日がポイントになることが多いです。

◎申し込みへの応答

これは，折り返しの連絡の場合が多いです。あいさつに続いて何の件で連絡したかということを簡潔に伝え，引き受けるか断るかの報告をします。断る場合は断る理由やその代案を説明します。最後に「○日までに連絡を」といった依頼が続くこともあります。

◎荷物の配送状況確認

特に，不着の連絡が頻出です。そのメッセージが顧客からのものか，取引先からのものかで流れが変わります。顧客からの場合は「依頼したものが届かない」という連絡から始まり，「いつまでに届けてほしい」という締め切りや，代替手段の相談がポイントとなります。取引先（配達業者）からの場合,「依頼されたものを届けられない」という連絡から始まるのは同じですが,「いつまでに届けられる」という報告や代替手段の提案のほか，迷惑をかけたことへの補償が加わることもあります。

▮▮ 同僚同士

◎不具合の相談

不具合の相談の場合は不具合の説明，そして，「いつまでに直してほしい」といった要望や,「代わりに○をしてほしい」という依頼が続きます。

◎依頼

依頼の場合は,「体調不良のためプレゼンテーションに参加できない」といった状況を説明した後で,「代わりに参加してほしい」といった具体的な依頼内容，注意点などが続きます。特に頻出の話題は，以前頼まれた資料の確認です。以前頼まれた資料の件だと前置きをしたうえで，よいところ，悪いところを指摘する可能性が高いです。両者を整理して聞きましょう。

6

電話メッセージ

なお，これらのパターンに当てはまらないものとして，テレホンサービスがあります。電話をかけてきた人への，自動再生のメッセージです。「○○をしたい方は1を」など，聞き手が求められる行動を整理して聞く必要があります。

また，これ以外にも流れはあります。自分なりに整理していきましょう。

攻略法まとめ　電話メッセージ

- 話し手と聞き手の関係は，顧客と取引先か，同僚同士かを素早く把握し，ストーリーを理解しやすくする
- 問題・課題は何かを察知する

Practice トークを聞き，質問に対して最も適切な答えを(A)(B)(C)(D)の中から1つ選びなさい。　🎵 201~202

1. According to Ms. Wang, what is the problem?

(A) A delivery cannot be made on time.
(B) Some equipment has malfunctioned.
(C) An employee has not come to work.
(D) Shipping costs have increased.

2. What does the speaker offer to do?

(A) Give a discount on a future purchase
(B) Provide a different item
(C) Repair a broken appliance
(D) Send a recipe book

3. What does the speaker need to know?

(A) Whether to throw away an item
(B) How the customer intends to pay
(C) Where to install some equipment
(D) What time a store will close

4. What problem does the speaker describe?

(A) A missing delivery
(B) A product malfunction
(C) A construction delay
(D) A staff shortage

5. What does the speaker request?

(A) A schedule update
(B) Directions to an office
(C) Some repairs
(D) A reimbursement

6. What will the speaker most likely do next?

(A) Meet with an architect
(B) Visit a work site
(C) Inspect some damage
(D) Put fuel in her car

6

電話メッセージ

🎵 201

Questions 1 through 3 refer to the following telephone message.

Hello. It's Rebecca Wang from Ken's Kitchen calling. ❶We were supposed to deliver your new oven this afternoon. I'm really sorry, but it still hasn't arrived from the manufacturer. We were assured it would be here today, but it wasn't in the shipment as promised. ❷The shipment of goods we received did contain a newer model of the oven, however. We could offer you that instead at no extra charge. Please let us know if that is agreeable to you. ❸Oh, by the way, we also need to know whether or not you want us to dispose of your old oven.

設問1-3は次の電話メッセージに関するものです。

もしもし，Ken's KitchenのRebecca Wangです。本日午後に，ご注文の新しいオーブンをお届けする予定になっておりました。大変申し訳ございませんが，メーカーからまだこちらに届いておりません。本日中に来ることは確約されていたのですが，約束の配送には含まれておりませんでした。ただ，私どもが受け取った出荷商品にはさらに新しい型のオーブンが含まれておりました。追加料金なしで，代わりにこちらをお届けすることが可能でございます。ご同意いただけるかどうかのご連絡をお願いいたします。あ，ところで，お客様が古いオーブンの廃棄をご希望かを伺う必要もございます。

語句	□ *be* supposed to *do* ～する予定になっている　□ oven オーブン
□ manufacturer メーカー，製造業者　□ assure ～を保証する
□ as promised 約束された通り　□ shipment of goods 商品の出荷
□ extra charge 追加料金　□ agreeable 同意できる，好みに合う
□ dispose of ～ ～を捨てる

トークのポイント

届けるはずのものを届けることができないという，取引先から顧客への電話だとすぐに把握できたでしょうか。代わりに，より新しい商品を届けるという代替手段も提示していますので，把握できるようにしましょう。最後に，「お尋ねする必要がある」という言い回しで終えています。このような言い回しで聞き手は質問されている，ということも把握しておきましょう。

1.

概要

According to Ms. Wang, what is the problem?
(A) A delivery cannot be made on time.
(B) Some equipment has malfunctioned.
(C) An employee has not come to work.
(D) Shipping costs have increased.

Wangさんによると，問題は何ですか。
(A) 配送が時間通りにできない。
(B) 装置が故障している。
(C) 従業員が仕事に来ていない。
(D) 配送料が上がっている。

正解 (A)

解説 何が問題なのか，が問われています。❶から客に配送する予定であったオーブンがまだメーカ

ーから届いていない，ということが分かりますので，それを「配送を約束の時間にできない」と言い換えた(A)が正解です。(B)の故障や(C)の従業員が仕事に来ていないというのは，配送品が届いていない原因として考えられますが，トーク中に述べられてはいないのでここでは不正解です。

語句 □ malfunction 故障する □ shipping costs 配送料

2.

依頼・提案・勧誘・申し出

What does the speaker offer to do?	話し手は何をすることを申し出ていますか。
(A) Give a discount on a future purchase	(A) 今後の購入時に割引をする
(B) Provide a different item	(B) 違う商品を提供する
(C) Repair a broken appliance	(C) 故障品を修理する
(D) Send a recipe book	(D) レシピ本を送る

正解 (B)

解説 話し手が申し出ていることは何か，が問われています。❷で「より最新の型の商品が届いたのでこれを無料提供できる」と言っています。これをdifferent itemと表現した(B)が正解です。もともと注文したものも新しいですが，❷ではnewer（より最新の）と言っていますので，これらが違う商品であることが分かります。

語句 □ future purchase 今後の購入 □ appliance 製品

3.

詳細

What does the speaker need to know?	話し手は何を知る必要がありますか。
(A) Whether to throw away an item	(A) 品物を捨てるかどうか
(B) How the customer intends to pay	(B) 顧客の希望する支払い方法
(C) Where to install some equipment	(C) 装置をどこに設置するか
(D) What time a store will close	(D) 何時に店が閉店するか

正解 (A)

解説 話し手は何を知る必要があるか，が問われています。❸で「古いオーブンを捨てるかどうか」と尋ねていますので，(A)が正解です。(A)のitemという語は，家電製品だけではなく，全ての商品を指すことができる言葉です。例えば食べ物もfood itemという表現で登場することもあります。

言い換え dispose of→throw away

語句 □ throw away ～ ～を捨てる □ intend to *do* ～する意向がある

Questions 4 through 6 refer to the following telephone message.

Hi, it's Greta Fields from Herbal Construction calling. ❶Um… we ordered some building materials from your store and they were supposed to arrive yesterday afternoon. Unfortunately, nothing has arrived yet, so there must have been a mix-up with the address or something. It isn't a big deal because I was able to get some materials from another work site we have in the area. ❷I'd appreciate it if you could cancel the order and give us a refund, though. Also, please give me a call back so that I know you got this message. ❸I'm heading down to the construction site now, so you'll have to call my mobile. That's 415-555-8939.

設問4-6は次の電話メッセージに関するものです。

こんにちは、Herbal建設社のGreta Fieldsです。ええと…、そちらのお店で建築資材を注文し、昨日の午後着の予定でした。残念ながらまだ何も到着しておりませんので、住所の間違い等何か手違いがあったはずだと思っております。大した問題ではありません、というのも、同じ地区の弊社のほかの現場から資材を確保できたためです。ただ、注文をキャンセルして払い戻していただけますとありがたく存じます。また、この伝言を受けたか確認するため、折り返しお電話をお願いいたします。これから、建設現場に向かいますので、携帯電話の方に連絡をお願いします。番号は415-555-8939です。

語句 □ building material 建築用の材料　□ nothing has arrived 何も到着していない
□ work site 作業現場
□ I'd appreciate it if you could ～ ～することができれば大変ありがたい
□ refund 払い戻し　□ head down to ～（ある場所からある場所へ）向かう
□ mobile 携帯電話

トークのポイント

先ほどのPracticeとは逆に、「届くはずのものが届かない」という顧客から取引先への連絡です。この場合は、「いつまでに欲しい」という期限や「こういう保証をしてほしい」という希望が話されることが多いですが、ここは後者のパターンですね。最後に、相手に折り返しの電話依頼をしてトークを終えています。

4.

概要

What problem does the speaker describe?　話し手はどんな問題を説明していますか。
(A) A missing delivery　(A) 配送の紛失
(B) A product malfunction　(B) 製品の故障
(C) A construction delay　(C) 建設の遅れ
(D) A staff shortage　(D) 人材不足

正解 (A)

解説 話し手がどんな問題を説明しているか、が問われています。❶で「そちらのお店で建築資材を注文し、昨日着の予定だった」、「まだ何も到着していない」、「住所間違いの可能性がある」と言っていますので、商品が紛失したかもしれないと疑っていることが分かります。ここから正解は(A)となります。(C)は建設作業自体の遅れを意味しますので、ここでは不正解です。

語句 □ malfunction 故障　□ shortage 不足

5.

What does the speaker request?	話し手は何を要求していますか。
(A) A schedule update	(A) 計画の更新
(B) Directions to an office	(B) 仕事場への道案内
(C) Some repairs	(C) 修理
(D) A reimbursement	(D) 返金

正解 (D)

解説 話し手が要求していることは何か，が問われています。❷で「注文品をキャンセルして払い戻しをお願いしたい」と言っていますので，ここから返金を意味する選択肢(D)が正解だと分かります。

言い換え refund→reimbursement

語句 □ directions 道順　□ reimbursement 返金

6.

What will the speaker most likely do next?	話し手はおそらく次に何をしますか。
(A) Meet with an architect	(A) 建築家に会う
(B) Visit a work site	(B) 作業現場を訪れる
(C) Inspect some damage	(C) 破損箇所を調査する
(D) Put fuel in her car	(D) 車に燃料を入れる

正解 (B)

解説 話し手はこの後何をするか，が問われています。話し手は❸で「現場に向かうので，携帯に電話してほしい」と言っています。ここから，この後話し手は作業現場に行くことが分かりますので，(B)が正解です。

言い換え heading down→visit

語句 □ architect 建築家　□ inspect ～を調査する　□ fuel 燃料

6　電話メッセージ

濵﨑潤之輔＆大里秀介のパワーアップ対談③

Part 3, 4の攻略法について

編：Part 3では設問ごとの，Part 4は場面ごとの攻略法を理解するという流れにしています。その意図はなんでしょうか。

大里秀介（以下，大）：Part 3は複数人の会話，Part 4は1人のトークですが，共通点はまとまった英文を聞いて問題を解くことですね。まず，設問が分かれば待ち構え方が分かります。例えばWhen did the man submit the report to the manager?（その男性はいつ部長にレポートを提出しましたか）という設問があれば，「いつ，レポートを出した」ということが問われるんだなって分かる。Part 2よりも有利なのは，設問が文字に書いてあることです。なので，まず，設問を先読みして覚える速さが必要になってくる。そして，「レポートを出した日が話されるぞ」と待ち構えながら話を聞いて，該当箇所が来たときに，「あ，金曜日だ」と分かる。難しい問題になると，正解の曜日そのものではなく「金曜日の1日前」のような言い回しもありますよね。800点くらいの人が苦手なところを意識して問題を作成したつもりです。

場面は，日常生活やビジネスの話が主体です。スピーチだったら「歓迎会，退職者」など，出やすい場面を知って，ストーリーを推測できるということが重要です。

ただ，Part 4に比べて，Part 3は場面ごとの流れを覚えるよりも，設問の先読みがより有効です。Part 3は設問の先読みの仕方を学び，Part 4は場面別にという構成にし

ました。

編：ご自身が学習者だったときにPart 3, 4で苦手だったことはありますか。

濵﨑潤之輔（以下，濵）：僕は苦手な先読みが，Part 3, 4では必須のスキルだと感じるところがあり，家の至る所にPart 3, 4の設問と選択肢を印刷した紙を貼ったり置いておいたりして，それらを目に入るたびに全力で読む，ということを続けていました。おかげで今では設問＋選択肢，合計15の節や句を3周ほど読んでからトークを聞いて解答することができるようになりましたが，これは誰でも練習で克服することができる部分だと思います。

大：そうですね。ただ，僕は学習者のときは先読みをしすぎて，設問を意識するあまり，トークの本質をおさえられず，結局待ち伏せしたのに正解のヒントを聞き逃してしまうことがありました。

だから，設問先読みによる待ち構えも大事ですが，ストーリーの流れを理解しておく必要があります。問題を意識しながら流れを理解するというマルチタスクをしながら，この問題の正解はこれ，次の正解はこれだってできると完璧なんです。

編：なぜストーリーの流れがおさえられないんでしょうか。

大：流れが抜けてしまう理由は，Part 1や2で出てくるような，短文を聞き取って意味をとらえることがしっかりできていないか

らです。

英語の耳がないと，設問の先読みをして，展開を予測しながら待ち構えていても，結局ところどころに穴が生まれてしまって，そこがテスティングポイントだったりしちゃうんです。

その穴をPart 3, 4で克服しようとするとまとまった英文を聞かなければならず，「ああ，めんどくさい，もうやらない」となってしまいがちです。Part 2で聞けなかったところをしっかり復習し英語力をつけ，その状態でPart 3, 4をやる方が，効率がいいんですよね。

800点を超えてから，僕はそのことに気づきました。おそらく世の中の800点を取っていなくて，リスニングが400から420くらいの方は，聞こえていない音があるはずです。その方はPart 3, 4をいきなりやってもいいんですけど，Part 2をちゃんと復習したらすごい聞きやすくなると思います。

編：そうなんですね。

大：Part 3は設問のアプローチ，Part 4は場面のアプローチを用意したんですけど，実は復習で大事なのは一文一文しっかり自分の苦手な部分を見つけて聞く，聞けない原因を潰すということです。でもそれをPart 3, 4でやるのは効率悪いと思ったら，Part 2をしっかりやって帰ってこいよ，と思います。

濵：その通りですね，特にPart 3は「Part 2が長くなったバージョン」と言っても過言

ではありません。短いやり取りを聞き取って理解することができないのであれば，当然それが長くなったものを理解することは難しいはずです。最も，Part 3, 4には「文脈」というものが生じるので，そこから内容を推測することがしやすくはなるのですが。

編：ここまで本書を学習してきて，Final Test，そして実際の試験へと進む読者の方へメッセージをお願いします。

濵：本書で学んだことを生かし，Final Testで思う存分力試しをしてみてください。その後は余すところなく復習し，あやふやな部分を一切なくした状態で本番の試験に臨むようにしてください。「才能とは，自分自身を信じる力」です。頑張っていきましょう。

大：ここまで学習してみると，ここは得意，ここは苦手，というメリハリが分かるとともに，克服のコツをつかめたのではないでしょうか。つかんだコツは反復をすることで強化されますので，是非繰り返して自信をつけ，Final Testに臨んでください。きっと成果を実感できることでしょう。そして実感した成果は，本番の試験に必ず役立つはずです。努力は裏切りませんので，是非自分を信じて頑張ってください！

編：ありがとうございました！

Final Test

※解答用紙はWebサイトよりダウンロードしてください。詳細はp.11をご覧ください。

※自動採点サービスに対応しています。詳細はp.7をご覧ください。

※各Partの指示文（Directions）は旺文社作成のものです。

LISTENING TEST

In the Listening test, your task will be to show how well you comprehend spoken English. The entire Listening test will be about 45 minutes long. The test has four parts, with directions given for each of them. Your answers must be marked on the answer sheet which is provided separately. The answers must not be written in the test book.

PART 1

Directions: In this part, you will listen to spoken statements concerning a picture in the test book. Each question will have four statements. As you listen, choose the one statement that is the best description of what is shown in the picture. Then, look for the question number on the answer sheet. Finally, mark your answer. The statements are not written in the test book and will be spoken out loud only once.

Answer choice (C), "They're looking at the displays," best describes the picture. So, mark (C) on the answer sheet.

1.

2.

GO ON TO THE NEXT PAGE

3.

4.

5.

6.

GO ON TO THE NEXT PAGE

PART 2

🎵 210~235

Directions: You will listen to a statement or question followed by three responses spoken out loud in English. These are not written in the test book and will be spoken out loud only once. Choose the response that best matches the statement or question and mark (A), (B), or (C) on the answer sheet.

7. Mark your answer.

⋮

（8.～30.は省略）

⋮

31. Mark your answer.

PART 3

🎵 236~249

Directions: You will listen to a number of conversations consisting of two or more people. Your task is to answer three questions about what is said in each conversation. Choose the response that best matches each question and mark (A), (B), (C), or (D) on the answer sheet. The conversations are not written in the test book and will be spoken out loud only once.

32. What are the speakers discussing?

(A) Purchasing an automobile
(B) Taking a vacation
(C) Getting a new job
(D) Finding an apartment

33. Why does the man mention Fern Valley?

(A) It is an expensive place to live.
(B) It is far from the woman's office.
(C) It is known for high temperatures.
(D) It is crowded at this time of year.

34. What will the woman most likely do next?

(A) Read an employee handbook
(B) Prepare her résumé
(C) Check a Web site
(D) Visit a bank

35. Where are the speakers?

    (A) At a convention center

    (B) On a bus

    (C) At the airport

    (D) On the street

36. Why does the woman say, "I'm on my way to lunch"?

    (A) She cannot help the man.

    (B) She thinks the man made a mistake.

    (C) She will take a business trip.

    (D) She will do some work on the train.

37. What does the woman say about Nicholas?

    (A) He will join them on a trip.

    (B) He lacks experience in sales.

    (C) He was hired recently.

    (D) He is available today.

38. What is the problem?

    (A) Some guests are late.

    (B) Some products are faulty.

    (C) A dessert was served too early.

    (D) An order was misunderstood.

39. Where does the man most likely work?

    (A) At a sporting goods store

    (B) At a restaurant

    (C) At a supermarket

    (D) At a hardware store

40. What will the woman receive?

    (A) An invitation to an event

    (B) A complimentary dessert

    (C) A refund for the meal

    (D) A discount coupon

41. Where does the woman most likely work?

    (A) At an Internet service provider

    (B) At a bus terminal

    (C) At a clinic

    (D) At an electronics store

42. What will the man do tomorrow?

    (A) Interview an applicant

    (B) Write a report

    (C) Go on a business trip

    (D) Visit a fitness center

43. What does the woman offer to do?

    (A) Dispatch an expert

    (B) Provide a replacement

    (C) Hire a new technician

    (D) Close the business early

GO ON TO THE NEXT PAGE

44. Where do the speakers most likely work?

(A) At a clothing store
(B) At a business college
(C) At a real estate agency
(D) At a publishing house

45. What does the man suggest?

(A) Improving online content
(B) Holding a ceremony
(C) Conducting a survey
(D) Buying a new appliance

46. What will the man probably do next?

(A) Give a presentation
(B) Attend a meeting
(C) Repair some equipment
(D) Register for a course

47. What are the speakers talking about?

(A) Some computer parts
(B) A piece of equipment
(C) A business document
(D) Some clothing items

48. What is the purpose of Mr. Collins' trip?

(A) To attend a conference
(B) To see some customers
(C) To inspect a facility
(D) To negotiate a price

49. What will the woman most likely do next?

(A) Install some software
(B) Respond to an e-mail
(C) Make a phone call
(D) Pack a suitcase

50. What room are the speakers talking about?

(A) The break room
(B) The meeting room
(C) The storage room
(D) The waiting room

51. What do the women say about the carpet?

(A) It is worn out.
(B) It is very expensive.
(C) It will last long.
(D) It is too bright.

52. What does Carol offer to do?

(A) Call an interior decorator
(B) Lend the man a magazine
(C) Order some wallpaper samples
(D) Go shopping with the man

53. What will happen in March?

(A) A cleaning event
(B) A fundraising party
(C) A music festival
(D) A fun run

54. What problem does the woman mention?

(A) Her office is moving on the day of the event.
(B) Some invitations have not been sent out.
(C) Some guests will arrive late.
(D) A permit will expire.

55. What is the woman asked to do?

(A) Publicize an event
(B) Wear suitable clothing
(C) Donate some money
(D) Supply some cleaning materials

56. Which department needs a new director?

(A) Customer service
(B) Accounting
(C) Human resources
(D) Shipping

57. What does the man mean when he says, "Joe's been in the same department for twenty years"?

(A) Joe knows all about the department.
(B) Joe is no longer suitable for a position.
(C) Joe is respected among employees.
(D) Joe will retire very soon.

58. What does the woman recommend doing?

(A) Promoting a junior employee
(B) Merging one department with another
(C) Advertising a vacancy
(D) Conducting an employee evaluation

GO ON TO THE NEXT PAGE

59. Who is the woman?

    (A) An event planner
    (B) A fashion designer
    (C) A florist
    (D) A secretary

60. What does the woman suggest the man do?

    (A) Have an order delivered
    (B) Hire an interior designer
    (C) Request a price reduction
    (D) Check a map

61. Where does the man say the event will be held?

    (A) In an office
    (B) In a restaurant
    (C) In a library
    (D) In a hotel

REGENT MEMBER'S CARD
Spend over $1,000 .... 25% off
Spend over $700 .... 20% off
Spend over $500 .... 15% off
Spend over $300 .... 10% off
As a member, you qualify for free shipping on **ALL** orders.

62. What kind of goods does Regent most likely sell?

    (A) Furniture
    (B) Car parts
    (C) Stationery
    (D) Apparel

63. Look at the graphic. What discount do the speakers qualify for?

    (A) 10% off
    (B) 15% off
    (C) 20% off
    (D) 25% off

64. Who does the woman say she will contact?

    (A) An insurance agent
    (B) A taxi driver
    (C) A ticket seller
    (D) A secondhand store employee

July 17	July 18	July 19	July 20	July 21
Monday	Tuesday	Wednesday	Thursday	Friday
National Holiday	Factory Inspection	Client Visit		Employee Banquet

65. What are the speakers talking about?

(A) Product reviews
(B) Employee morale
(C) Some financial data
(D) Recruitment

66. What does the man ask the woman to do?

(A) Improve quality control
(B) Increase an expenditure
(C) Reduce prices
(D) Change a hiring policy

67. Look at the graphic. When will the speakers most likely meet?

(A) On July 18
(B) On July 19
(C) On July 20
(D) On July 21

Floor Guide

1. Lobby / Sandpiper's Seafood Restaurant
2. Mikado
3. ~ **14.** Guest Rooms
15. Castanza's
16. Harper's Steak House

68. What time does the woman suggest meeting?

(A) At 5:00 P.M.
(B) At 6:00 P.M.
(C) At 7:00 P.M.
(D) At 8:00 P.M.

69. Look at the graphic. Where will the speakers most likely eat?

(A) At Sandpiper's Seafood Restaurant
(B) At Mikado
(C) At Castanza's
(D) At Harper's Steak House

70. What does the man say he would like to do?

(A) Present a badge
(B) Check some materials
(C) Review a menu
(D) Invite a client

GO ON TO THE NEXT PAGE

Directions: You will listen to a number of talks each given by a speaker. Your task is to answer three questions about what is said in each talk. Choose the response that best matches each question and mark (A), (B), (C), or (D) on the answer sheet. The talks are not written in the test book and will be spoken out loud only once.

71. Where does the speaker most likely work?

(A) At a restaurant
(B) At an advertising agency
(C) At a convention center
(D) At a beverage manufacturer

72. Why does the speaker say, "I'm glad I did"?

(A) He is the best qualified person.
(B) He is pleased with Glenda's work.
(C) He has found a new client.
(D) He was offered a promotion.

73. According to the speaker, what will most likely happen next?

(A) Some food will be served.
(B) A product will be demonstrated.
(C) A contract will be signed.
(D) A coworker will speak.

74. What is being advertised?

(A) A movie theater
(B) A fitness club
(C) A restaurant
(D) A supermarket

75. What will customers receive at no additional cost?

(A) Professional advice
(B) Vehicle parking
(C) A beverage
(D) A towel

76. What does the speaker recommend the listeners do?

(A) Bring their own bags
(B) Try a new menu
(C) Arrive ahead of time
(D) Do some exercise

77. What is the purpose of the talk?

(A) To explain a procedure to clients

(B) To ask staff to work additional hours

(C) To help employees prepare for an event

(D) To request assistance with a delivery

78. What are the listeners asked to do?

(A) Send fliers to frequent shoppers

(B) Watch an instructional video

(C) Submit a section report

(D) Make the store look good

79. What will the listeners do next?

(A) Receive a document

(B) Stack the shelves

(C) Advertise certain items

(D) Prepare discount coupons

80. Who is Max Winehouse?

(A) A movie director

(B) A singer

(C) A journalist

(D) A fashion designer

81. What does the speaker mean when he says, "but it turns out he's a very busy man"?

(A) Mr. Winehouse deserves a vacation.

(B) Mr. Winehouse has been very productive recently.

(C) Mr. Winehouse cannot give an interview.

(D) Mr. Winehouse should hire an assistant.

82. What will the speaker probably do next?

(A) Forward a call

(B) Conduct an interview

(C) Talk with a listener

(D) Broadcast an advertisement

83. What is the purpose of the announcement?

(A) To advertise a new service

(B) To announce an airline policy

(C) To explain a delay

(D) To describe a procedure

84. According to the speaker, what can business class passengers do?

(A) Receive free refreshments

(B) Take an alternate flight

(C) Ask for a refund

(D) Use a separate boarding gate

85. What are the passengers advised to do?

(A) Check a Web site

(B) Present their tickets for inspection

(C) Contact an airline representative

(D) Listen for updates

GO ON TO THE NEXT PAGE

86. What does the speaker say about Gleeson Tower?
(A) It has a large garden.
(B) It provides fully furnished apartments.
(C) It has recently been completed.
(D) It is conveniently located.

87. What is offered at Gleeson Tower?
(A) Access to the parking garage
(B) 24-hour security
(C) A cleaning service
(D) Gym memberships

88. According to the speaker, how can people learn more about Gleeson Tower?
(A) By reading a brochure
(B) By attending a sales event
(C) By calling the management office
(D) By visiting a sales office

89. What is mentioned about the event?
(A) It is being held for the first time.
(B) Prizes will be given to attendees.
(C) It was postponed once.
(D) Some tickets are still available.

90. According to the speaker, what change was recently made?
(A) A procedure was adopted.
(B) A new CEO was appointed.
(C) A new department was created.
(D) A line of products was discontinued.

91. What will listeners most likely do next?
(A) Play a game
(B) Enjoy a meal
(C) Move to another room
(D) Open a package

92. What will happen at Beaumont Art Gallery on Sunday?
(A) Some reporters will attend an event.
(B) A famous artist will visit.
(C) A new wing will be opened.
(D) Some construction work will be carried out.

93. What does the speaker say about students from Goldburn High School?
(A) They will be interning at the gallery.
(B) They will be taking part in a gallery tour.
(C) They will be exhibiting their work.
(D) They will be volunteering to clean the grounds.

94. What does the speaker mean when she says, "We'll be getting a lot of attention"?
(A) The gallery will discount ticket prices.
(B) The staff should make careful preparations for the event.
(C) Only the most famous artworks should be displayed.
(D) An advertising campaign was successful.

Upcoming Work Assignments

Date	Location
March 12	Hallson Farms
March 13	Douglas Museum
March 14	Salinger Publishing
March 15	Orley College

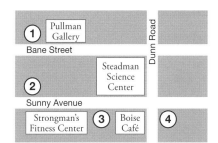

95. Look at the graphic. When will the speaker go to Wichita?

(A) On March 12
(B) On March 13
(C) On March 14
(D) On March 15

96. Why does the speaker need to find a new partner?

(A) She has just arrived from another office.
(B) Her schedule has been changed suddenly.
(C) Her original partner is on vacation.
(D) The requirements of the job have changed.

97. What does the speaker say she will do?

(A) Introduce a colleague
(B) Interview candidates
(C) Provide transportation
(D) E-mail some materials

98. What problem does the speaker report?

(A) The amount of profit has been going down.
(B) An event was canceled due to bad weather.
(C) Some staff members will be transferred.
(D) A proposal will not be approved.

99. Look at the graphic. Which lot does the speaker suggest buying?

(A) Lot 1
(B) Lot 2
(C) Lot 3
(D) Lot 4

100. What does the speaker propose they put up on the lot?

(A) A ticket booth
(B) Some publicity material
(C) A shelter
(D) A coffee shop

You have reached the end of the Listening test.

1.

(A) She's pushing a wheelbarrow.
(B) She's repairing a tire.
(C) She's taking off a hat.
(D) She's gathering some fallen leaves.

(A) 彼女は手押し車を押している。
(B) 彼女はタイヤを修理している。
(C) 彼女は帽子を脱いでいるところである。
(D) 彼女は落ち葉を集めている。

正解 (D)

解説 落ち葉をほうきのようなものでかき集めている女性の様子を表している(D)が正解です。leavesはleaf「葉」の複数形です。fallen leavesで「落下した葉」つまり，「落ち葉」という意味になります。(A)は動作のpushingが写真の様子とは合いません。(B)は動詞以下のrepairing a tireが写真とは合わず，(C)も女性はtaking off a hatという動作をしていません。

語句 □ wheelbarrow 手押し車　□ repair 〜を修理する　□ tire タイヤ
□ take off 〜 〜を脱ぐ　□ gather 〜を集める　□ fall 落ちる，落下する

2.

(A) The man is checking a product.
(B) The man is setting up a stepladder.
(C) The man is folding his workwear.
(D) The man is walking in a hallway.

(A) 男性は製品を確認している。
(B) 男性は脚立を組み立てている。
(C) 男性は作業着を畳んでいる。
(D) 男性は廊下を歩いている。

正解 (A)

解説 壁にある製品の確認をしている男性の様子をcheckingと表している(A)が正解です。(B)は動作のsetting up 〜が写真の様子とは合わず，(C)も動作のfoldingが写真の様子とは合いません。foldingはholdingとの発音の混同に注意してください。(D)も動詞のwalkingが，男性の動作とは一致しません。

語句 □ product 製品　□ stepladder 脚立　□ fold 〜を畳む　□ workwear 作業着
□ hallway 廊下

3.

(A) Some people are entering a lake.
(B) There is a bench by a fountain.
(C) A tent has been put up.
(D) A table is being replaced.

(A) 何人かの人々が湖に入るところである。
(B) 噴水のそばにベンチがある。
(C) テントが設置されている。
(D) テーブルが取り替えられているところである。

正解 (C)

解説 写真の右手に写っているテントの様子を表している(C)が正解です。has been put upは受動態の現在完了形で「設置された状態だ」という意味になります。(A)は主語のSome peopleが写真には写っておらず, (B)にあるfountainも写真には写っていません。(D)は受け身の進行形is being replacedを使い,「取り替えられているところだ」という状況を表していますが, 写真に人物は写っていないので不正解です。

語句 □ enter ～に入る　□ fountain 噴水　□ put up ～ ～を設置する
　　　 □ replace ～を取り替える

4.

(A) The man is holding the fridge door open.
(B) One of the women is receiving an item.
(C) One of the women is combing her hair.
(D) Two women are greeting one another.

(A) 男性は冷蔵庫のドアを手で押さえて開けている。
(B) 女性の1人は品物を受け取っている。
(C) 女性の1人はくしで髪をとかしている。
(D) 2人の女性はお互いにあいさつをしている。

正解 (B)

解説 左手にいる女性の動作を表している(B)が正解です。(A)は男性の動作のholding the fridge door openが写真とは合わず, (C)もcombing her hairという動作が写真の様子とは合いません。(D)も女性2人はgreeting one anotherという動作をしていません。

語句 □ fridge 冷蔵庫　□ receive ～を受け取る　□ comb ～をくしでとかす
　　　 □ greet ～にあいさつをする　□ one another お互いに

5. 🇦🇺

(A) Some people are boarding a plane.
(B) Some people are waiting in a lobby.
(C) Some people are packing their suitcases.
(D) Some people are crossing an intersection.

(A) 何人かの人々は飛行機に搭乗しているところである。
(B) 何人かの人々はロビーで待っている。
(C) 何人かの人々はスーツケースに荷物を詰めている。
(D) 何人かの人々は交差点を渡っている。

正解 (A)

解説 飛行機に乗り込んでいる人たちの様子を表している(A)が正解です。(B)は動詞以下のwaiting in a lobbyが、(C)も動詞以下のpacking their suitcasesが、(D)も動詞以下のcrossing an intersectionが、写真の内容とは一致しません。

語句 □ board ～に搭乗する　□ lobby ロビー　□ pack ～にものを詰め込む
□ cross ～を渡る　□ intersection 交差点

6. 🇺🇸

(A) A painting is lying on a carpet.
(B) A lamp has been installed on the ceiling.
(C) A curtain is being drawn.
(D) An armchair is unoccupied.

(A) 絵がカーペットの上に横にして置かれている。
(B) 電灯が天井に設置されている。
(C) カーテンが引かれているところである。
(D) 肘掛け椅子は使用されていない。

正解 (D)

解説 使われていない肘掛け椅子の状態を表している(D)が正解です。(A)はlying on a carpetが写真の様子とは合いません。A painting is mounted on the wall.「絵画が壁に取りつけられている」であれば正解となります。(B)は電灯のある位置がon the ceilingではありません。(C)はカーテンは写ってはいますが、is being drawn「引かれている最中だ」という意味を表す受け身の進行形となっており、写真の内容とは一致しません。

語句 □ lie 横にして置かれている　□ lamp 電灯　□ install ～を設置する　□ ceiling 天井
□ draw ～を引く　□ armchair 肘掛け椅子
□ unoccupied 使用されていない、空いている

Part 2

7. M 🇦🇺 W 🇺🇸

How about ordering a pizza for lunch?	昼食にピザを注文するのはどうですか。
(A) Sounds great.	(A) いいですね。
(B) We've ordered some furniture.	(B) 私たちはいくつか家具を注文しました。
(C) The store closes at eleven P.M.	(C) お店は午後11時に閉店します。

正解 (A)

解説 問いかけはHow about *doing*?「～するのはどうか」を使った提案表現です。「昼食にピザを注文するのはどうか」という提案に対して，同意を示している(A)が正解です。(B)は問いかけにある動詞orderが含まれているひっかけの応答です。(C)は問いかけにあるordering a pizza for lunchから連想される，（ピザを売っている）店のことを想起させる内容ですが，問いかけとは話の内容がかみ合いません。

語句 □ How about *doing*? ～するのはどうですか

8. W 🇺🇸 M 🇨🇦

Did the clients like our ideas for their new company logo design?	顧客は会社の新しいロゴデザインを気に入りましたか。
(A) Various kinds of colors.	(A) さまざまな種類の色です。
(B) I think they did.	(B) そうだと思います。
(C) Please log into the computer first.	(C) まずコンピューターにログインしてください。

正解 (B)

解説 「顧客は会社の新しいロゴデザインを気に入ったか」という問いかけに対して，「そうだと思う」と肯定の応答をしている(B)が正解です。(A)はlogo designから連想されるcolorsを含む応答ですが，問いかけの内容とは話がかみ合いません。(C)は問いかけにあるlogoと発音が近いlogを含む応答ですが，こちらも問いかけの内容とは関係のないものです。

語句 □ client 顧客　□ various さまざまな　□ log into ～ ～にログインする

9. W 🇬🇧 M 🇦🇺

Which floor is the marketing department located on?	マーケティング部は何階にありますか。
(A) The sixth floor.	(A) 6階です。
(B) I'm looking for a new apartment.	(B) 新しいアパートを探しています。
(C) A great selection of furniture.	(C) 素晴らしい家具の品ぞろえです。

正解 (A)

解説 「マーケティング部は何階にあるか」という問いかけに対して，「6階にある」と具体的に階を示している(A)が正解です。(B)は問いかけにあるfloorから連想され，departmentと発音の被っているapartmentを含む表現ですが問いかけとは話がかみ合いません。(C)は問いかけにあるdepartmentを「（デパートの）売り場」だと勘違いした人が連想するようなひっかけの応答です。

語句 □ department 部署　□ *be* located on ～ ～に位置する　□ look for ～ ～を探す

10. M 🇦🇺 W 🇺🇸

Ms. Chang is in the office, isn't she?
(A) A box of office supplies.
(B) She's attending the general meeting at headquarters.
(C) Because we didn't have time on that day.

Changさんはオフィスにいますよね？
(A) 事務用品の入った箱です。
(B) 彼女は本部での総会に出席しています。
(C) その日は時間がなかったからです。

正解 (B)

解説 「Changさんはオフィスにいますよね」という質問に対して「彼女は本部での総会に出席しています（＝今はオフィスにはいません）」と否定の応答をしている(B)が正解です。(A)は問いかけにあるofficeが含まれている応答ですが，問いかけとは話の内容がかみ合いません。(C)は問いかけとは全く関係のない内容で，何かの依頼について確認された場合などに，時間がなくてできなかったと説明する際に使われるような応答です。

語句 □ office supplies 事務用品　□ general meeting 総会　□ headquarters 本部

11. M 🇨🇦 M 🇦🇺

What should I bring to the time-management seminar?
(A) No, we don't have to.
(B) Your account is unavailable now.
(C) You can find the information on the Web site.

時間管理のセミナーに何を持ってくるべきですか。
(A) いいえ，私たちはその必要がありません。
(B) あなたの口座は現在利用できません。
(C) ウェブサイトでその情報を見つけることができます。

正解 (C)

解説 「時間管理のセミナーに何を持ってくるべきか」という問いかけに，「ウェブサイトでその情報を見つけることができる」と対応している(C)が自然な応答です。このように，聞かれたことに直接答えていなくても正解になるケースは頻出です。(A)はWH疑問文に対してNoと応答している時点で不正解，(B)は問いかけとは全く関係のない内容です。

語句 □ bring ～を持ってくる　□ unavailable 利用できない

12. W 🇺🇸 M 🇦🇺

When will the result of the interview be announced?
(A) Because Mike did it yesterday.
(B) Sometime next week.
(C) You can leave it on my desk.

面接の結果はいつ発表されますか。
(A) マイクが昨日やったからです。
(B) 来週のいつかです。
(C) それを私の机の上に置いておいてください。

正解 (B)

解説 「面接の結果はいつ発表されるか」という問いかけに，「来週中」と端的に応答をしている(B)が正解です。(A)は質問文のwhen「いつ」から連想されるyesterdayを含んでいますが，質問文は未来のことを尋ねているのに対し，応答は過去について答えています。(C)はleave it on my deskの部分がかみ合いません。You will have it next week.「来週には分かります」などであれば正解でした。

語句 □ result 結果　□ announce ～を発表する　□ leave ～を置く

13. M 🇨🇦 W 🇺🇸

Let's talk about our business trip now.
(A) During my vacation period.
(B) Now's not the best time for me.
(C) I have your contact information.

私たちの出張について今話しましょう。
(A) 私の休暇中にです。
(B) 今は私にとって一番都合のいいときではありません。
(C) あなたの連絡先を知っています。

正解 (B)

解説 Let'sを使って「出張について今話そう」と提案する問いかけに対して，「今は都合のいいときではない」と断っている(B)が正解です。(A)はwhen「いつ」などを使った問いかけに対する応答で，問いかけにあるtripから連想されるvacationを含みますが，問いかけの内容とは話がかみ合いません。(C)は問いかけとは全く関係のない内容で，発音が似ている単語や問いかけの内容から連想される語句も含んでいません。

語句 □ during 〜の間 □ vacation period 休暇の期間 □ contact information 連絡先

14. M 🇦🇺 W 🇺🇸

Why has the release of our new mobile device been postponed?
(A) We had a great time there.
(B) The post office on the corner.
(C) Because we need to discuss the design further.

なぜ私たちの新しい携帯機器の発売は延期されたのですか。
(A) 私たちはそこで有意義な時間を過ごしました。
(B) 角の郵便局です。
(C) デザインについてもっと話し合う必要があるからです。

正解 (C)

解説 「なぜ私たちの新しい携帯機器の発売は延期されたのか」という問いかけに対して，具体的な理由を答えている(C)が正解。(A)は問いかけの内容とは全く関係がなく，(B)は問いかけにあるpostponeと発音が被っているpost officeを含んだ応答ですが，こちらも問いかけとは話がかみ合いません。

語句 □ release 発売 □ mobile device 携帯機器 □ postpone 〜を延期する
□ post office 郵便局 □ discuss 〜について話し合う

15. W 🇬🇧 W 🇺🇸

Have you received an invitation card for the banquet?
(A) You need to have an identification card.
(B) At the technology department.
(C) Of course, I have it with me now.

宴会への招待状を受け取りましたか。
(A) 身分証明書を持っている必要があります。
(B) 技術部です。
(C) もちろんです，今持っています。

正解 (C)

解説 「宴会への招待状を受け取ったか」という問いかけに対して，「もちろん，今持っている」と肯定の応答をしている(C)が正解です。(A)は問いかけにあるinvitation cardと発音が被っているidentification cardを含む応答ですが，問いかけの内容とは話がかみ合いません。(B)はwhere「どこ」などを使って場所を聞かれた際などの応答です。

語句 □ receive 〜を受け取る □ banquet 宴会 □ identification card 身分証明書
□ technology department 技術部

16. M 🇦🇺 W 🇬🇧

平叙文　♪ 220

Our television commercial will start being broadcasted next week.
(A) I hope it will help increase our sales.
(B) The newest television model has been released.
(C) Digital marketing department.

我々のテレビCMは来週から放送が開始されます。
(A) 当社の売上高増加に役立つことを望みます。
(B) テレビの最新モデルが発売されました。
(C) デジタルマーケティング部です。

正解 (A)

解説 「テレビCMは来週から放送が開始される」という問いかけに，「当社の売上高増加に役立つことを望む」と波及効果を望んでいると述べている(A)が正解です。(B)は問いかけにあるtelevisionを，(C)は問いかけにあるcommercialから連想されるmarketingを含む応答ですが，問いかけとは話がかみ合わないので不正解です。

語句 □ broadcast 〜を放送する　□ increase 〜を増やす　□ department 部署

17. M 🇨🇦 W 🇬🇧

WH疑問文　♪ 221

Who will be giving a presentation on public relations?
(A) Julia will.
(B) We'll be attending the meeting then.
(C) This is a gift from John.

誰が広報に関するプレゼンテーションを行いますか。
(A) Juliaがやります。
(B) それでは私たちが会議に出席します。
(C) これはJohnからの贈り物です。

正解 (A)

解説 「誰が広報に関するプレゼンテーションを行うか」という問いかけに対して，具体的な人名を答えている(A)が正解です。(B)は問いかけにあるpresentationから連想されるmeetingを含む応答ですが，問いかけとは話の内容がかみ合いません。(C)は問いかけにあるpresentationの派生語であるpresentの同義語であるgiftを含みますが，こちらも問いかけとは話がかみ合いません。

語句 □ public relations 広報　□ attend 〜に出席する　□ gift 贈り物

18. W 🇺🇸 M 🇨🇦

選択疑問文　♪ 222

Should I read this booklet before or after the orientation?
(A) Please look it over this week when you have time.
(B) The prototype model.
(C) I think it's before seven.

この冊子はオリエンテーションの前に読むべきですか，それとも後ですか。
(A) 今週時間があるときに目を通しておいてください。
(B) 試作モデルです。
(C) 7時前だと思います。

正解 (A)

解説 「冊子はオリエンテーションの前に読むか，それとも後か」という質問に対して「今週時間があるときに目を通しておいて（＝どちらでもない）」と応答している(A)が正解です。(B)はwhat「何」などを使った問いかけに対する応答です。本問の問いかけとは全く関係のない内容で，発音が似ている単語や問いかけの内容から連想される語句も含んでいません。(C)は問いかけにあるbeforeを含む応答ですが，これはwhat time「何時」やwhen「いつ」などを使い，時を尋ねられた場合などの応答です。

語句 □ booklet 冊子　□ orientation オリエンテーション　□ look over 〜 〜に目を通す
□ prototype 試作品

19. M 🇦🇺 W 🇬🇧

Whose watch is this?
(A) I often watch soccer matches.
(B) As a birthday present.
(C) Oh, I thought I left it at home.

これは誰の腕時計ですか。
(A) サッカーの試合をよく見ます。
(B) 誕生日プレゼントとしてです。
(C) あら，私はそれを家に忘れたと思っていました。

正解 (C)

解説 「これは誰の腕時計ですか」という問いかけに対して，「私のものだ」を省略し，「私はそれを家に忘れたと思っていた」と答えている(C)が正解です。(A)は問いかけにあるwatchを含む応答ですが，問いかけでは「腕時計」という意味の名詞なのに対し，こちらでは「～を見る」という意味の動詞として使われています。(B)は問いかけにあるwatchから連想されるbirthday presentを含みますが，こちらも問いかけとは話がかみ合いません。It was a present.「それはプレゼントでした」などであれば正解でした。

語句 □ match 試合

20. W 🇺🇸 W 🇬🇧

How many rooms do we need to reserve for our guests?
(A) The reception will start at seven.
(B) We need three rooms.
(C) That sounds nice.

来客者のために部屋をいくつ予約する必要がありますか。
(A) 歓迎会は7時に始まります。
(B) 3部屋必要です。
(C) それはいいですね。

正解 (B)

解説 「部屋をいくつ予約する必要があるか」という問いかけに対して，「3部屋必要」と具体的な数字を盛り込んで応答している(B)が正解です。(A)は問いかけにあるguestsなどから連想されるreceptionを含む応答ですが，問いかけとは話がかみ合いません。(C)は相手の問いかけに同意を表す定型表現なので，ここでは不正解です。

語句 □ reserve ～を予約する □ reception 歓迎会

21. M 🇨🇦 M 🇦🇺

Could you give me some time for revising the cost estimate?
(A) Here's the agenda for today.
(B) At ten in the morning.
(C) Sure, we're not in a hurry.

価格見積もりを変更するのに少し時間をいただけますか。
(A) こちらが今日の議題です。
(B) 朝の10時にです。
(C) もちろんです，私たちは急いでいません。

正解 (C)

解説 「少し時間をもらえるか」という依頼に対して，「もちろん，急いでいません」と同意を示している(C)が正解です。(A)は問いかけとは全く関係のない内容で話がかみ合わず，(B)は問いかけにあるtimeに関連するAt tenを含んではいますが，問いかけとは話の内容がかみ合いません。

語句 □ revise ～を変更する □ estimate 見積もり □ in a hurry 急いで

22. M [*] W [=]

I'll be late for work because of the traffic jam.
(A) The training seminar lasted for two hours.
(B) At the airport.
(C) Oh, I'll tell your manager.

交通渋滞が原因で私は仕事に遅れます。
(A) 講習会は2時間続きました。
(B) 空港でです。
(C) まあ，私があなたの部長に伝えます。

正解 (C)

解説 「交通渋滞が原因で私は仕事に遅れる」という問いかけに対して「部長に伝える」と，相手が望んでいるであろう上司への連絡をすると伝えている(C)が正解です。(A)は講習会の時間的な長さを問われた場合などの応答で，話がかみ合わず，(B)はwhere「どこ」を使った疑問文などに対する応答で，こちらも問いかけとは話がかみ合いません。

語句 ☐ late for ~ ~に遅れて　☐ traffic jam 交通渋滞　☐ last 続く

23. W [=] M [*]

Where did you put the attendance record?
(A) Please look on my desk.
(B) In about three months.
(C) A radio program.

出席記録をどこに置きましたか。
(A) 私の机の上を見てください。
(B) 約3カ月以内にです。
(C) ラジオ番組です。

正解 (A)

解説 「出席記録をどこに置いたか」という問いかけに対して，「私の机の上を見てください（＝私の机の上にあるはずです）」と答えている(A)が正解です。(B)は問いかけにあるwhereをwhen「いつ」と聞き間違えた場合に選んでしまいそうな応答です。(C)は問いかけにあるrecordを「（音楽の）レコード」と勘違いした人が連想しそうな内容ですが，attendance recordで「出席記録」という意味ですので不正解です。

24. M [豪] W [英]

Can I use the projector for the programming workshop?
(A) This new project sounds very interesting.
(B) You need to fill out this form first.
(C) There will be more than ten participants.

プログラミング講習会でプロジェクターを使えますか。
(A) この新しいプロジェクトはとても面白そうです。
(B) まずこの用紙に記入する必要があります。
(C) 10人より多くの参加者がいる予定です。

正解 (B)

解説 Can I ...?を使い，「プロジェクターを使えるか」を尋ねるYes/No疑問文に，「この用紙に記入する必要がある（＝そうすれば使える）」と肯定の応答をしている(B)が正解。(A)は問いかけにあるprojectorと発音が被っているprojectを，(C)は問いかけにあるworkshopから連想されるparticipantsを含む応答ですが，問いかけとは話の内容がかみ合いません。

語句 ☐ sound ~に思われる　☐ need to do ~する必要がある　☐ fill out ~ ~に記入する　☐ more than ~ ~より多くの　☐ participant 参加者

25. M 🇨🇦 W 🇬🇧

When will the new copy machine arrive?
(A) By calling a technician.
(B) I think Kathy knows.
(C) Yes, it's broken.

新しいコピー機はいつ届きますか。
(A) 技術者に電話をすることによってです。
(B) Kathyが知っていると思います。
(C) はい，それは壊れています。

正解 (B)

解説 「新しいコピー機はいつ届くか」という問いかけに，「Kathyが知っていると思う」と答えている(B)が正解です。(A)は問いかけにあるcopy machineから連想されるtechnicianを含む応答ですが，問いかけとは話の内容がかみ合いません。By tomorrow.「明日までに」など，byの後に時間に関する表現が続けば正解でした。(C)は問いかけにあるcopy machineから連想されるbrokenを含みますが，こちらも問いかけとは話がかみ合いません。

26. W 🇬🇧 W 🇺🇸

Shall I print out the presentation slides?
(A) Ms. Hudson said she would do it.
(B) Nine pages long.
(C) That presentation was quite successful.

プレゼンテーションのスライドを印刷しましょうか。
(A) Hudsonさんがやると言っていました。
(B) 9ページの長さです。
(C) あのプレゼンテーションはとても成功しました。

正解 (A)

解説 「スライドを印刷しましょうか」という提案に，「Hudsonさんがやると言っていました（＝あなたはやらなくて大丈夫です）」と断っている(A)が正解。(B)は問いかけにあるpresentation slidesから連想されるNine pagesを含みますが，話がかみ合いません。(C)は問いかけにあるpresentationを含む応答ですが，過去のプレゼンテーションの感想を述べているものなのでこちらも不正解です。

語句 ☐ print out ～ ～を印刷する ☐ quite とても，非常に ☐ successful 成功した

27. M 🇨🇦 W 🇬🇧

Didn't you read the customer review on our Web site?
(A) Tom was reviewing some documents.
(B) Electronic devices.
(C) I've been too busy to do that.

私たちのウェブサイトの顧客レビューを読まなかったのですか。
(A) Tomはいくつかの書類を再検討していました。
(B) 電子機器です。
(C) ずっと忙しすぎてできませんでした。

正解 (C)

解説 問いかけはDidn'tを使った否定疑問文です。「ウェブサイトの顧客レビューを読まなかったのか」という質問に対して「ずっと忙しすぎてできなかった（＝読んでいない）」と応答している(C)が正解です。(A)は問いかけにある名詞のreview「レビュー」を，動詞のreview「～を再検討する」として使っている応答ですが，問いかけとは話の内容がかみ合いません。(B)は「ウェブサイト上のレビュー」を読む手段として連想させる，Electronic devicesという応答ですが，what「何」などを使った問いかけに対する応答となっており，不正解です。

語句 ☐ review レビュー，批評，～を再検討する ☐ document 書類
☐ electronic device 電子機器

28. W 🇺🇸 M 🇨🇦

Have you seen Mr. Johnson at work today?
(A) I thought he was at the factory.
(B) It's a dramatic movie.
(C) My engineering assistant.

Johnsonさんを今日職場で見かけましたか。
(A) 彼は工場にいると思っていました。
(B) それは印象的な映画です。
(C) 私のエンジニアリングのアシスタントです。

正解 (A)

解説 現在完了形を使った「Johnsonさんを今日職場で見かけたか」という問いかけに対して，見たとは言わずに「彼は工場にいると思っていた」と伝えている(A)が正解です。(B)は Have you seen ～?「～を見ましたか」という問いかけから連想される，映画の感想を述べる応答になっていますが，問いかけとは全く関係のない内容です。(C)は問いかけにある Mr. Johnson が何者であるのかを質問された場合などに使われる応答です。

語句 □ factory 工場　□ dramatic 印象的な

29. W 🇺🇸 W 🇬🇧

Please call me if you have any concerns.
(A) By using a directory.
(B) You don't need to go there.
(C) Can I contact you by e-mail?

もし何か懸念事項があれば電話してください。
(A) 住所氏名録を使うことによってです。
(B) あなたはそこに行く必要はありません。
(C) Eメールで連絡できますか。

正解 (C)

解説 問いかけは Please「～してください」を使った依頼の表現です。「何か懸念事項があれば電話して」という依頼に対して，「Eメールで連絡できるか」とほかの連絡手段を用いていいのかを聞き返している(C)が正解です。(A)は問いかけにある call から連想される directory を含んでいますが，手段を問われたときの応答なので不正解，(B)はどこかに行く必要性を問われた場合の応答ですので不正解です。

語句 □ concern 懸念事項　□ directory 住所氏名録　□ need to *do* ～する必要がある
　　　□ contact ～に連絡する

30. M 🇦🇺 W 🇬🇧

選択疑問文 ♪ 234

Should we go now or wait until Ken comes?
(A) Checking its weight.
(B) I'm sure he'll be here in a few minutes.
(C) Yes, we've met him before.

私たちは今出発するべきですか，それともKenが来るまで待つべきですか。
(A) その重さを調べることです。
(B) 彼はすぐに来るでしょう。
(C) はい，以前彼に会ったことがあります。

正解 (B)

解説 「今出発するべきか，それともKenが来るまで待つべきか」という質問に対して「彼はすぐに来る（＝彼を待ちましょう）」と応答している(B)が正解です。(A)は問いかけにあるwaitと同じ発音のweightを含む応答ですが，問いかけの内容とは話がかみ合いません。(C)は問いかけにあるweや，Kenの代名詞となるhimを含む応答ですが，こちらも問いかけの内容とは話がかみ合いません。

語句 □ weight 重さ

31. W 🇺🇸 M 🇦🇺

WH疑問文 ♪ 235

Why are there so many people in the cafeteria today?
(A) Chicken salad, please.
(B) I'll ask someone.
(C) To the supply closet.

なぜ今日カフェテリアにこんなにたくさんの人がいるのですか。
(A) チキンサラダをお願いします。
(B) 誰かに聞いてみます。
(C) 事務用品棚にです。

正解 (B)

解説 「なぜ今日カフェテリアにこんなにたくさんの人がいるのか」という問いかけに対して，「（私は分からないので）誰かに聞いてみる」と答えている(B)が正解です。(A)は問いかけにあるcafeteriaから連想されるChicken saladを含む応答ですが，これはレストランなどで注文を聞かれた際の応答です。(C)はものを収納する場所を尋ねられたときなどに使う応答です。

語句 □ supply closet 事務用品棚

Part 3

W 🇺🇸　M 🇦🇺　　　　　　　　　　　　　🎵 237

Questions 32 through 34 refer to the following conversation.

W: Hi, Jim. ❶I've decided to buy a new car, but I'm not sure what to get. Are you happy with the car you bought last month?

M: I love it, but the fuel costs are higher than I expected. I should have gotten something smaller.

W: That's too bad. I was thinking about getting the same model.

M: I'd advise against it. ❷You live in Fern Valley. It's at least a ninety-minute drive from there to your office. It'd cost you a fortune.

W: ❸Have you got a minute now? I'd like you to take a look at some other models with me online.

設問 32-34 は次の会話に関するものです。

W: こんにちは，Jim。新しい車を買うことに決めたんだけど，何を購入していいかよく分からないの。先月あなたが購入した車には満足してる？

M: 気に入っているんだけど，ガソリン代が想定していたよりも高いんだ。もう少し小さいのを購入すべきだったね。

W: それは残念だわ。同じ車種を購入しようかと考えていたところだったの。

M: 僕なら反対するね。Fern Valley に住んでいるんでしょう。そこからは職場まで車で最低でも90分はかかるよね。かなりの額がかかるよ。

W: 今少し時間あるかしら？　私とインターネットでほかの車種をいくつか見てほしいんだけど。

語句 □ I'm not sure よく分からない　□ than I expected 想定していたより
　　　　□ I'd advise against ～ 私なら～に反対する
　　　　□ cost ～ a fortune ～に大金がかかる　□ a minute ちょっとの間

32.　　　　　　　　　　　　　　　　　　　　　　　　　概要

What are the speakers discussing?	話し手たちは何について話していますか。
(A) Purchasing an automobile	(A) 自動車を購入すること
(B) Taking a vacation	(B) 休暇を取得すること
(C) Getting a new job	(C) 新しい仕事を得ること
(D) Finding an apartment	(D) アパートを見つけること

正解 (A)

解説 2人が何について話しているか，が問われています。女性が冒頭❶で「新しい車を買うことに決めたが，何を購入していいかよく分からない。先月あなたが購入した車には満足しているか」と男性に質問し，その後も2人は自動車購入について話していますので，(A)が正解です。

言い換え buy → purchase，car → automobile

語句 □ automobile 自動車

33.

Why does the man mention Fern Valley?
(A) It is an expensive place to live.
(B) It is far from the woman's office.
(C) It is known for high temperatures.
(D) It is crowded at this time of year.

男性はどうしてFern Valleyについて話しているのですか。
(A) 住むには高価な場所である。
(B) 女性の事務所から離れている。
(C) 気温の高さで知られている。
(D) 一年のうちこの時期は混雑している。

正解 (B)

解説 男性がFern Valleyのことを話している理由が問われています。男性は❷で「女性の住むFern Valleyから職場まで車で最低90分はかかる」と言っていますので，それを言い換えた(B)が正解です。「90分以上の運転＝遠い」というような主観を伴う言い換えもTOEIC L&Rテストでは出題されることがあります。

語句 □ temperature 気温

34.

What will the woman most likely do next?
(A) Read an employee handbook
(B) Prepare her résumé
(C) Check a Web site
(D) Visit a bank

女性はおそらく次に何をしますか。
(A) 従業員手引書を読む
(B) 履歴書を準備する
(C) ウェブサイトを確認する
(D) 銀行を訪問する

正解 (C)

解説 女性が次に何をするか，が問われています。女性は❸で「今少し時間があるか」と男性に尋ね，「私とインターネットでほかの車種を見てほしい」と言っています。ここから，車のウェブサイトを確認すると考えられますので，それを言い換えた(C)が正解です。

言い換え take a look → check

語句 □ handbook 手引書

Questions 35 through 37 refer to the following conversation.

M: Hi, Joan. I'm glad I ran into you.

W: Hi, Jerry. What's the matter?

M: ❶I'm waiting for the supplier to drop off some products for our event tomorrow. The driver can't leave the vehicle, so I have to carry them up to our office. ❷Otherwise, he'll just leave them here on the sidewalk. ❸Would you mind giving me a hand carrying them upstairs?

W: I wish I could, Jerry, but I'm on my way to lunch. ❹I'm already running a little late, and I'm meeting a client there.

M: OK, I understand. I'll give one of the other people in the office a call.

W: Call Nicholas. ❺He just got back from lunch, and he mentioned that he wasn't very busy today.

設問35-37は次の会話に関するものです。

M: やあ，Joan。偶然出会えてうれしいよ。

W: ああ，Jerry。どうしたの？

M: 業者が明日のイベント用の製品を降ろしに来るのを待っているんだよ。運転手は車から離れられないので，その荷物を事務所まで運ばなきゃならないんだ。そうしないと運転手はこの歩道に荷物を置いて行ってしまうからね。上の階に持っていくのを手伝ってくれないかな？

W: そうしたいんだけど，Jerry，昼食に行く途中なの。すでにちょっと遅れていて，そこでお客様と会う予定になっているから。

M: ああ，了解。会社にいるほかのメンバーに電話するよ。

W: Nicholasに電話してみて。彼はちょうどお昼から戻って来ていて，今日はそんなに忙しくないと言っていたわ。

語句 □ run into ～ ～に偶然出くわす　□ carry A up to B AをBまで運び上げる
　　　 □ otherwise さもなければ　□ sidewalk 歩道　□ give ～ a hand ～を手伝う
　　　 □ upstairs 上の階へ　□ I wish I could do ～できたらいいのに

35.　　　　　　　　　　　　　　　　　　　　　　　　　　　　詳細

Where are the speakers?	話し手たちはどこにいますか。
(A) At a convention center	(A) コンベンションセンター
(B) On a bus	(B) バスの中
(C) At the airport	(C) 空港
(D) On the street	(D) 通り

正解 (D)

解説 話し手たちがどこにいるか，が問われています。冒頭で偶然会った女性にどうしたのかと問われた男性は，❶で業者が荷物を届けに来るのを待っていると答えています。そして男性の発言❷で「そうしないと運転手がこの歩道に荷物を置いて行ってしまう」と述べていますので，彼らは今歩道にいると分かります。「歩道」を「通り」と言い換えた(D)が正解です。

言い換え sidewalk → street

語句 □ convention center コンベンションセンター（会議・イベントを行う多目的ホール）

36.

Why does the woman say, "I'm on my way to lunch"?
(A) She cannot help the man.
(B) She thinks the man made a mistake.
(C) She will take a business trip.
(D) She will do some work on the train.

女性はどうして"I'm on my way to lunch"と言っているのですか。
(A) 男性を手伝うことができない。
(B) 男性が間違えたと思っている。
(C) 出張に行く予定だ。
(D) 列車の中で仕事をする。

正解 (A)

解説 意図問題です。男性が❸で「手伝ってほしい」と頼んだのに対し，女性がI'm on my way to lunch「昼食に行く途中だ」と言い，さらに❹「客に会う予定だがすでに遅れている」と言っています。ここから，女性は「昼食に行くから男性を手伝うことができない」という意図で発言していることが分かります。正解は(A)です。

37.

What does the woman say about Nicholas?
(A) He will join them on a trip.
(B) He lacks experience in sales.
(C) He was hired recently.
(D) He is available today.

女性はNicholasについて何と言っていますか。
(A) 旅行中に2人に加わる。
(B) 営業の経験が不足している。
(C) 最近雇用された。
(D) 今日は手が空いている。

正解 (D)

解説 女性がNicholasについて何と言っているか，が問われています。❺で「Nicholasはちょうどお昼から戻って来ていて，今日はそんなに忙しくない」と言っています。ここから(D)が正解だと分かります。

言い換え not very busy → available

語句 □ lack 〜が欠けている，ない

Questions 38 through 40 refer to the following conversation.

W: Excuse me. Um… ❶It looks like you've brought me the steak, but I ordered the fish.

M: ❷Oh, really? I'm sorry about that. I must have misheard you. I'll ask the chef to prepare some fish right away. It won't be too long. Let me bring you the dessert menu, though. You can choose a free dessert while you wait.

W: That's not necessary. I have to leave as soon as I finish eating anyway. I have a dentist's appointment. I won't have time for dessert.

M: I understand. ❸Here's a voucher as a token of our apology. You can use this to get twenty percent off on your next meal.

設問38-40は次の会話に関するものです。

W: すみません，ええと…。ステーキをお持ちいただいたようですが，私が注文したのは魚料理なんです。

M: え，本当ですか。申し訳ございません。きっと私が聞き違えてしまったんですね。シェフに頼んですぐに魚料理を準備いたします。そんなに長くはかかりません。ただ，デザートメニューをお持ちいたします。お待ちいただいている間，無料のデザートをお選びください。

W: それは必要ありません。どちらにせよ食事が済んだらすぐに出なくてはいけないんです。歯医者の予約があって，デザートをいただく時間がありません。

M: 承知しました。こちらはおわびの印の割引券でございます。こちらをお使いいただくと，次回のお食事が2割引になります。

語句 □ mishear 〜を聞き違える　□ voucher 割引券　□ as a token of 〜 〜の印に
□ apology おわび

38.
`概要`

What is the problem?
(A) Some guests are late.
(B) Some products are faulty.
(C) A dessert was served too early.
(D) An order was misunderstood.

問題は何ですか。
(A) 客が何人か遅れている。
(B) 一部の製品に欠陥がある。
(C) デザートの提供が早すぎた。
(D) 注文が誤解された。

正解 (D)

解説 会話内で起こった問題について問われています。女性と男性の❶，❷のやりとりで，注文が違うと指摘した女性に対して男性が謝罪し，「私が聞き違えた」と言っていますので，注文内容を誤解して提供したことが問題だと分かります。よって正解は(D)となります。

言い換え mishear → misunderstand

語句 □ faulty 欠陥のある　□ misunderstand 〜を誤解する

39.

詳細

Where does the man most likely work?
(A) At a sporting goods store
(B) At a restaurant
(C) At a supermarket
(D) At a hardware store

男性はおそらくどこで働いていますか。
(A) スポーツ用品店
(B) レストラン
(C) スーパーマーケット
(D) 工具店

正解 (B)

解説 男性がどこで働いているか, が問われています。冒頭に女性が❶で「私が注文したのは魚料理だ」と言うと, 男性は❷で謝罪し, 「シェフに頼んですぐ準備する」と言っています。男性は食事を提供する場所で働いているスタッフであることが分かります。正解は(B)です。

語句 □ sporting goods store スポーツ用品店　□ hardware store 工具店, ホームセンター

40.

詳細

What will the woman receive?
(A) An invitation to an event
(B) A complimentary dessert
(C) A refund for the meal
(D) A discount coupon

女性は何を受け取ることになりますか。
(A) イベントの招待状
(B) 無料のデザート
(C) 食事代の返金
(D) 割引券

正解 (D)

解説 女性が何を受け取るか, が問われています。会話の最後に男性が❸「おわびの印に, 次回2割引になる割引券を」と言っていますので, 女性は割引券がもらえると分かります。以上から正解は(D)となります。女性はデザートを食べる時間がないと断っていますので, (B)は不正解です。

言い換え　voucher → discount coupon

語句 □ complimentary 無料の

M 🇦🇺 **W** 🇺🇸 ♪ 240

Questions 41 through 43 refer to the following conversation.

M: Hi. My name's Hal Roper. ❶I'm calling about a laptop computer I bought from you yesterday. I'm having a lot of trouble connecting it to the Internet.

W: I see. Are you sure that the problem is not with your home's Internet connection?

M: Yes, I bought a tablet computer too, and it connects just fine. ❷I'm going out of town to meet an important client tomorrow, so I really need this solved today.

W: I see. ❸We only sold it to you yesterday so, of course, it's still under warranty. ❹Would you like me to send a technician to your house to take a look? He would arrive in an hour.

設問41-43は次の会話に関するものです。

M: もしもし，Hal Roperと申します。昨日，お店で購入したノートパソコンの件でお電話しております。インターネットに接続するのにかなり苦労しておりまして。

W: なるほど。ご自宅のインターネット接続の問題ではないことを確認されておりますでしょうか。

M: はい，昨日タブレット型コンピューターも購入しており，それは問題なくつながります。明日重要なお客様との会合で市外に出てしまうので，どうしても今日この問題を解決する必要があるのですが。

W: 承知しました。昨日お客様にお売りしたばかりですので，もちろんまだ保証期間内でございます。お客様のご自宅に技術者を派遣して点検させましょうか。おそらく1時間で到着すると思います。

語句 □ have trouble *doing* 〜するのに苦労する　□ connect 〜をつなぐ
□ tablet computer タブレット型コンピューター　□ under warranty 保証期間内の
□ take a look ちょっと見る

41.
詳細

Where does the woman most likely work?	女性はおそらくどこで働いていますか。
(A) At an Internet service provider	(A) インターネット接続業者
(B) At a bus terminal	(B) バスターミナル
(C) At a clinic	(C) 診療所
(D) At an electronics store	(D) 家電用品店

正解 (D)

解説 女性がどこで働いているか，が問われています。男性が❶で「女性の店でパソコンを購入した」と言い，女性も❸で「昨日パソコンを売った」と言っていることから，女性の職場は家電製品の販売をしていることが分かります。(D)が正解です。

語句 □ Internet service provider インターネット接続業者　□ clinic 外来診療所
□ electronics store 家電用品店

42.

What will the man do tomorrow? | 男性は明日何をしますか。
(A) Interview an applicant | (A) 申込者に面接する
(B) Write a report | (B) レポートを書く
(C) Go on a business trip | (C) 出張に行く
(D) Visit a fitness center | (D) フィットネスセンターを訪問する

正解 (C)

解説 男性が明日何をするか，が問われています。❷に「明日重要なお客様との会合で市外に出てしまう」とあります。これをbusiness trip「出張」と言い換えた(C)が正解です。「パソコンなどの機器に不具合がある」→「修理したいが翌日出張に出てしまう」「重要な会議があってその機器をすぐに使う必要がある」という流れはTOEIC L&Rテストによく出てくるストーリーですね。

言い換え going out of town to meet an important client → go on a business trip

43.

What does the woman offer to do? | 女性は何をすると申し出ていますか。
(A) Dispatch an expert | (A) 専門家を派遣する
(B) Provide a replacement | (B) 代替品を提供する
(C) Hire a new technician | (C) 新しい技術者を雇用する
(D) Close the business early | (D) 事業を早期に終了する

正解 (A)

解説 女性が何を申し出ているか，が問われています。❹で女性は「技術者を派遣して点検させましょうか」と言っていますので，専門家を派遣させることを提案していると分かります。これをdispatchという単語を使って示している(A)が正解です。(C)の選択肢に，会話に出てきたtechnician「技術者」という単語がありますが，技術者を雇う話はしていないので不正解です。同じ単語につられて間違えないようにしましょう。

言い換え send → dispatch, technician → expert

語句 □ dispatch 〜を派遣する　□ replacement 代替品

Questions 44 through 46 refer to the following conversation.

W: Ken, we need to attract some new clients to improve our profits. ❶We don't have many houses to sell on our list, and we haven't had many interested buyers in the office for a few days.

M: I know what you mean. ❷I think we should make more use of our Web site.

W: Yeah, Coleman Residential has updated their Web site recently, and it looks very professional. I guess we should do the same.

M: ❸Well, there's a workshop on using Web sites for publicity. It's in Chicago and it's this weekend.

W: ❹That sounds good. Why don't you sign up for it?

設問44-46は次の会話に関するものです。

W: Ken，利益を増やすために，新規顧客を引き付ける必要があるわ。私たちのリストには販売用の住宅はそんなにないし，ここ何日間かは関心のあるバイヤーも事務所にあまり来ていないわ。

M: 言っていることは分かるよ。僕が思うに，もっとウェブサイトを活用すべきだね。

W: そうね。Coleman Residential社は最近ウェブサイトを更新して，とてもプロっぽい仕上がりのようだわ。同じようなことをやらなくちゃいけないと思うの。

M: えっと，ウェブサイトを使った宣伝広報についての研修があるよ。シカゴで，今週末に開催されるね。

W: それはよさそうね。申し込んでみたらどう？

語句 □ profit 利益 □ interested 関心のある □ professional プロの
□ publicity 広告宣伝 □ sign up for ~ ~に申し込む，登録する

44. 詳細

Where do the speakers most likely work? | 話し手たちはおそらくどこで働いていますか。
(A) At a clothing store | (A) 衣料品店
(B) At a business college | (B) 実務専門学校
(C) At a real estate agency | (C) 不動産会社
(D) At a publishing house | (D) 出版社

正解 (C)

解説 2人がどこで働いているか，が問われています。女性は❶で「私たちのリストには販売用の住宅があまりない」と言っていますので，住宅を販売する仕事，つまり不動産業だと分かります。(C)が正解です。

語句 □ business college 実務専門学校 □ real estate agency 不動産会社
□ publishing house 出版社

45.

What does the man suggest?	男性は何を提案していますか。
(A) Improving online content	(A) オンラインコンテンツを改善すること
(B) Holding a ceremony	(B) 式典を開催すること
(C) Conducting a survey	(C) 調査を行うこと
(D) Buying a new appliance	(D) 新しい電化製品を購入すること

正解 (A)

解説 男性が提案していることが問われています。❷で「僕はもっとウェブサイトを活用すべきだと思う」と言っていますので，それを言い換えた(A)が正解です。

語句 □ content コンテンツ，内容物　□ ceremony 式典　□ conduct 〜を実施する
□ survey 調査　□ appliance 電化製品

46.

What will the man probably do next?	男性はおそらく次に何をしますか。
(A) Give a presentation	(A) プレゼンテーションを行う
(B) Attend a meeting	(B) 打ち合わせに参加する
(C) Repair some equipment	(C) 装置を修理する
(D) Register for a course	(D) 研修に登録する

正解 (D)

解説 男性が次に何をするか，が問われています。男性が❸で「ウェブサイトを使った宣伝広報についての研修がある」と言い，それに対して女性が❹で「よさそうだから申し込んだら？」と提案しているので，男性はこれから研修に登録することが予想されます。以上から(D)が正解です。

言い換え sign up for→Register for，workshop→course

語句 □ register for 〜 〜に登録する，申し込む

Questions 47 through 49 refer to the following conversation.

W: Hi, John. ❶Did someone take the client list I left on my desk while I was away?

M: Mr. Collins put the list back on the shelf after making a copy of it. ❷He took the copy with him and left for Hampton. ❸He said he was going to visit a few clients while he's up there, and the list was necessary.

W: Oh, no. I was going to make some changes to it. A lot of the information on the list is outdated. ❹I'd better give him a call now.

M: Good idea. ❺I have his telephone number here.

W: ❻Thanks, that helps a lot.

設問47-49は次の会話に関するものです。

W: こんにちは，John。私がいない間に，誰かが私の机に置いておいた顧客リストを持っていきましたか。

M: Collinsさんがコピーを取って，その後棚に戻しました。彼はコピーを持ってHamptonに向かいました。あちらにいる際に何人かのお客様にお会いするのでリストが必要だったそうですよ。

W: あら，大変。それに変更を加えようと思っていたのに。リストの大半の情報が古いんです。今すぐ彼に電話した方がいいわね。

M: それはいい考えですね。彼の電話番号がここにありますよ。

W: ありがとう。とても助かります。

- -

語句 □ client list 顧客リスト □ put ～ back ～を戻す
□ outdated 古い，期限が切れている

47.

概要

What are the speakers talking about?　話し手たちは何について話していますか。

(A) Some computer parts　　　　　(A) コンピューター部品
(B) A piece of equipment　　　　　(B) 装置一式
(C) A business document　　　　　(C) ビジネス文書
(D) Some clothing items　　　　　(D) 衣料品

正解 (C)

解説 話し手たちが話している内容が問われています。会話の冒頭❶で女性が男性に「誰か私の机に置いていた顧客リストを持っていったか」と尋ねていますので，女性は顧客リストを探していることが分かります。顧客リストを「ビジネス文書」とより抽象度を上げて言い換えた(C)が正解です。

言い換え client list → business document

語句 □ a piece of ～ 1式の～ □ clothing item 衣料品

48.

What is the purpose of Mr. Collins'
trip?
(A) To attend a conference
(B) To see some customers
(C) To inspect a facility
(D) To negotiate a price

Collinsさんの出張の目的は何ですか。
(A) 会議に参加すること
(B) 顧客に会うこと
(C) 施設を視察すること
(D) 価格を交渉すること

正解 (B)

解説 Collinsさんの出張の目的が問われています。男性はCollinsさんについて❷「彼はHampton に向かった」❸「そこでお客様に会う」と言っています。ここからCollinsさんは出張先で客に会うことが分かりますので，それを言い換えた(B)が正解です。

言い換え visit→see，clients→customers

語句 □ inspect ～を視察する　□ negotiate ～を交渉して決める　□ price 価格

49.

What will the woman most likely do
next?
(A) Install some software
(B) Respond to an e-mail
(C) Make a phone call
(D) Pack a suitcase

女性はおそらく次に何をしますか。
(A) ソフトウェアをインストールする
(B) Eメールに返信する
(C) 電話をかける
(D) スーツケースに荷物を詰める

正解 (C)

解説 女性がおそらく次に何をするか，が問われています。女性が❹で「（リストの件で）Collinsさんに電話しないと」と言い，男性が❺で「Collinsさんの電話番号がある」と女性に伝え，女性が❻でお礼を述べています。女性がこの後，Collinsさんに電話をかけることが推測されますので，(C)が正解です。

言い換え give him a call→make a phone call

語句 □ pack （荷物などを）～に詰める

Questions 50 through 52 refer to the following conversation with three speakers.

M: Maxine, ❶I just got some carpet samples for the conference room. What do you think of this one?

W1: ❷I think this carpet is too bright for that room, but I don't know much about decorating. Why don't you ask Carol? She used to be an interior decorator.

M: Really? Well, what do you think, Carol?

W2: ❸To be honest, I agree with Maxine. You need a darker color.

M: Oh, that's too bad. I really liked this one. The other samples are all bright, too.

W2: ❹Why don't I come with you to the carpet store to help you decide?

M: That'd be great, Carol. I'd like to go tomorrow afternoon if you have time.

設問50-52は次の3人の会話に関するものです。

M: Maxine. 会議室用のカーペットのサンプルをいくつかもらいましたよ。これはどうですか。

W1: このカーペットはあの部屋には明るすぎると思います。でも，装飾に関して私はよく分からないんです。Carolに尋ねてみたらどうですか。彼女はかつてインテリアデザイナーだったんです。

M: 本当ですか。それで，君はどう思いますか，Carol。

W2: 正直に言うと，Maxineに賛成です。もっと暗い色がよさそうですよ。

M: ああ，それは残念ですね。本当にこのサンプルが好きだったのに。ほかのサンプルも全て明るいんですよね。

W2: 一緒にカーペット屋に行って，選ぶのを手伝いましょうか。

M: それはいいですね，Carol。お時間があるのなら明日の午後行きたいのですが。

語句 □ bright 明るい □ decorating 装飾 □ to be honest 正直に言うと
□ darker より暗い □ Why don't I ~? ～しましょうか

50.
詳細

What room are the speakers talking about?	話し手たちはどの部屋について話していますか。
(A) The break room	(A) 休憩室
(B) The meeting room	(B) 会議室
(C) The storage room	(C) 保管室
(D) The waiting room	(D) 待合室

正解 (B)

解説 会話の3人がどの部屋について話しているか，が問われています。会話の冒頭❶で男性が「会議用のカーペットのサンプルをもらった」と言っていますので，会議室について議論していることが分かります。以上から正解は (B) です。

言い換え conference → meeting

語句 □ break room 休憩室 □ storage room 保管室 □ waiting room 待合室

51.

What do the women say about the carpet? (A) It is worn out. (B) It is very expensive. (C) It will last long. (D) It is too bright.	女性たちはカーペットについて何と言っていますか。 (A) すり減っている。 (B) とても高価である。 (C) 長持ちする。 (D) 明るすぎる。

正解 (D)

解説 女性2人がカーペットについて何と言っているかが問われています。男性がサンプルを見せたのに対して，1人目の女性が❷で「あの部屋には明るすぎる」と言い，2人目の女性も❸で同意し「もっと暗い色がよさそうだ」と言っていますので，女性たちは2人とも「カーペットが明るすぎる」と言っていることが分かります。以上より正解は(D)となります。

語句 □ wear out ～ ～をすり減らす　□ last long 長持ちする

52.

What does Carol offer to do? (A) Call an interior decorator (B) Lend the man a magazine (C) Order some wallpaper samples (D) Go shopping with the man	Carolは何をすることを申し出ていますか。 (A) インテリアデザイナーに電話をする (B) 男性に雑誌を貸す (C) 壁紙のサンプルを注文する (D) 男性と買い物に行く

正解 (D)

解説 Carolが申し出ていることが問われています。❹でCarolは「一緒にカーペット屋に行って，選ぶのを手伝いましょうか」と提案していますので，これを言い換えた(D)が正解です。

語句 □ interior decorator インテリアデザイナー　□ wallpaper 壁紙

Questions 53 through 55 refer to the following conversation.

M: Hello, I'm Roger Day from the Bill Valley Community Center. ❶I'm asking for some assistance with our annual cleanup. It'll be held on March twenty-third.

W: I see. What would you like from us?

M: A lot of local businesses are sending employees to the community center to help wax the floors and clean the windows. I was hoping that you'd be able to send five or six people.

W: ❷I understand, but I can't spare that many. We're relocating our office, and I need them to help move the furniture. I can only send one or two people.

M: That's fine. ❸The community center has a really tight budget, so please have them bring along some rags and detergent.

W: Understood.

設問53-55は次の会話に関するものです。

M: もしもし, Bill Valley コミュニティセンターの Roger Day と申します。年に一度の大掃除の手伝いをお願いしたいと思っています。3月23日に行われるのですが。

W: 承知しました。何をご希望ですか。

M: たくさんの地元企業が従業員をコミュニティセンターに送って, 床のワックスがけや窓の清掃をしてくれます。あなたのところからも5, 6人派遣いただければと思っておりました。

W: 承知しましたが, そんなに多くは割けません。事務所の移転を予定しておりまして, 彼らには家具を運ぶのを手伝ってもらう必要があります。1人か, 2人しか派遣できません。

M: それで結構です。コミュニティセンターの予算は本当に厳しいので, 彼らに清掃用の雑巾や洗剤を持参させてください。

W: 承知しました。

語句
□ annual 年に一度の, 毎年の □ cleanup 清掃
□ community center コミュニティセンター, 公民館 □ wax ～にワックスがけをする
□ spare (時間, 人など) を割く □ relocate ～を移転させる
□ tight budget 厳しい予算 □ rag 雑巾, 布 □ detergent 洗剤
□ Understood. 分かりました。

53. 　　　　　　　　　　　　　　　　　　　　　　　　　　　　詳細

What will happen in March?	3月に何が起こりますか。
(A) A cleaning event	(A) 清掃イベント
(B) A fundraising party	(B) 資金集めのパーティー
(C) A music festival	(C) 音楽祭
(D) A fun run	(D) チャリティーマラソン

正解 (A)

解説 3月に何が行われるか, が問われています。男性が女性に❶「年に一度の大掃除の件で手伝いをお願いしたい, 3月23日に行われる」と言っているので, 3月に清掃が行われることが分かります。以上から正解は(A)となります。

言い換え annual cleanup → cleaning event

語句 □ fundraising 資金集めの □ fun run チャリティーマラソン

54.

詳細

What problem does the woman mention?
(A) Her office is moving on the day of the event.
(B) Some invitations have not been sent out.
(C) Some guests will arrive late.
(D) A permit will expire.

女性はどのような問題を述べていますか。
(A) 女性の職場がイベントの日に移転する。
(B) 招待状の何通かが送られていない。
(C) 客の何人かは遅れて到着する。
(D) 許可証の期限が切れる。

正解 (A)

解説 女性がどのような問題について言及しているか, を問う問題です。男性からコミュニティセンターの大掃除に5, 6人従業員を派遣してくれないかと要請を受けた女性は❷で「それだけの人を割けない。(理由は)事務所の引っ越しがある予定で, 作業がある。1人か, 2人しか出せない」と言っています。このことから, 現在女性の職場では引っ越し作業をそのイベント日に行うことが予定されていることが分かります。以上から正解は(A)です。この問題は, 質問の形だけを見ると「概要」のようにも思われますが, 2問目であることから会話全体の問題を問うている可能性は低いと判断できます。実際, この問題は清掃イベントに従業員を割くことに対しての問題点をピンポイントで聞き取る必要があることから, 「詳細」に該当します。

言い換え relocating→moving

語句 □ permit 許可証

55.

依頼・提案・勧誘・申し出

What is the woman asked to do?
(A) Publicize an event
(B) Wear suitable clothing
(C) Donate some money
(D) Supply some cleaning materials

女性は何をするよう頼まれていますか。
(A) イベントを宣伝する
(B) 適切な衣服を身に付ける
(C) お金を寄付する
(D) 清掃用具を供給する

正解 (D)

解説 女性がお願いされていることが問われています。男性は❸で「コミュニティセンターの予算が限られているので, 雑巾や洗剤を持参させてください」と述べていますので, これを清掃用具を供給すると言い換えた(D)が正解となります。

言い換え bring along→supply, rags and detergent→cleaning materials

語句 □ publicize ～を宣伝する □ suitable 適切な □ donate ～を寄付する

Questions 56 through 58 refer to the following conversation.

M: ❶I was informed that our head of human resources has decided to take early retirement.

W: Really? I didn't know that.

M: ❷We need to find a replacement by June.

W: ❸How about Joe Tanaka? He could transfer to human resources. There're plenty of people in customer service who're qualified to take over after him.

M: Joe's been in the same department for twenty years. ❹I know he used to be in human resources, but so much has changed. I don't think he's a good fit.

W: Well, June is still a long way off. ❺Let's post the position online and see if anyone suitable applies.

設問56-58は次の会話に関するものです。

M: 当社の人事部長が早期退職を決断したと知らされたよ。

W: 本当？　知らなかったわ。

M: 6月までに代わりを見つけないとね。

W: Joe Tanakaはどうかしら？　彼なら人事部に異動できると思うんだけど。顧客サービス部門には，彼の後を引き継ぐのに適任な人がたくさんいるわ。

M: Joeは同じ部署に20年いるんだよね。彼はかつて人事部にいたのは知っているんだけど，いろんなことが変わっちゃったよね。うまく合うとは思わないな。

W: そうね，6月はまだずいぶん先よね。インターネットにその職を掲載して誰か適した人が申し込むか見てみましょうか。

語句 □ be informed that S V SがVであることを知らされる
□ human resources 人事部　□ early retirement 早期退職
□ replacement 代わりの人，もの　□ transfer 異動する，転勤する
□ plenty of ~ たくさんの~　□ be qualified to do ~するのに適任である
□ used to do かつて~していた　□ good fit ぴったり合う人，もの
□ a long way off ずっと先　□ post ~を掲載する
□ anyone suitable 誰か適した人　□ apply 申し込む

56.

詳細

Which department needs a new director?
(A) Customer service
(B) Accounting
(C) Human resources
(D) Shipping

どの部署が新しい部長を必要としていますか。
(A) 顧客サービス部
(B) 経理部
(C) 人事部
(D) 発送部

正解 (C)

解説 どの部署が新しい部長を必要としているか，が問われています。男性が冒頭❶で「当社の人事部長が早期退職を決断した」，❷で「6月までに代わりを見つけないと」と言っているので，新しい部長を必要としているのは人事部だと分かります。以上から正解は(C)となります。

57.

What does the man mean when he says, "Joe's been in the same department for twenty years"? (A) Joe knows all about the department. (B) Joe is no longer suitable for a position. (C) Joe is respected among employees. (D) Joe will retire very soon.	男性が "Joe's been in the same department for twenty years" と言う際，何を意図していますか。 (A) Joeは部署の全てを知っている。 (B) Joeはもうある職に適任ではない。 (C) Joeは従業員に尊敬されている。 (D) Joeはもうすぐ引退する。

正解 (B)

解説 意図問題です。女性が❸で「Joe Tanakaは後任にどうか。彼は人事部に異動できそうだ。今彼がいる部には，彼の後任となるのに適任な人がたくさんいる」と提案したのに対して，男性がJoe's been in the same department for twenty years「Joeは20年も同じ部署にいた」と言い，続けて❹「彼が人事部にいた頃とはいろんなことが変わった，うまく合わないと思う」と答えています。ここから男性は，女性が提案したJoeは今の人事部にフィットしない，つまり適任ではないと言っていることが分かりますので，(B)が正解となります。

語句 □ *be* suitable for ～　～に適している　□ respect ～を尊敬する

58.

What does the woman recommend doing? (A) Promoting a junior employee (B) Merging one department with another (C) Advertising a vacancy (D) Conducting an employee evaluation	女性は何をすることを勧めていますか。 (A) 準社員を昇進させること (B) 部署と部署を統合すること (C) 求人広告を出すこと (D) 従業員評価を行うこと

正解 (C)

解説 女性が何を勧めているか，が問われています。❺で女性は「インターネットにその職を掲載して誰か適した人が申し込むか見てみよう」と言っていますので，それを「求人広告を出す」と表した(C)が正解です。

言い換え post → advertising，position → vacancy

語句 □ junior employee 準社員　□ merge ～を統合する　□ advertise ～を広告に掲載する　□ vacancy 欠員，ポストの空き　□ employee evaluation 従業員評価

Questions 59 through 61 refer to the following conversation.

W: Hello. ❶This is Shelly Butler from Flowery Lives. ❷You placed an order for a bouquet of flowers for a retirement party.

M: Oh, yes. That's right. I forgot all about the flowers. Are they ready for me to pick up?

W: They sure are. ❸We have a reasonably priced delivery service if you would like them to be delivered locally.

M: That won't be necessary. ❹We're holding the event in the banquet hall of one of the inns in town. I'm headed there now and Flowery Lives is on the way. I'll pick up the flowers in about ten minutes.

設問59-61は次の会話に関するものです。

W: もしもし。Flowery LivesのShelly Butlerと申します。退職パーティー用の花束をご注文されたかと存じます。

M: ああ、はい。その通りです。花のことはすっかり忘れていました。受け取りの準備ができましたか。

W: もちろんでございます。現地にお届けをご希望の場合はお手頃価格で配送サービスもございます。

M: それは必要ないです。町にある宿泊施設の中の1つの夕食会場でイベントを開催する予定です。私は今そちらに向かっておりまして、Flowery Livesはその途中にあります。10分後ぐらいに花を受け取ります。

語句　□ place an order 注文をする　□ a bouquet of flowers 花束
　　　□ retirement party 退職パーティー　□ reasonably priced 手頃な価格の
　　　□ banquet hall 夕食会場, 宴会場　□ inn 宿泊施設, ホテル　□ be headed 向かう

59.

詳細

Who is the woman?
(A) An event planner
(B) A fashion designer
(C) A florist
(D) A secretary

女性は誰ですか。
(A) イベント企画者
(B) ファッションデザイナー
(C) 生花店の店員
(D) 秘書

正解　(C)

解説　女性が誰か、が問われています。女性は冒頭の❶でFlowery Livesの者だと名乗り、❷で「パーティー用の花束を注文されましたね」と言っていますので、女性は花を取り扱う会社で働いていることが分かります。以上から正解は(C)となります。

語句　□ event planner イベント企画者　□ florist 生花店（の店員）

60.

What does the woman suggest the man do? (A) Have an order delivered (B) Hire an interior designer (C) Request a price reduction (D) Check a map	女性は男性に何をするように提案していますか。 (A) 注文を配達してもらう (B) インテリアデザイナーを雇う (C) 値下げを要求する (D) 地図を確認する

正解 (A)

解説 女性は男性に何をするよう提案しているか, が問われています。女性は男性に❸で「現地にお届けを希望の場合は配送サービスもある」と言っていますので, 商品を配達することを提案していることが分かります。以上から(A)が正解となります。なお, ❸直前のThey sure are.は, 直前のAre they ready for me to pick up?への返答です。They sure are (ready to be picked up).と頭の中で補足しながら聞けるようになりましょう。

語句 □ price reduction 値下げ

61.

Where does the man say the event will be held? (A) In an office (B) In a restaurant (C) In a library (D) In a hotel	男性はどこでイベントが開催されると言っていますか。 (A) 事務所 (B) レストラン (C) 図書室 (D) ホテル

正解 (D)

解説 男性がどこでイベントを開催するか, が問われています。男性は女性に対して❹で「町にある宿泊施設の夕食会場でイベントを開催する予定だ」と言っていますので,「宿泊施設」を言い換えた(D)が正解となります。

言い換え one of the inns → hotel

Questions 62 through 64 refer to the following conversation and membership card.

M: ❶Let's get six of these desks and the same number of office chairs.

W: ❷That'll come to just over two thousand dollars. It's not a bad deal.

M: ❸Actually, it's even better than that. I have this Regent member's card. I applied for it the last time we were here, when we got that new counter for reception and the sofa.

W: Oh, that's right. I forgot about that. Can you find out how soon they can be delivered? ❹I'll call a used goods store and have the old desks and chairs picked up.

設問62-64は次の会話と会員カードに関するものです。

M: この机を6つと同じ数の事務椅子を購入しよう。

W: 2,000ドルを超えるくらいになりそうだわ。悪い金額ではないわね。

M: 実際は，それよりさらによくなるよ。このRegent会員カードを持っているんだ，前回ここにいたときに申し込んだんだけどね。新しい受付カウンターとソファを購入したときにね。

W: ああ，そうだったわね。それを忘れていたわ。どれくらいで配達されるか確認してもらえないかしら？　私の方は中古ショップに電話して古い机と椅子を引き取りに来てもらうわ。

語句	□ deal 取引　□ even（比較級を強調して）さらに　□ apply for ～ ～に申し込む □ reception 受付　□ used 中古の

62.

詳細

What kind of goods does Regent most likely sell? (A) Furniture (B) Car parts (C) Stationery (D) Apparel	Regent社はおそらくどんな種類の品物を販売していますか。 (A) 家具 (B) 自動車部品 (C) 文房具 (D) 衣料品

正解　(A)

解説　Regent社がどんな種類の品物を販売しているか，が問われています。男性が会話の冒頭❶で「この机を6つと同じ数の事務椅子を購入しよう」と家具購入の提案をし，その後に❸で「Regent会員カードを持っている」とRegent社のことに言及していますので，Regent社は家具を取り扱っていることが分かります。以上から正解は(A)です。

語句　□ stationery 文房具　□ apparel 衣料品

63.

図表問題

Look at the graphic. What discount do the speakers qualify for?
(A) 10% off
(B) 15% off
(C) 20% off
(D) 25% off

図を見てください。話し手たちはどの割引を受ける資格がありますか。
(A) 10%割引
(B) 15%割引
(C) 20%割引
(D) 25%割引

REGENT MEMBER'S CARD	
Spend over $1,000	25% off
Spend over $700	20% off
Spend over $500	15% off
Spend over $300	10% off
As a member, you qualify for free shipping on **ALL** orders.	

REGENT 会員カード	
1,000ドル以上のお買い上げ	25%割引
700ドル以上のお買い上げ	20%割引
500ドル以上のお買い上げ	15%割引
300ドル以上のお買い上げ	10%割引
会員様は「全て」の発注品につき送料無料となります。	

正解 (D)

解説 図表問題です。話し手たちがどの割引を受ける資格があるのか，が問われています。まず買い物の金額について女性が❷で「総額2,000ドル以上」と言っています。次に男性が❸でRegent会員カードを持っている旨を伝えていますので，会員カードに記載されている割引のうち，どれが適用されるのかを確認します。1,000ドル以上の場合は25%だと分かりますので，正解は(D)です。図では上から割引額の大きい順に並んでいますが，選択肢は小さいものから並んでおり，順番が逆になっていますので，マークミスをしないように気を付けましょう。

語句 □ qualify for 〜 〜する資格を有する

64.

詳細

Who does the woman say she will contact?
(A) An insurance agent
(B) A taxi driver
(C) A ticket seller
(D) A secondhand store employee

女性は誰に連絡すると言っていますか。
(A) 保険外交員
(B) タクシー運転手
(C) 切符販売者
(D) 中古品販売店の従業員

正解 (D)

解説 女性は誰と連絡を取るか，が問われています。女性は❹で「私は中古ショップに電話して古い机と椅子を引き取りに来てもらう」と言っているので，ここから中古ショップに連絡することが分かります。ここから正解は(D)となります。

言い換え used goods store → secondhand store

語句 □ insurance agent 保険外交員

Questions 65 through 67 refer to the following conversation and schedule.

M: Hi, Jo. It's Rod Hansen calling. ❶I just wanted to talk about the second quarter sales report with you. Have you seen it?

W: Yes. Sales are down by thirteen percent. It's a worrying situation.

M: Right. ❷I think we need to spend a bit more on advertising. Could you raise our advertising budget by about twenty percent?

W: That's fine. ❸I'd like to meet with you next week to talk about the plans, though. When are you free?

M: ❹We could get together on the day of the employee banquet.

設問65-67は次の会話と予定表に関するものです。

M: もしもし，Jo。Rod Hansenです。ちょっと第二四半期の売上報告書についてあなたとお話ししたいと思っておりました。ご覧になりましたか。

W: ええ，売り上げが13%下がっていますね。心配すべき状況となっていますね。

M: そうなんです。もう少し宣伝広告に費用をかける必要があると思っています。広告予算を20%ほど増額することは可能でしょうか。

W: かまいませんよ。来週あなたとお会いしてその計画について話したいと思っていますが。いつご都合がよろしいですか。

M: 従業員夕食会の日にご一緒することができますよ。

語句 □ by（数の差の大きさについて）~だけ，~の差で □ worrying 心配な，やっかいな
□ spend more on ~ ~によりお金をかける □ raise ~を上げる
□ employee banquet 従業員夕食会

65.

What are the speakers talking about?　　話し手たちは何について話していますか。
(A) Product reviews　　　　　　　　　　(A) 製品のレビュー
(B) Employee morale　　　　　　　　　(B) 従業員のやる気
(C) Some financial data　　　　　　　　(C) 財務データ
(D) Recruitment　　　　　　　　　　　　(D) 求人

正解 (C)

解説 2人が話していることについて問われています。冒頭の❶で男性は女性に「第二四半期の売上報告書について話したい」と言っています。ここから，売上報告書をfinancial dataと言い換えた(C)が正解です。

言い換え sales report → financial data

語句 □ review レビュー，批評 □ morale やる気，士気 □ financial data 財務データ
□ recruitment 求人

66.

What does the man ask the woman to do? (A) Improve quality control (B) Increase an expenditure (C) Reduce prices (D) Change a hiring policy	男性は女性に何をするよう頼んでいますか。 (A) 品質管理を改善する (B) 支出を増やす (C) 価格を下げる (D) 雇用方針を変更する

正解 (B)

解説 男性が女性にお願いしていることが問われています。売り上げダウンの結果を受けて，男性は女性に❷で「もう少し宣伝広告に費用をかける必要がある，広告予算を20%ほど増額できないか」と尋ねていますので，これを言い換えた(B)が正解となります。

言い換え raise → increase

語句 □ expenditure 支出　□ hiring policy 雇用方針

67.

Look at the graphic. When will the speakers most likely meet? (A) On July 18 (B) On July 19 (C) On July 20 (D) On July 21	図を見てください。話し手たちはおそらくいつ会いますか。 (A) 7月18日 (B) 7月19日 (C) 7月20日 (D) 7月21日

July 17	July 18	July 19	July 20	July 21
Monday	Tuesday	Wednesday	Thursday	Friday
National Holiday	Factory Inspection	Client Visit		Employee Banquet

7月17日	7月18日	7月19日	7月20日	7月21日
月曜日	火曜日	水曜日	木曜日	金曜日
祝日	工場視察	お客様訪問		従業員夕食会

正解 (D)

解説 図表問題で，話し手たちがいつ会うか，が問われています。女性が❸で「予算の件で会って話したい，いつが空いているか」と男性に尋ねています。それに対して男性が，❹「従業員夕食会の日にご一緒できます」と言っています。次に予定表を見ると，従業員夕食会が7月21日に開催されることが分かりますので，正解は(D)となります。

Questions 68 through 70 refer to the following conversation and floor guide.

W: Here comes the elevator. Let's go up to our rooms and clean up. ❶Today, it looks like we can meet back in the lobby at seven o'clock, an hour earlier than usual. Then, we can look for somewhere to have dinner.

M: I'm a bit tired. I'd rather just eat at one of the hotel restaurants. Look, they have a few to choose from. Hmm, do you feel like having steak tonight?

W: Oh, I had lunch there yesterday with Jennifer. Why don't we try another restaurant instead? ❷That one on the fifteenth floor looks nice. We can meet in front of the restaurant.

M: Great. ❸If it's all right with you, I'd like to bring my computer so that we can review the presentation over dinner.

設問68-70は次の会話とフロア案内に関するものです。

W: エレベーターが来ました。部屋に行って身支度をしましょう。今日はいつもより1時間早い7時にロビーで会えそうです。それから夕食の場所を探せそうですね。

M: ちょっと疲れました。それよりホテルのレストランで夕食を取りたいです。見てください。いくつか選択肢がありますね。うーん，今晩ステーキはどうでしょうか。

W: ああ，昨日そこでJenniferと昼食を食べたばかりなんです。代わりに別のレストランに行ってみませんか。15階のレストランはよさそうですね。レストランの前で待ち合わせできます。

M: それはいいですね。もしあなたがよければ夕食を取りながらプレゼンテーションの確認ができるよう，パソコンを持っていきたいです。

語句 □ Here comes ～ ～がきました □ clean up 身支度をする
□ than usual いつもより □ I'd rather ～ どちらかというと～したい
□ Why don't we ～? ～しませんか □ instead 代わりに

68.

詳細

What time does the woman suggest meeting?
(A) At 5:00 P.M.
(B) At 6:00 P.M.
(C) At 7:00 P.M.
(D) At 8:00 P.M.

女性は何時に会うことを提案していますか。
(A) 午後5時
(B) 午後6時
(C) 午後7時
(D) 午後8時

正解 (C)

解説 女性が何時に会うことを提案しているか，が問われています。❶で女性が「今日はいつもより1時間早い午後7時に会えそうです」と言っていますので，(C)が正解だと分かります。

69.

Look at the graphic. Where will the speakers most likely eat?
(A) At Sandpiper's Seafood Restaurant
(B) At Mikado
(C) At Castanza's
(D) At Harper's Steak House

図を見てください。話し手たちはおそらくどこで食事をしますか。
(A) Sandpiper's シーフードレストラン
(B) Mikado
(C) Castanza's
(D) Harper's ステーキハウス

Floor Guide
1. Lobby / Sandpiper's Seafood Restaurant
2. Mikado
3. ~ **14.** Guest Rooms
15. Castanza's
16. Harper's Steak House

フロア案内
1. ロビー / Sandpiper's シーフードレストラン
2. Mikado
3. ～ **14.** 客室
15. Castanza's
16. Harper's ステーキハウス

正解 (C)

解説 図表問題で，話し手の2人がどこで食事をするか，が問われています。女性が❷で「15階のレストランはよさそうだ，レストランの前で待ち合わせできる」と言っているのに対し，男性が「いいね」と言っていますので，ここから15階のレストランに行くことが分かります。フロア案内を見ると15階のところにCastanza'sとありますので，(C)が正解だと分かります。男性は最初，ステーキハウスに誘っていますが，女性は昨日そこで昼食を食べたばかりだと言って断っていますので，(D)は不正解です。話し手たち全員が合意するところまで聞いてから正解を選ぶようにしましょう。

語句 □ floor guide フロア案内，売り場案内　□ guest room 客室

70.

What does the man say he would like to do?
(A) Present a badge
(B) Check some materials
(C) Review a menu
(D) Invite a client

男性は何がしたいと言っていますか。
(A) バッジを提示する
(B) 資料を確認する
(C) メニューの感想を言う
(D) 顧客を招待する

正解 (B)

解説 男性が何をしたいのか，が問われています。男性は❸で「夕食を取りながらプレゼンテーションの確認ができるようパソコンを持参したい」と言っていますので，夕食中にパソコンでプレゼンテーションの資料の確認をしたいことが推察できます。以上からこの表現を言い換えた(B)が正解です。

言い換え review → check, presentation → materials

語句 □ present ～を提示する　□ material 資料，材料　□ review ～の感想を言う

Part 4

🎌 スピーチ ♪ 251

Questions 71 through 73 refer to the following speech.

Tonight, we're here to celebrate our achievement of the sales target in this quarter. I've invited Glenda Smith, the top analyst in our team, to share her efforts. ❶One year ago, I asked her to look into the declining sales of certain products, such as soft drinks and fruit juices. I'm glad I did. ❷She has found both the cause and a way for us to turn things around. Her findings eventually led to a dramatic recovery in sales. ❸Anyway, I'd better stop talking so that Ms. Smith can get started.

設問71-73は次のスピーチに関するものです。

今夜，当四半期の売上目標達成を祝うためにここに集まりました。我々のチームの主要アナリストであるGlenda Smithさんに彼女の取り組みについて皆様と共有していただくようお願いしました。1年前，彼女に飲料製品や果汁飲料のような特定の製品の売り上げが減少していることについて調査するよう依頼しました。それをやってよかったと思っています。彼女はその原因と状況を好転させる方法の両方を発見しました。その調査結果は最終的に売上高の劇的な回復につながりました。ともかく，私の話はこのへんにして，Smithさんに始めていただきましょう。

語句 □ analyst アナリスト，分析専門家　□ look into ～ ～を調査する
□ decline 減少する　□ cause 原因　□ turn ～ around ～を好転させる
□ finding 調査結果　□ get started 始める，開始する

71.
詳細

Where does the speaker most likely work?
(A) At a restaurant
(B) At an advertising agency
(C) At a convention center
(D) At a beverage manufacturer

話し手はおそらくどこで働いていますか。
(A) レストラン
(B) 広告代理店
(C) コンベンションセンター
(D) 飲料メーカー

正解 (D)

解説 話し手が働いている場所が問われています。話し手は❶で「当社の下落している飲料製品の売り上げ調査を依頼していた」と言っていますので，ここから飲料を取り扱っている会社であることが分かります。以上から(D)が正解に最もふさわしいです。厳密にいうと，「メーカーかどうか」断定はできませんが，飲料の取り扱いに関与していることは間違いなく，most likely（最もそれらしい）という点では正解となります。

言い換え　soft drinks and fruit juices → beverage

語句 □ advertising agency 広告代理店

72.

Why does the speaker say, "I'm glad I did"?	話し手はどうして"I'm glad I did"と言っているのですか。
(A) He is the best qualified person.	(A) 自分が一番適任者だから。
(B) He is pleased with Glenda's work.	(B) Glendaの仕事に満足しているから。
(C) He has found a new client.	(C) 新たな顧客を見つけたから。
(D) He was offered a promotion.	(D) 昇進を持ちかけられたから。

正解 (B)

解説 意図問題です。話し手は，❶「Glendaに飲料製品の売上調査を依頼していた」と言った後に，I'm glad I did「それをやってよかった」と言っています。さらに❷「原因と対策の両方を見つけてくれた」と続けています。ここから，Glendaの仕事ぶりに満足して「お願いしてよかった」と言っていると分かりますので，(B)が正解です。

言い換え glad→pleased

語句 □ best qualified 最適の　□ promotion 昇進

73.

According to the speaker, what will most likely happen next?	話し手によると，次におそらく何が起こりますか。
(A) Some food will be served.	(A) 食べ物が提供される。
(B) A product will be demonstrated.	(B) 製品の実演が行われる。
(C) A contract will be signed.	(C) 契約書に署名がされる。
(D) A coworker will speak.	(D) 同僚が話をする。

正解 (D)

解説 次に何が起こるか，が問われています。話し手は，トークの最後の❸で「ともかく，私の話はこのへんにして，Smithさんに始めていただきましょう」とチームのメンバーであるSmithさんに話を促しています。よって，話し手が話をやめ，Smithさんが話し始めることが推測されますので，(D)が正解です。

語句 □ demonstrate 〜を実演する　□ sign a contract 契約書に署名する

Questions 74 through 76 refer to the following advertisement.

❶The new Foreman Cinema in Greendale is holding its grand opening this Friday. ❷The cinema is part of the Greendale Shopping Mall and all customers will receive free parking in the mall when they show the attendant their ticket stub on the way out. Also, we're offering a discounted Foreman Cinema Club membership all this week. Membership entitles you to a discount on tickets, as well as invitations to film premieres and other special events. Doors open at four P.M. on Friday. ❸We're expecting a big crowd, so be sure to get in early.

設問74-76は次の広告に関するものです。

Greendaleにある新しいForeman映画館が今週金曜日にグランドオープンいたします。映画館はGreendaleショッピングモールの一部であり，全てのお客様はお帰りの際にチケットの半券を係員にご提示いただきますと駐車場を無料でご利用になれます。また，今週中はForemanシネマクラブ会員権の割引もいたします。会員権があれば，新作映画のプレミアやその他の特別イベントへのご招待だけではなく，チケットの割引もご利用いただけます。開場は金曜日の午後4時となります。たくさんのお客様のご来場が見込まれますため，どうぞお早めにご来場くださいませ。

語句	□ grand opening グランドオープン，堂々開店　□ attendant 係員
	□ stub（切符などの）半券　□ on the way out 出ていく際，外出する際
	□ membership 会員権　□ entitle 人 to 〜 人に〜の権利を与える
	□ film premiere 新作映画の封切り　□ doors open 開場する
	□ big crowd 多数の人々，大観衆　□ get in 到着する

74.

概要

What is being advertised?
(A) A movie theater
(B) A fitness club
(C) A restaurant
(D) A supermarket

何が宣伝されていますか。
(A) 映画館
(B) フィットネスクラブ
(C) レストラン
(D) スーパーマーケット

正解　(A)

解説　何が宣伝されているか，が問われています。トークの冒頭❶で「GreendaleにあるForeman映画館が今週金曜日にグランドオープンする」と言っていますので，映画館がオープンすると分かります。ここから正解は(A)となります。cinemaとmovie theaterの言い換えは，よく出てきますので押さえておきましょう。

言い換え　cinema → a movie theater

75.

詳細

What will customers receive at no
additional cost?
(A) Professional advice
(B) Vehicle parking
(C) A beverage
(D) A towel

客は追加料金なしで何を受け取ることができま
すか。
(A) 専門家の助言
(B) 駐車スペース
(C) 飲み物
(D) タオル

正解 (B)

解説 客が追加料金なしで受け取れるものが問われています。話し手は❷で「全てのお客様は映画館
から帰る際にチケットの半券を提示すれば駐車場を無料で利用可能」と述べていますので, そ
れを言い換えた(B)が正解となります。ticket stub「チケットの半券」の意味が分からなかっ
たとしても,「チケットの〜を見せれば駐車場無料」のように前後を聞き取ることができれば
正解にたどり着けます。100%意味が分からなくても推測しながら解いていくクセを身に付け
ましょう。

語句 □ professional advice 専門家の助言　□ vehicle 車, 乗り物
□ parking 駐車スペース, 駐車場

76.

依頼・提案・勧誘・申し出

What does the speaker recommend
the listeners do?
(A) Bring their own bags
(B) Try a new menu
(C) Arrive ahead of time
(D) Do some exercise

話し手は聞き手に何をするよう勧めています
か。
(A) 自分のバッグを持ってくる
(B) 新しいメニューを試す
(C) 時間より前に到着する
(D) エクササイズをする

正解 (C)

解説 聞き手が話し手から勧められていることが問われています。話し手はトークの最後の❸で「た
くさんのお客様のご来場が見込まれるため, 早めに来てほしい」と述べています。ここから
「早く来てほしい」という意味の(C)が正解です。

言い換え get in → arrive

語句 □ do exercise エクササイズをする

Questions 77 through 79 refer to the following announcement.

❶This Saturday and Sunday, we will be holding our end-of-season sale. We want to use this opportunity to attract more frequent shoppers, so it's important that the store look its best. **❷**Over the coming days, I hope you will make sure that all of the items are stacked on the shelves in an attractive manner. Also, the entire floor must be clean. Please keep an eye out for any dirt. During the sale, customers who make a purchase will receive a discount coupon according to how much they spend. **❸**I'll hand out instruction sheets about the coupon now so that you can be prepared for this big event.

設問77-79は次のアナウンスに関するものです。

今週土曜日と日曜日に，シーズン最後のセールを開催いたします。この機会を利用して常連客を増やしたいと思っていますので，お店の見栄えを一番よい状態にしておくのはとても重要です。これから数日にわたり，全ての品物が魅力的な状態で棚に積み上げられているように注意していただきたいと思います。また床全体が清潔でなくてはいけません。どうかささいな汚れにも目を光らせておいてください。セール期間中は，ご購入のお客様は購入金額に応じた割引クーポン券を受け取ることができます。これからクーポン券に関する指示書をお渡ししますので，この大イベントに備えていただきますよう，よろしくお願いいたします。

語句 □ end-of-season sale シーズン最後の特売　□ frequent 常連の，頻繁な
□ over the coming days これから数日間
□ in an attractive manner 魅力的な状態で
□ keep an eye out for ～ ～に目を光らせる　□ instruction sheet 指示書

77.

概要

What is the purpose of the talk?
(A) To explain a procedure to clients
(B) To ask staff to work additional hours
(C) To help employees prepare for an event
(D) To request assistance with a delivery

トークの目的は何ですか。
(A) 顧客に手順を説明すること
(B) スタッフに残業をお願いすること
(C) 従業員がイベント準備をするのを手伝うこと
(D) 配送の手伝いをお願いすること

正解 (C)

解説 トークの目的が問われています。話し手は，❶で「セールがあり，常連客を増やしたいのでお店を一番いい状態にすることが重要」と言っており，その後準備をどういう風に進めるべきかを説明しています。また❸でも「この大イベントに備えていただきたい」と述べています。これらから話し手にはイベントに向けて，従業員が準備をするのを手伝う意図があることが分かるため，(C)が正解です。手順を説明してはいますが，客に向けられたものではないので(A)は不正解です。(B)はスタッフについて述べてはいますが，トークでは残業については触れられていません。

語句 □ work additional hours 残業する

78.

What are the listeners asked to do?	聞き手は何をするよう求められていますか。
(A) Send fliers to frequent shoppers	(A) チラシを常連客に送る
(B) Watch an instructional video	(B) 教育用ビデオを観る
(C) Submit a section report	(C) 部のレポートを提出する
(D) Make the store look good	(D) 店の見栄えをよくする

正解 (D)

解説 聞き手が何をお願いされているかが問われています。❶で「お店の見栄えを一番よく見せることが重要」と述べ，❷で「商品の陳列，フロアの清潔維持」などを具体的にお願いしているので，(D)が正解だと分かります。トーク中にcoupon, instruction sheetsという表現が出てきますが，これはflierとは異なる性質のものなので(A)は不正解です。

語句 □ flier チラシ □ instructional 教育（上）の

79.

What will the listeners do next?	聞き手は次に何をしますか。
(A) Receive a document	(A) 書類を受け取る
(B) Stack the shelves	(B) 棚を商品でいっぱいにする
(C) Advertise certain items	(C) 特定の商品を広告する
(D) Prepare discount coupons	(D) 割引クーポン券を準備する

正解 (A)

解説 聞き手が次に何をするかが問われています。❸で「これから指示書を配るのでイベントに備えるように」と言われています。ここから聞き手が指示書を受け取ることが分かりますので，instruction sheetsをdocumentと言い換えた(A)が正解となります。(D)も文脈からはありがちですが，「割引クーポン券を準備するように」という指示はトーク中にはないため不正解です。

語句 □ certain 特定の，ある

Questions 80 through 82 refer to the following news report.

Welcome back, listeners. You're listening to Radio 3ZD. I'm Jack Whidbey. ❶Today, we're talking about Max Winehouse's latest film. ❷He's the filmmaker responsible for such huge hits as *Katie's Short Adventure* and *Future Slip*. This new film looks like it'll be at least as successful as those two. ❸I tried to get an interview with Mr. Winehouse, but it turns out he's a very busy man. ❹He's promoting the movie in France at the moment, so he doesn't have time to speak with us. He has, however, given me two tickets for the film. I'd like to offer listeners a chance to win them. ❺All you have to do is call up and tell me its title and when the premiere is.

設問80-82は次のニュースレポートに関するものです。

お帰りなさい，リスナーの皆さん。お聞きになっているのはラジオ3ZD，私はJack Whidbeyです。本日は，Max Winehouseの最新映画についてお話ししたいと思います。彼はKatie's Short AdventureやFuture Slipといった大ヒット作を手掛ける映画監督です。この新作映画は少なくともこれら2作同様の成功を収めることでしょう。Winehouse氏とのインタビューを試みましたが，彼はとても多忙にしているということが分かりました。彼は現在フランスで映画のプロモーションを行っており，我々とお話しする時間がありません。しかしながら，彼からその映画のチケットを2枚いただきました。そこでリスナーの皆さんが獲得する機会を差し上げたいと思います。皆さんがすべきことは，電話をかけてその映画のタイトルと初回上映はいつかを私に伝えることだけです。

語句 □ latest 最新の □ filmmaker 映画監督 □ huge hit 大ヒット
□ at least 少なくとも □ turn out ~ ~であると分かる
□ all you have to do is *do* あなたがしなくてはいけないことは~だけである
□ call up 電話をかける □ premiere （映画などの）初日，試写会

80.

詳細

Who is Max Winehouse?	Max Winehouseは誰ですか。
(A) A movie director	(A) 映画監督
(B) A singer	(B) 歌手
(C) A journalist	(C) ジャーナリスト
(D) A fashion designer	(D) ファッションデザイナー

正解 (A)

解説 Max Winehouseが誰か，が問われています。話し手がトーク冒頭で❶「本日はMax Winehouseの最新映画について話す」❷「彼は大ヒット作を手掛ける映画監督だ」と言っていますので，ここから(A)が正解だと分かります。

言い換え filmmaker → movie director

81.

What does the speaker mean when he says, "but it turns out he's a very busy man"?
(A) Mr. Winehouse deserves a vacation.
(B) Mr. Winehouse has been very productive recently.
(C) Mr. Winehouse cannot give an interview.
(D) Mr. Winehouse should hire an assistant.

話し手が"but it turns out he's a very busy man"と言う際，何を意図していますか。
(A) Winehouseさんは休暇を取るに値する。
(B) Winehouseさんは最近とても生産的であった。
(C) Winehouseさんはインタビューに応じることができない。
(D) Winehouseさんはアシスタントを雇うべきである。

正解 (C)

解説 意図問題です。話し手は，❸「Winehouse氏にインタビューを試みた」と言った後にbut it turns out he's a very busy man「だが彼はとても忙しいということが分かった」と述べ，さらに❹「彼は現在フランスにいて，話す時間がない」と述べています。以上から，Winehouse氏にインタビューをしようとしたが，多忙のため断られたということが推測できますので，(C)が正解となります。give an interviewで「インタビューに応じる」という意味になります。

語句 □ deserve ～を受けるに値する　□ productive 生産性が高い
□ give an interview インタビューに応じる

82.

What will the speaker probably do next?
(A) Forward a call
(B) Conduct an interview
(C) Talk with a listener
(D) Broadcast an advertisement

話し手はおそらく次に何をしますか。
(A) 電話を転送する
(B) インタビューを行う
(C) リスナーと話す
(D) 広告を放送する

正解 (C)

解説 話し手は次に何を行うか，が問われています。インタビューができなかった話し手はWinehouseさんからチケットをもらい，そのチケットをリスナーにプレゼントする企画を考え，リスナーに向けて❺で「皆さんがすべきことは，電話をかけて私にその映画タイトルと初回上映はいつか話すこと」と言っていますので，リスナーは話し手に電話をかけてくることが想定されます。ですので「電話で話す」を「リスナーと話す」とやや抽象的に言い換えた(C)が正解です。(A) forwardは「（電話を）転送する」という意味になるのでここでは不正解です。

語句 □ forward ～を転送する　□ conduct an interview 面接を行う
□ broadcast ～を放送する

Questions 83 through 85 refer to the following announcement.

❶Passengers waiting to board Flight 623 for Dallas are advised that boarding has been delayed until seven-fifty due to a delayed connecting flight. ❷The Sparrow Air Premium Lounge is available for business class passengers. ❸There, you'll find an assortment of free snacks and drinks as well as the latest magazines and free Wi-Fi so that you can wait in comfort. ❹Please listen for more announcements in case there are any further changes to your departure time.

設問83-85は次のアナウンスに関するものです。

Dallas行きの623便へご搭乗をお待ちの乗客の皆様は，乗り継ぎ便の遅れのためご搭乗が7時50分まで遅延しますことをご承知おきください。ビジネスクラスのお客様はSparrow Airプレミアムラウンジをご利用いただけます。そこでは最新の雑誌や無料のWi-Fiサービスだけでなく，無料のお菓子やお飲み物も各種ございますのでごゆっくりお待ちいただけます。ご出発時間のさらなる変更があるかもしれませんので，どうぞアナウンスをお聞きいただきますよう，よろしくお願い申し上げます。

語句 □ board 〜に搭乗する　□ be advised that 〜 〜であることに留意する
□ due to 〜 〜が原因で　□ connecting flight 乗り継ぎ便
□ assortment of 〜 各種の〜　□ latest 最新の　□ in comfort 快適に
□ in case S V SがVの場合に備えて

83.
概要

What is the purpose of the announcement?
(A) To advertise a new service
(B) To announce an airline policy
(C) To explain a delay
(D) To describe a procedure

アナウンスの目的は何ですか。
(A) 新しいサービスを宣伝すること
(B) 航空会社の方針をアナウンスすること
(C) 遅延を説明すること
(D) 手順について説明すること

正解 (C)

解説 アナウンスの目的が問われています。❶で，「Dallas行きの623便は，乗り継ぎ便の遅れのためご搭乗が7時50分まで遅延する」と言っているので，飛行機の遅延や理由を伝えていることが分かります。これを言い表した(C)が正解となります。

語句 □ describe 〜を説明する，話す　□ procedure 手順

84.

According to the speaker, what can business class passengers do? (A) Receive free refreshments (B) Take an alternate flight (C) Ask for a refund (D) Use a separate boarding gate	話し手によると，ビジネスクラスの乗客は何ができますか。 (A) 無料の軽食を受け取る (B) 代わりのフライトに乗る (C) 払い戻しを要求する (D) 別の搭乗ゲートを利用する

正解 (A)

解説 ビジネスクラスの乗客は何ができるか，が問われています。❷から「ビジネスクラスの乗客はラウンジが利用できる」，❸から「そこ（ビジネスクラスラウンジ）では無料のお菓子や飲み物がある」ということが分かります。以上からこれらを「無料の軽食を受け取ることができる」と言い換えた(A)が正解となります。

言い換え snacks and drinks → refreshments

語句 □ alternate 代わりの　□ ask for 〜　〜を要求する　□ refund 払い戻し
□ separate 別の　□ boarding gate 搭乗ゲート

85.

What are the passengers advised to do? (A) Check a Web site (B) Present their tickets for inspection (C) Contact an airline representative (D) Listen for updates	乗客は何をするよう助言されていますか。 (A) ウェブサイトを確認する (B) 検査用にチケットを提示する (C) 航空会社社員に連絡する (D) 最新情報を聞く

正解 (D)

解説 乗客が助言されていることが問われています。トークの最後❹で「出発時間の変更があるかもしれないので，アナウンスを聞くように」と言っています。ここからアナウンスで最新の情報を得て行動することが求められていると考えられますので，(D)が正解となります。

言い換え announcements → updates

語句 □ representative 担当者，代表者　□ update 最新情報

Questions 86 through 88 refer to the following advertisement.

If you're looking for somewhere to live within minutes of the central business district yet secluded from the noise and heavy traffic, Gleeson Tower in Northcliffe is the perfect place. ❶It's a short walk from a subway station, so the building has easy access to the downtown area. ❷The apartment management office provides monitoring with a security gate staffed at all hours of the day and night. ❸If you're interested in learning more about this affordable but luxurious apartment, come and visit our sales office at 231 Lakeview Road, Northcliffe.

設問86-88は次の広告に関するものです。

ビジネス街中心部から数分でありながらも喧騒や交通渋滞から離れたお住まいをお探しであれば，NorthcliffeにありますGleeson Towerはまさにうってつけの場所でございます。地下鉄からも歩いてすぐのところですので，繁華街にもとても行きやすい建物です。物件の管理事務所は，昼夜問わずいつでもスタッフが配置されたセキュリティーゲートを設置して監視をしています。このお値打ちでありながら豪華な住居についてもっとお知りになりたければ，営業事務所のあるNorthcliffe, Lakeview通り231番地までお越しください。

語句
☐ business district ビジネス街　☐ yet ～でありながらも
☐ secluded from ～ ～から隔離されている　☐ heavy traffic 交通渋滞
☐ a short walk from ～ ～から歩いてすぐのところ
☐ easy access to ～ ～に行きやすい
☐ apartment management office アパート管理事務所　☐ monitoring 監視
☐ staffed （人が）配置されている　☐ affordable 手ごろな値段の
☐ luxurious 豪華な

86.　　　　　　　　　　　　　　　　　　　　　　　　　　　　詳細

What does the speaker say about Gleeson Tower?	話し手はGleeson Towerについて何と言っていますか。
(A) It has a large garden.	(A) 大きな庭園がある。
(B) It provides fully furnished apartments.	(B) 全家具付きのアパートを提供している。
(C) It has recently been completed.	(C) 最近完成した。
(D) It is conveniently located.	(D) 便利なところにある。

正解 (D)

解説 話し手がGleeson Towerについて言っていること，が問われています。話し手は❶で「地下鉄からも歩いてすぐのところで，繁華街にとても行きやすい」と述べておりますので，それを言い換えた(D)が正解となります。

言い換え a short walk from …, easy access to … → conveniently located

語句 ☐ furnished 家具付きの　☐ *be* conveniently located 便利な場所にある

87.

詳細

What is offered at Gleeson Tower?	Gleeson Tower で何が提供されますか。
(A) Access to the parking garage	(A) 車庫の使用権
(B) 24-hour security	(B) 24 時間のセキュリティー
(C) A cleaning service	(C) 清掃サービス
(D) Gym memberships	(D) ジムの会員権

正解 (B)

解説 Gleeson Tower で何が提供されるか，が問われています。❷に「物件の管理事務所は昼夜問わずいつでもスタッフが配置されたセキュリティーゲートを設置して監視をしている」とありますので，これを 24 時間のセキュリティーと言い換えた (B) が正解となります。

言い換え all hours of the day and night → 24-hour

語句 □ access to ～ ～を利用する権利

88.

詳細

According to the speaker, how can people learn more about Gleeson Tower?	話し手によると，Gleeson Tower についてどうすればより知ることができますか。
(A) By reading a brochure	(A) パンフレットを読む
(B) By attending a sales event	(B) 販売イベントに参加する
(C) By calling the management office	(C) 管理事務所に電話する
(D) By visiting a sales office	(D) 販売事務所を訪問する

正解 (D)

解説 Gleeson Tower についてさらに情報を得たい人はどうすればいいか，が問われています。❸で「もっとお知りになりたければ営業事務所のある Northcliffe, Lakeview 通り 231 番地までお越しください」と述べていますので，営業事務所を訪問すればよいことが分かります。以上から (D) が正解です。

語句 □ brochure パンフレット □ management office 管理事務所

Questions 89 through 91 refer to the following speech.

Welcome to the Employee Appreciation Banquet. ❶Not that we don't appreciate our employees, but this is the first time this banquet has been held. I sincerely hope that we can make this an annual tradition. We chose to hold it this year because of the amazing success we've had. We won the very profitable contract to supply food at Colbert Stadium this year. This wasn't blind luck. ❷I think this is thanks in no small part to the efforts of our newly formed marketing department. ❸After we eat this wonderful food the wait staff is serving, I'll ask Rick Mortimer to come up and speak about his department's work.

設問89-91は次のスピーチに関するものです。

従業員感謝の宴会へようこそおいでくださいました。我々は社員に感謝していないわけではないのですが，今回の会を開催するのはこれが初めてです。この機会を毎年のしきたり行事としていけることを心より望んでおります。今年このような会を開催するに至った理由は，当社が驚くべき成功を収めたことにあります。本年我々はColbert競技場での食品提供という大変有益な契約を獲得しました。これはまぐれではありませんでした。これは，少なからず，新設されたマーケティング部の努力のおかげだと思います。ホールスタッフが提供してくれている素晴らしい食事をいただいた後にRick Mortimerに出てきていただき彼の部の業務についてお話しいただく予定です。

語句 □ employee appreciation 従業員感謝 □ banquet 宴会
□ appreciate ～を感謝する □ sincerely 心から
□ annual tradition 毎年恒例の伝統ある行事 □ amazing 驚くべき，素晴らしい
□ profitable 利益の出る，儲かる □ contract 契約 □ blind luck 単なる偶然
□ in no small part 少なからず □ newly formed 新設された，新たに形成された
□ wait staff ホールスタッフ，給仕係 □ serve （食事などを）提供する
□ come up やってくる

89. 詳細

What is mentioned about the event?
(A) It is being held for the first time.
(B) Prizes will be given to attendees.
(C) It was postponed once.
(D) Some tickets are still available.

イベントについて何が述べられていますか。
(A) 初めて開催されている。
(B) 賞品が出席者に与えられる。
(C) 一度延期になった。
(D) チケットがまだ残っている。

正解 (A)

解説 イベントについて何が述べられているか，が問われています。❶で「開催するのはこれが初めて」と話し手は述べていますので，(A)が正解となります。

語句 □ prize 賞品 □ attendee 出席者 □ postpone ～を延期する □ once 一度

90.

| According to the speaker, what change was recently made?
(A) A procedure was adopted.
(B) A new CEO was appointed.
(C) A new department was created.
(D) A line of products was discontinued. | 話し手によると，どんな変化が最近なされましたか。
(A) 手順が採用された。
(B) 新しいCEOが任命された。
(C) 新部署が作られた。
(D) 商品ラインが生産中止となった。 |

正解 (C)

解説 話し手の言う最近の変化が問われています。❷で「これ（＝成功）は新設されたマーケティング部の努力のおかげだ」と言っていますので，ある部署が新設されたことが分かります。以上より(C)が正解となります。

言い換え formed→created

語句 □ adopt ～を採用する　□ appoint ～を任命する
□ discontinue（製造・供給）を中止する

91.

| What will listeners most likely do next?
(A) Play a game
(B) Enjoy a meal
(C) Move to another room
(D) Open a package | 聞き手はおそらく次に何をしますか。
(A) ゲームをする
(B) 食事を楽しむ
(C) ほかの部屋に移る
(D) 荷物を開ける |

正解 (B)

解説 聞き手が次に何をするか，が問われています。❸で話し手が「素晴らしい食事をいただいた後に」と言っていますので，この後食事をすることが推察されます。以上からそれを言い換えた(B)が正解です。

言い換え food→meal

語句 □ package 荷物

Questions 92 through 94 refer to the following excerpt from a meeting.

OK, finally, ❶I'd like to discuss the visit by students from Goldburn High School who'll be coming to Beaumont Art Gallery this coming Sunday. ❷This is going to be a rather large event for us and I've been informed that writers from several local newspapers will be coming. ❸There should also be a number of TV news reporters. ❹We've agreed to display the students' artworks in Gallery Two. I'd like you all to prepare that space this evening by moving the current contents into storage. We'll be getting a lot of attention. ❺So, everything has to be perfect. ❻That includes cleaning, stocking the gift shop, and making sure we remain cheerful and courteous throughout the day.

設問92-94は次の会議からの抜粋に関するものです。

よし，それでは最後に，来たる日曜日に予定されているBeaumont美術館へのGoldburn高校の生徒の来訪について話し合いたいと思います。これは私どもにとってかなり大きなイベントとなる見込みで，いくつかの地方紙の記者も来場すると聞いています。テレビニュースのレポーターもたくさん来るはずです。ギャラリー2にて生徒の美術作品を展示することで意見がまとまっています。皆さん全員に今晩現在の展示物を保管庫に移動させ，スペースを用意していただきたいと思います。我々はたくさんの注目を集めるでしょう。ですので，全てのことを完璧にする必要があります。それは清掃をしたり，土産物店に在庫を並べたりということや，我々がその日1日を通じて元気にそして礼儀正しくしたりするということも含んでいます。

語句 □ rather かなり　□ be informed that ～ ～ということを知らされる
□ a number of ～ たくさんの～　□ artwork 美術作品　□ content 内容，中身
□ storage 倉庫　□ stock ～に在庫を置く　□ remain ～のままである
□ cheerful 元気な，陽気な　□ courteous 礼儀正しい，丁寧な
□ throughout the day 1日中

92.

詳細

What will happen at Beaumont Art Gallery on Sunday?
(A) Some reporters will attend an event.
(B) A famous artist will visit.
(C) A new wing will be opened.
(D) Some construction work will be carried out.

日曜日にBeaumont美術館で何が起こりますか。
(A) レポーターがイベントに参加する。
(B) 有名な美術家が来訪する。
(C) 新しい建物がオープンする。
(D) 建築工事が実行される。

正解 (A)

解説 日曜日にBeaumont美術館で何が起きるか，が問われています。❶で「高校生が日曜日に来訪する」という話に触れ，その後❷「いくつかの地方新聞記者も来場する」，❸「テレビニュースのレポーターもたくさん来る」とありますので，メディアが報道のために来場することが分かります。以上より正解は(A)となります。

語句 □ wing 建物　□ carry out ～ ～を実行する

93.

What does the speaker say about students from Goldburn High School?
(A) They will be interning at the gallery.
(B) They will be taking part in a gallery tour.
(C) They will be exhibiting their work.
(D) They will be volunteering to clean the grounds.

話し手はGoldburn高校の生徒について何と言っていますか。
(A) ギャラリーでインターンをする。
(B) ギャラリー見学に参加する。
(C) 自分たちの作品を展示する。
(D) 敷地の清掃をボランティアで行う。

正解 (C)

解説 Goldburn高校の生徒について話し手が何と言っているか，が問われています。話し手は❹で「（Goldburn高校の）生徒の美術作品を展示することで合意している」と話していますので，それを言い換えた(C)が正解です。選択肢のworkはここでは「仕事」ではなく，「作品」という意味で使われています。なお，(D)に関してはトーク中に清掃を依頼する発言はありますが，生徒に対して依頼しているわけではないので不正解です。

語句 □ intern インターン（実習生）として働く　□ take part in 〜 〜に参加する

94.

What does the speaker mean when she says, "We'll be getting a lot of attention"?
(A) The gallery will discount ticket prices.
(B) The staff should make careful preparations for the event.
(C) Only the most famous artworks should be displayed.
(D) An advertising campaign was successful.

話し手が "We'll be getting a lot of attention" と言う際，何を意味していますか。
(A) 美術館がチケットを値引きする。
(B) スタッフは念入りにイベントの準備をする必要がある。
(C) 一番有名な美術作品のみを展示すべきだ。
(D) 広告キャンペーンは成功した。

正解 (B)

解説 意図問題です。トークの後半で，話し手がイベントの準備について説明している流れの中で，We'll be getting a lot of attention「我々が注目をされる」と言っています。そして，続けて❺「全てのことを完璧にしないといけない」❻「例えば清掃，陳列，マナー」と述べています。つまり，「注目をされるからイベントに向けた準備を万全にしたい」，という意図での発言であることが分かりますので，それを表した(B)が正解となります。(A)，(D)は根拠となる箇所がなく，(C)は❹で生徒の美術作品を展示すると述べていますので，不正解です。

Questions 95 through 97 refer to the following telephone message and schedule.

Hello. This is Brenda Love. ❶I've been asked to write an article on the grand opening of the Douglas Museum in Wichita this weekend. ❷I've just spoken with the photographer I was partnered with and it turns out she's on vacation. She must not have received the assignment in time. Anyway, I need you to find someone else for me. Wichita is a three-hour drive from here, so it'll be a full-day assignment. ❸I'll drive so you don't need to find someone with a car. I'll have work at Hallson Farms on the day before, but I can pick them up at the office in the morning. Please let me know when you find someone. Thanks.

設問 95-97は次の電話メッセージとスケジュールに関するものです。

もしもし，Brenda Loveです。今週末のWichitaのDouglas美術館のグランドオープンに関する記事を書くように依頼されました。組むようにと言われた写真家とたった今話をしたのですが，彼女は休暇中であることが分かりました。彼女はその業務依頼をタイミングよく受け取らなかったようです。ともかく，あなたに誰か代わりの人を見つけていただく必要があります。Wichitaはここから車で3時間かかりますので，丸1日の業務になります。私が運転しますので，車をお持ちの方でなくてもかまいません。前日私はHallson農場で仕事がありますが，当日の朝彼らを事務所に迎えに行くことは可能です。代わりの人が見つかったらお知らせください。よろしくお願いします。

語句	□ grand opening グランドオープン　□ partner A with B AをBと組み合わせる
	□ turn out ～ ～であると分かる　□ assignment 業務，タスク
	□ in time よいタイミングで，間に合って

95.

図表問題

Look at the graphic. When will the speaker go to Wichita?
(A) On March 12
(B) On March 13
(C) On March 14
(D) On March 15

グラフを見てください。話し手はWichitaにいつ行きますか。
(A) 3月12日
(B) 3月13日
(C) 3月14日
(D) 3月15日

Upcoming Work Assignments

Date	Location
March 12	Hallson Farms
March 13	Douglas Museum
March 14	Salinger Publishing
March 15	Orley College

今後の業務

日付	場所
3月12日	Hallson農場
3月13日	Douglas美術館
3月14日	Salinger出版
3月15日	Orley大学

正解　(B)

解説　図表問題で，話し手はWichitaにいつ行くか，が問われています。話し手は冒頭❶で「今週末のWichitaにあるDouglas美術館のグランドオープンに関する記事を書くように依頼された」とありますので，このオープンイベントに参加することが予想されます。スケジュールを

見ると，Douglas美術館に行くのは3月13日と分かるので，正解は(B)となります。

96.

詳細

Why does the speaker need to find a new partner?
(A) She has just arrived from another office.
(B) Her schedule has been changed suddenly.
(C) Her original partner is on vacation.
(D) The requirements of the job have changed.

話し手はどうして新しいパートナーを見つける必要があるのですか。
(A) ちょうど別の事務所から到着したばかりだから。
(B) 予定が急に変更になったから。
(C) もともとのパートナーが休暇中だから。
(D) 仕事の要件が変更になったから。

正解 (C)

解説 話し手がどうして新パートナーが欲しいのか，について問われています。話し手は❷で「組むようにと言われた写真家と話をしたが，休暇中であることが分かった」と答えています。ここから，現行のパートナーが休暇中のため新パートナーが必要だ，ということが分かりますので，(C)が正解です。

語句 □ original もともとの

97.

次の行動

What does the speaker say she will do?
(A) Introduce a colleague
(B) Interview candidates
(C) Provide transportation
(D) E-mail some materials

話し手は何をすると言っていますか。
(A) 同僚を紹介する
(B) 候補者を面接する
(C) 交通手段を提供する
(D) 資料をメールで送付する

正解 (C)

解説 話し手は何をすると言っているか，が問われています。話し手は❸で「私が運転するから，車を持っている人ではなくてもよい」と言っています。ここから話し手が車を出すことが分かりますので，これを言い換えた(C)が正解となります。

言い換え drive → provide transportation

語句 □ candidate 候補者，志願者　□ transportation 交通手段，輸送手段　□ material 資料

Questions 98 through 100 refer to the following excerpt from a meeting and map.

In a moment, I'll give you all an opportunity to share your ideas, but first, please listen to my proposal. ❶Basically, the science center is losing a lot of visitors because we don't offer enough parking. ❷This is especially true for school groups, which generate a lot of our revenue. I think we should purchase some land and construct a new parking lot. ❸Personally, I like the one near the café, so café visitors might want to park here and visit the science center, too. ❹Also, it provides easy access for people coming from various directions as it's located on a corner. ❺It will also enable us to put up a large sign advertising the science center.

設問98-100は次の会議の抜粋と地図に関するものです。

間もなく、皆様全員が考えを共有する機会を持ちたいと思いますが、まず初めに私の提案をお聞きください。基本的に科学センターはたくさんの訪問者を失っています。というのも、駐車場が足りないためです。これは我々の収入の多くを生み出している学校団体については特に顕著です。私としては土地を購入し駐車場を新設すべき、と考えます。個人的にはカフェの近くがよいと思っています。それによりカフェに来る人がそこに駐車して、科学センターにも来場してくれるかもしれません。また、角地にあるため、いろいろな方向から訪れる人々にとってアクセスがしやすくなります。この場所にすることにより科学センターを宣伝するための大きな看板を掲げることも可能となります。

語句 □ in a moment 間もなく □ opportunity 機会 □ proposal 提案
□ revenue 収入 □ personally 個人的に

98.

What problem does the speaker report?
(A) The amount of profit has been going down.
(B) An event was canceled due to bad weather.
(C) Some staff members will be transferred.
(D) A proposal will not be approved.

話し手は何の問題を報告していますか。
(A) 利益額が減少している。
(B) イベントが悪天候により中止となった。
(C) 何人かのスタッフが異動になる。
(D) 提案が承認されない。

正解 (A)

解説 話し手がどんな問題を報告しているか、が問われています。話し手は❶「駐車スペースがないために科学センター訪問者数は減少している」、❷「我々の収入の多くを生み出している学校団体は特に顕著だ」と話しています。ここから、収益が減少していることが分かりますので、(A)が正解です。

語句 □ due to ～ ～が原因で

99.

Look at the graphic. Which lot does the speaker suggest buying?
(A) Lot 1
(B) Lot 2
(C) Lot 3
(D) Lot 4

図を見てください。話し手はどの区画を購入することを提案していますか。
(A) 区画1
(B) 区画2
(C) 区画3
(D) 区画4

正解 (D)

解説 図表問題で，話し手がどの区画の購入を提案しているか，が問われています。話し手は❸「カフェの近くがよい」，❹「角地にあるためいろいろな方向から来場しやすい」と言っていますので，カフェの近く，かつ角にあるところを地図で見ていくと，区画4が該当することが分かります。以上より(D)が正解となります。このような地図を見て区画を選ぶ設問では，「～の近くがよい」，「角地がよい」など複数の情報を合わせて正解を絞り込んでいくケースもありますので，注意しましょう。

語句 □ lot 区画

100.

What does the speaker propose they put up on the lot?
(A) A ticket booth
(B) Some publicity material
(C) A shelter
(D) A coffee shop

話し手はその区画に何を設置することを提案していますか。
(A) 切符売り場
(B) 広報物
(C) 避難施設
(D) カフェ

正解 (B)

解説 話し手は区画に何を置くことを提案しているか，が問われています。話し手は地図上の区画4の場所を提案した後に，❺で，「その場所を確保することにより科学センターを宣伝する大きな看板を掲げられる」と言っています。以上より，sign advertising the science centerをpublicity materialと言い表した(B)が正解です。

語句 □ ticket booth 切符売り場　□ shelter 避難所，救助施設

Final Test 解答一覧

設問番号	正解	設問番号	正解	設問番号	正解	設問番号	正解
1	D	26	A	51	D	76	C
2	A	27	C	52	D	77	C
3	C	28	A	53	A	78	D
4	B	29	C	54	A	79	A
5	A	30	B	55	D	80	A
6	D	31	B	56	C	81	C
7	A	32	A	57	B	82	C
8	B	33	B	58	C	83	C
9	A	34	C	59	C	84	A
10	B	35	D	60	A	85	D
11	C	36	A	61	D	86	D
12	B	37	D	62	A	87	B
13	B	38	D	63	D	88	D
14	C	39	B	64	D	89	A
15	C	40	D	65	C	90	C
16	A	41	D	66	B	91	B
17	A	42	C	67	D	92	A
18	A	43	A	68	C	93	C
19	C	44	C	69	C	94	B
20	B	45	A	70	B	95	B
21	C	46	D	71	D	96	C
22	C	47	C	72	B	97	C
23	A	48	B	73	D	98	A
24	B	49	C	74	A	99	D
25	B	50	B	75	B	100	B